Der lange Abschied
Psychische Spätfolgen für die 2. Generation deutscher Vertriebener

In sieben Interviews reflektieren Angehörige der sogenannten 2. Generation nach dem Krieg selbstkritisch und offen die emotionale Bürde des Heimatverlustes für ihre Eltern und sie selbst. Weitere schmerzliche Themen sind die Folgen von Hunger und (Vater-)Entbehrungen in den Kinderjahren, familiäre Wiederholungsmuster, jahrzehntelange Verdrängungen, die Bedeutung von Schuld und Scham, von ihrer Außenseiterposition sowie von verlorenem Besitz und sehnsuchtsvoller Erzähltradition.

Die Autorin erläutert in ihren Kommentaren zu den Interviews die psychischen Aspekte dieser Kindheitsmuster: Die Affinität zu charismatischen Führern, das demonstrativ beibehaltene Flüchtlingsniveau, die Parentifizierung vieler Kinder, die Folgen der faschistischen Erziehung bei den Eltern, der Verlust von Gerechtigkeit, Rollenklarheit und stabilen Identitäten innerhalb der Familien, das Verleugnen der Trauer und die bis heute anhaltende Narkotisierung der Gefühle. Alles Momente, welche es einigen der Interviewten erst in der Gegenwart und nach dem Fall der Mauer in ihrem mittleren Alter möglich machen, sich der Vergangenheit zu stellen und diese schmerzenden Themen zu integrieren.

Es geht der Autorin darum, die Spätfolgen dieser auch psychischen Entwurzelung zu beleuchten, denn die Schuld der Väter wirkt noch »bis ins vierte Glied«.

Astrid von Friesen thematisiert erstmalig die spezielle psychische Problematik adliger Familien aus dem Osten. Diese unterlagen – was sowohl im Westen als auch im Osten verdrängt und tabuisiert wurde – einer spezifischen Verfolgung, welche nach dem Krieg zu Verschleppungen, Inhaftierungen, Verbannungen und Ermordungen im sowjetischen Machtbereich führte.

Reihe »edition psychosozial«

Astrid von Friesen

Der lange Abschied

Psychische Spätfolgen für die 2. Generation deutscher Vertriebener

Psychosozial-Verlag

Die Deutsche Bibliothek – CIP Einheitsaufnahme

Friesen, Astrid /von:
Der lange Abschied : psychische Spätfolgen für die 2. Generation deutscher Vertriebener / Astrid von Friesen. - Gießen : Psychosozial-Verl., 2000
(Edition psychosozial)
ISBN 3-89806-020-9

2. Auflage
© 2000 Psychosozial-Verlag
Goethestraße 29, 35390 Gießen
Tel.: 0641/77819, Fax: 0641/77742
e-mail: psychosozial-verlag@t-online.de
Alle Rechte, insbesondere das des auszugsweisen Abdrucks
und das der photomechanischen Wiedergabe vorbehalten.
Umschlagabbildungen: Dagmar Off (Hamburg), Zerstörte Illusionen,
1997, Öl auf Holztafel, 105 x 165,1 cm; Autorenfoto, © by Leonore Mau
Umschlaggestaltung: nach einem Reihenentwurf des
Ateliers Warminski, Büdingen
Printed in Germany
ISBN 3-89806-020-9

Dieses Buch widme ich dem Andenken an meine geliebte Großmutter Marie-Josephe Freifrau v. Friesen, geb. v. Carlowitz (Spandau 1898 – Bad Godesberg 1971). Sie half Verfolgten, aber schwieg ein Leben lang darüber.

Und dem Andenken an ihren Vater, meinen Urgroßvater Georg Anton v. Carlowitz, 1866 in Dresden geboren und am 9.12.1945 im Internierungslager Woorke bei Patzig auf Rügen elend verhungert.

Inhaltsverzeichnis

Seite

Vorwort 9

Einleitung 19

Depressionen 25

Heimat 35

Vertreibung 37

Zerstörung von Tabus 41

Interviews und Kommentare

Ich bin ein Erbe Abrahams
Oder: Mehrfachverluste und die Affinität zu geschlossenen
Systemen 45

Gerechtigkeit war ständig ein Thema
Oder: Demonstriertes Flüchtlingsniveau 75

Erzogen im Sinne einer klaren deutschen Kultur
Oder: Die Angst vor dem Kommunismus 101

Lebenserfüllung war immer Pflichterfüllung
Oder: Zuallererst den anderen spüren 115

Der Stolz ist vorbei
Oder: Nicht jammern, kämpfen! 137

Häuser sind wie Geschenke
Oder: Die Vergangenheit ist ein ganz starkes Element 153

Die Offenheit des Lebens ist ein Privileg
Oder: Die Schicksalsdifferenz zwischen Ost und West 175

Nachwort 205

Literatur 208

Vorwort

> Aber erst Gräber
> schaffen Heimat,
> erst unsere Toten
> geben uns Licht.
> (Grabspruch)

Ausgangspunkt und Hintergrund dieses Buches ist ein Familientabu, das sich in einer spezifischen Tradition manifestierte. Meine väterliche wie mütterliche Familie stammen aus Sachsen: eine bunte, europäische Melange an hugenottischen, französischen, holländischen und englischen Vorfahren, einer meiner Großväter ist in Ungarn aufgewachsen. Nachdem ich 1953 in Westdeutschland geboren wurde, entwickelte sich eine bestimmte Erzähltradition: Abends vor dem Schlafengehen las unsere Mutter uns Kinderbücher vor oder mußte erzählen, wie es früher war, als sie vom Heuschober drei Stock tief heruntersprang, als ihr die fünf Hunde durchgingen und sie durch den Schnee hinterher schleiften, als die Pferde scheuten und ihr fast den Kopf abrissen: aufregende Landgeschichten für uns Stadtkinder. So intensiv und, auf unsere Bitten hin, häufig wiederholt erzählt, daß ich immer das Gefühl von zwei Kindheiten hatte: der erzählten und der eigenen. Und in diesem fast rituellen Erzählen, welches Kinder sowieso brauchen und fordern, lag vielleicht auch ein Element der Heilung vom eigenen Verlustschmerz für unsere Mutter.

Doch im Teenageralter begannen wir Geschichten von früher abzulehnen. Obwohl es keinerlei Töne des Revanchismus oder der Rache gab, befiel uns Unbehagen. Der Begriff »Heimat« war uns – bedingt durch die Radikalität der Pubertät, aber auch darüber hinausreichend – völlig suspekt. Damit durften die Eltern uns nicht kommen, also verschlossen auch sie sich und hofften wohl auf unser Verständnis mit zunehmendem Alter! Und über die eigenen Leiden, zum Beispiel die Verschleppung eines Großteils meiner väterlichen

Vorwort

Familie nach Rügen, wo mein Urgroßvater, fast 80jährig, verhungern mußte, durfte nur in Kurzform erzählt werden. Da galt das Tabu: Es waren ja »nur« Kriegsfolgen von einem Krieg, welchen wir Deutsche begonnen hatten, und: Den Juden ist millionenfach viel Schlimmeres angetan worden! Ein Tabu, welches zur Folge hatte, daß nicht offen getrauert werden konnte. Als Folge hielten Depressionen, das Problem der »Sinnlosigkeit« und der Identitätsdiffusion in den Familien Einzug, denn: »... erst die Toten geben uns Licht«.

Oder: Unsere Familiengruft in Sachsen wurde in den 50er Jahren vom Dorflehrer, der mit seinen 10jährigen Schülern hinaus in den Wald zu dieser Begräbnisstätte zog, geschändet. Es entstand bei mir eine völlig absurde, aber bezeichnende Gefühlssituation: Erst als ich im Erwachsenenalter vergegenwärtigte und mich darüber empörte, welche Verletzung es bedeutet, jüdische Gräber zu schänden, wurde mir plötzlich klar, welche Verletzung dies auch für meine älteren Verwandten gewesen sein mußte. Die »Störung der Totenruhe« ist ein Delikt, welches mit bis zu drei Jahren Gefängnis geahndet wird! Doch erst vor dem jüdischen Hintergrund, mit diesem Vergleich konnte ich mir das Entsetzen zugestehen und überhaupt etwas fühlen ... und kann das Motiv erkennen: Es ist wohl immer der Versuch einer Selbsterhöhung, wenn man die Toten zu vernichten sucht. Auch eine Abwehr gegen die manifeste Angst vor der eigenen Nichtigkeit und Wertlosigkeit ...

Für mich entstand schon als 12jährige, nachdem ich voller Erschütterung »Das Tagebuch der Anne Frank« gelesen hatte, ein eigenes Gefühlsverbot: Ich durfte nicht um all das trauern, was verloren war. Ich mußte es innerlich als »Gerechtigkeit« des Schicksals anerkennen, weil »wir« Anne Frank und alle anderen ermordet hatten. Und selbst die Tatsache, daß meine Großtante – ohne Gerichtsverfahren verschleppt – in der Gefangenschaft sieben Jahre im sibirischen Schnee Bäume fällen mußte, nur mit Zeitungen um die Füße gewickelt, erfüllte mich zwar mit Ehrfurcht vor ihrem Schicksal, aber nur im Geheimen, denn das Bewußtsein sagte: Wir Deutschen haben doch Rußland überfallen, und was haben wir ihnen nicht Grausames angetan? Oder: Mein eigener Großvater war in Rußland gefallen. Oder: Eine geliebte Tante verlor ihren Mann und alle ihre drei Söhne im Krieg. Sie hatte bei mir einen Glorienschein, doch bei der »Aufrechnung« mit dem von Deutschen verursachten Leid zogen wir immer den kürzeren. Es war ein Konflikt, der für mich als Kind und Jugendliche quälend und unlösbar war, über den ich nicht sprechen konnte, weil Leid und Schuld und Scham zu verknotet und verworren in mir rumorten und, wie ich es heute sehe, dieses Gefühlstabu auch von der älteren Generation ausging. Statt zu fühlen und zu weinen galt es »Contenance« zu wahren ...

Was hätte ich gebraucht? Eine von außen kommende moralische Instanz, die mir gesagt hätte: Du darfst auch über das Familienleid traurig sein, das mindert und tilgt keineswegs die Schuld der Deutschen. Über das Leid der Juden, Zigeuner und Sozialisten, der Homosexuellen, psychisch Kranken und all der anderen von den Faschisten Gemarterten sowie über die Millionen Kriegstoten darf man gleichzeitig trauern. Die eine Trauer tilgt keinesfalls die andere. Oder, wie Prof. Dr. Yaakov Ben-Chanan einmal in seinem Vortrag »Das Schweigen schützt – das Reden heilt« sagte: »Wir leiden nicht unter Antisemitismus, sondern an ungeklärten Gefühlen bei Leuten zwischen 18 und 80 Jahren!« In allen Flüchtlingsfamilien gibt es sie: die ungeklärten Gefühle zu diesem Thema, die Infizierung durch Scham und Schuld, die herumschwirrenden und ihr Unheil treibenden »Dämonischen Figuren«, wie ein Buch des Psychoanalytikers Tilmann Moser zu dieser Thematik heißt.

Ganz bewußt spreche ich an dieser Stelle vom »Wir«, denn schon als kleines Mädchen habe ich einen Teil der deutschen Schuld als Last auf mir gespürt, und diese Last hat nicht nur mein Lebensskript nachhaltig geprägt. Religiöse Menschenopfer wurden zu früheren Zeiten gebracht, um Schuld zu sühnen. Vielleicht läßt sich sagen, daß viele von uns Nachgeborenen das Opfer unserer Identität brachten, was gleichsam quälend ist.

Diese Ablehnung korrespondierte noch mit einem anderen Tabu auf seiten der Erwachsenen: Begriffe wie »Schloß«, »Burg«, »adlig« wurden und durften nicht in den Mund genommen werden. Schlimmer als four-letter-words! Das Wort »aristokratisch« kann ich bis heute nicht richtig buchstabieren, obwohl ich es schon dutzend Male im Lexikon nachgeschlagen habe. Hinzu kam später, besonders in der Schule, die von vielen Verwandten geteilte Erfahrung, daß Autoritätspersonen demütigten und Steine in den Weg warfen, um es »denen« mal richtig zu zeigen ...

Als 10jähriges Mädchen wollte ich, in einer schwärmerischen Phase, meiner besten Freundin von dem Zuhause meiner Eltern erzählen, aber es fühlte sich wie ein Verrat an, als würde ich ein Familiengeheimnis ausplaudern, dabei wollte ich schwärmen und – natürlich – auch angeben mit den Pferden, Kutschen und dem Wald, dem Meißner Porzellan und den »großen Häusern«. Was ich wirklich tat, war eine neblige, diffuse, aus Angst vor Neid verworrene Inszenierung, die nur aus Andeutungen und vagen Begriffen bestand. Ein Gespaltensein sogar auf der Erzählebene.

Christel Dormagen hat diesen Konflikt in bezug auf verlorengegangenes Vermögen beschrieben, passend zu dem auch bei uns gern zitierten Wort »Lieber altarm als neureich«:

> »Für ein protestantisch-triebaufschiebendes Kind des Spätkapitalismus klappte die Falle zu: Man besaß etwas moralisch Hochwertiges, das nie verging, womit man aber nicht angeben durfte. Und man hätte so gerne mit etwas sehr Vergänglichem, Minderwertigem angegeben, was man nicht besaß. Nun ließ sich auch daraus noch ein ordentlicher Sekundärgewinn ziehen. Der süße Stolz nämlich, auf billigen Stolz zu verzichten. Den allerdings konnte man nur ganz alleine für sich genießen. Diese Heldenhaftigkeit blieb unsichtbar, doch eben deshalb war sie um so süßer. Nur – den Weg zum Himmel pflasterte sie nicht. Die selig machende Bescheidenheit war nur die Kehrseite jenes unseligen Neides.« (Dormagen 1992, S. 78).

Es war die extreme Diskrepanz, mit der ›irgendwie‹ umgegangen werden mußte, für deren Handhabung es keinerlei Muster und Vorbilder gab, die zerriß, hin und her warf. Die Diskrepanz zwischen einer 700jährigen Geschichte in Sachsen, der Flucht 1945, dem

Absturz aus jahrhundertealten, fest gefügten, auch glanzvollen und materiell sicheren Verhältnissen ins Nichts, ins materielle, finanzielle und personelle Vakuum, und dem mühsamen Aufbau einer neuen Existenz danach. Die begann, wie bei vielen, für meine Eltern in einem winzigen Zimmerchen, in welchem meine älteste Schwester als Baby nur in einer Kommodenschublade Platz fand. Dieser Abstieg war außerdem noch verknüpft mit dem wirklichen Glücksgefühl, den brutalen Krieg lebend überstanden zu haben, und dem später verordneten Glücksgefühl, darüber dauerhaft dankbar, glücklich und fröhlich sein zu müssen ..., doch verordnete Gefühle gerinnen immer zu Fixierungen und geraten auf die falsche Bahn!

So kam eine Gespaltenheit bei den Erwachsenen zustande: Der Stolz auf die Familie und der enge Zusammenhalt in ihr einerseits, andererseits ein unbewußtes Sprechverbot. Denn gerade bei Flüchtlingen, die Land besessen haben, wurde alles Immaterielle, also die Sprache, Sitten, Gebräuche und die Erinnerungen zum Heimatersatz, zur Ikone. Aber wer wollte in Westdeutschland auch schon die 12 Millionen Geschichten der Vertriebenen von »Zuhause« hören? Also blieb man beisammen, scharte sich umeinander und versuchte sich gegenseitig zu helfen. Wie bei allen »Fremden« überall auf der Welt entstand dadurch so etwas wie eine Ghettoisierung.

1989 der Zusammenbruch der DDR! Ich kenne niemanden, der daran geglaubt hat, der es vorhergesehen hätte! Und plötzlich erschienen mir die älteren Mitglieder unserer Familie völlig verändert: selbstbewußter, klarer und bei den Reisen zu den Orten ihrer Kindheit und Jugend wie vom Eise befreit. Als hätten sie, nur indem sie die Bäume und Häuser, die Landschaften, historischen Orte und die Gräber wiedersahen, einen Teil ihrer Depression abgestreift. Einer Depression mit den Facetten des Sich-nicht-lebendig-Fühlens, der Bedrücktheit, der tiefen Bodenlosigkeit, dieses Gefühl, daß dem Leben im Westen etwas »Oberflächliches und Vorläufiges« (von Krockow 1989, S. 7) anhafte. Die meisten wußten gar nicht, warum diese Stimmungen als depressiver Grundton bestanden bzw.

worauf sie zurückzuführen seien. Erst damals wurde mir siedend heiß bewußt, daß die Älteren immer noch Emigranten aus Ostdeutschland sind, und daß ich selbst – in der 2. Generation – eigentlich eine Immigrantin bin: Nirgends zu Hause, nirgends beheimatet. Was allerdings von keinem Familienmitglied je so gesehen wurde, da sie sich alle gut integriert und ihre Positionen im Leben gefunden haben. Diese Tatsache, die mir durch den Kopf schoß: »Mein Gott, Du kommst ja aus einer Emigrantenfamilie«, eröffnete mir schlagartig Einsichten in die spezifische Problematik und Familiendynamik von vielen Flüchtlingsfamilien. Es war wie eine Befreiung, als sich dieses Fenster der Erkenntnis öffnete und sich das Frühere, was ich mein Leben lang nur partiell und in streng regulierter Art und Weise hören wollte und zu hören bekam, mit der Gegenwart verband, vielmehr noch: die Gegenwart erklärte. Es vermittelte auch Hoffnungen, denn wer nicht an die Vergangenheit angeschlossen ist, für den bleibt die Zukunft verschlossen!

Hinzu kam, durch meine Ausbildung zur Psychotherapeutin, die Beschäftigung mit der Mehrgenerationen-Familientherapie, die die horizontale Interaktion in einer Familie um die vertikale Perspektive erweitert. Sie geht von zwei Grundannahmen aus: daß

> »sich Störungen und Konflikte der jeweiligen Kindergeneration regelmäßig aus unbewußten Konflikten zwischen Eltern und Großeltern ... ergeben. Dies geschieht durch vielfache intrafamiliäre Übertragungsprozesse ... (und) daß sich in Familien über die Generationen im wesentlichen immer wieder dieselben Konflikte abspielen, daß also ein intrafamiliärer Wiederholungszwang entsteht.« (Massing et al, 1994, S. 21).

Alte Familien zeichnen sich unter anderem dadurch aus, daß die Vorfahren durch Erzählungen lebendig gehalten werden. Auch wenn ich nicht alle Urgroßeltern und Großeltern kenne, sind sie mir nicht fremd, so daß es für mein Selbstverständnis keine große Hürde war, die Erkenntnisse der Mehrgenerationen-Familientherapie anzunehmen. Es kommt vielleicht auch nicht von ungefähr, daß Bert Hellinger mit seinen archaisch einfachen »Familienaufstellungen« gerade in den vergangenen Jahren so eine Breitenwirkung erzielte. Zwanzig

Jahre zuvor wäre dies wohl noch undenkbar gewesen! Viele Menschen versuchen bei diesen therapeutischen Aufstellungen, sich unausgesprochene, verheimlichte Gefühle gegenüber ihrer Familie, einschließlich der Vorfahren und aller Toten, zu vergegenwärtigen und können dadurch manches Schuldgefühl, manche Neurose und manche diffuse Angst endlich klären und infolgedessen manchmal sogar aufgeben.

Auch wenn die Presse – seit der Wende – mit Vorliebe diejenigen der Alteigentümer herausgriff, die laute, besserwisserische und oftmals peinliche Töne von sich gaben, was auf das Geschichtsverständnis der DDR-Bürger vom verhaßten »Junkertum« natürlich paßte wie die Faust aufs Auge, meine ich doch, daß die Mehrheit eher leise und bescheiden auftrat. Die meisten wollten erst nur einmal gucken, sich vorsichtig an die eigenen Tabus, die verdrängten, im seelischen Untergrund vergrabenen Anteile des eigenen Lebens und der eigenen Schmerzen herantasten. Es waren ja einerseits Erinnerungen an die – natürlicherweise – überhöhten und idealisierten Kindheitstage und andererseits Erinnerungen an das Leid des Krieges, an die vielen gefallenen Söhne, Brüder, Männer, an die Vergewaltigungen, Verschleppungen, die grauenhafte Flucht, die langen Jahre in Gefangenschaft, die bis heute anhaltenden oder sich sogar im Alter verstärkenden Schmerzen der körperlichen Verletzungen, die vielen Selbsttötungen aus Verzweiflung, die absolute Ohnmacht, die Bitterkeiten und Nöte des Anfangs in Westdeutschland. – Es war keineswegs ein ausschließliches Gieren nach Inbesitznahme der alten Heimat. Doch als die Eigentumsfragen auftauchten, entstand nicht zuletzt aufgrund der seltsamen, problematischen und fragwürdigen Treuhand-Politik eine rasante Eigendynamik. Daß es nicht nur um den puren Besitz ging, zeigt sich darin, daß die ältere Generation die Entscheidungen des Bundesverfassungsgerichtes und die »zweite Enteignung«, wie manche sagen, daß nämlich die zwischen 1945 und 1949 enteigneten Besitzungen definitiv nicht zurückgegeben werden, mit viel Würde tragen.

Vorwort

Der Mauerfall fiel bei mir zusammen mit dem Interesse an dem Thema der Holocaust-Überlebenden sowie der 2. Generations-Problematik, zu welchem besonders viele Psychoanalytiker schrieben und durch erschütternde Falldarstellungen uns nahe brachten. Ein wunderbarer und kluger Freund, Dr. Shalom Litman aus Jerusalem, leitete jahrelang in Israel eine Klinik zur Behandlung der psychischen und körperlichen Spätfolgen dieser beiden Gruppen von schwer gestörten und gequälten Menschen und öffnete mir den Blick besonders für die 2. Generations-Problematik – nämlich für meine eigene. Zum selben Thema fand 1994 ein Kongreß in Hamburg statt, auf dem er referierte, den wir gemeinsam besuchten. Damals war der Plan für dieses Buch bereits in mir vorhanden und ich erzählte davon in einer kleinen Gruppe von israelischen und deutschen Wissenschaftlern. Das Kuriose war: Die deutschen Therapeuten protestierten laut dagegen, daß ich diesen Begriff der 2. Generations-Problematik, der sich in der Tat in Amerika und Israel, bezogen auf die zweite Generation nach dem Holocaust, herauskristallisiert hat, nun auf uns Deutsche selbst anwenden wolle. Sie warfen mir Anmaßung vor, als würde ich durch die Schilderung von »unserem« Leid das der Juden und ihrer nachgeborenen Kinder mindern wollen. Da dieses Argument genau meine eigenen Ängste und Qualen seit Kindertagen traf, blickte ich erst nach einem Moment von Verwirrung und Verzweiflung wieder in die Runde und sah und hörte, zu meinem großen Erstaunen, daß die israelischen Kollegen mich ermunterten, an dem Projekt weiterzuarbeiten, und keineswegs der Ansicht waren, daß es ausschließlich ein jüdisches Problem sei, wie eine nachgeborene Generation nach einer tiefgehenden Erschütterung mit dem Drama der Elterngeneration umgeht; gemäß der biblischen Weisheit, daß wir alle für die Sünden der Väter bis ins dritte oder vierte Glied büßen müssen.

Das Tabu und die Erzähltradition im Elternhaus, der Mauerfall und die Erkenntnis, Immigrantin zu sein, sowie die neuen Forschungen der Mehrgenerationen-Familientherapie haben dieses Buchprojekt in mir befördert. Ich hatte es bereits zu konzipieren begonnen und alle Interviews auf Band, als es das Schicksal so wollte, daß ich nach Freiberg in Sachsen zog. Nicht als Flucht, diesmal vom Westen in den Osten, vielmehr wegen der Liebe. – Nach dem Mauerfall hatte ich außerdem zwei Monate in einem Dresdner Krankenhaus gearbeitet: eine in Aktivität umgesetzte Rationalisierung, weil mir der Umstand, lediglich als »Touristin« erstmalig in meinem Leben zu den Stätten meiner Vorfahren zu reisen, unangenehm war.

Doch erst 1997 »entschied« das Schicksal, daß ich in die sogenannte »Hauptstadt« meiner Familien zog, den Fleck dieser Erde, wo es an eine 700jährige Tradition anzuknüpfen gilt. Ein sehr gewöhnungsbedürftiger Zustand, da noch deutliche Spuren der Geschichtsnegierung der 68er Generation in mir stecken und die manifeste Beklommenheit, Begriffe wie »Schloß« oder »Burg« überhaupt in den Mund zu nehmen, ich andererseits aber täglich mit den Zeugnissen der Geschichte konfrontiert werde: durch Wappen an vielen Gebäuden, durch die von einem Vorfahren begründete weltberühmte Bergakademie, wo ich nun selbst einen Lehrauftrag habe, durch ehemalige Besitzungen in der Stadt sowie in der unmittelbaren Umgebung und 40 mittelalterliche Grabmale und die verwaiste Familienloge im wunderbaren Dom zu Freiberg.

Und so rundet sich auf geheimnisvolle Art die Gestalt dieses Buchprojekts: In Westdeutschland begonnen, wo ich niemals einen Ort Heimat nannte oder hätte nennen mögen. Mit einer Ausnahme: Das Grab meines gestorbenen Mannes Gottfried Sello gab mir, erstmalig in meinem Leben, so etwas wie ein Heimatgefühl: »Aber erst Gräber/ schaffen Heimat ...« Und nun schreibe ich dieses Buch im Land meiner Väter und Mütter zu Ende. Ob ich hier so etwas wie Heimat finde, wird die Zukunft zeigen.

Einleitung

»Kommt,
reden wir miteinander,
wer redet ist nicht tot ...«
(Gottfried Benn)

Das Drama der Kosovo-Flüchtlinge bedrängt uns im Moment jeden Tag. 700.000 Kosovaren sind bereits in die angrenzende Länder geflohen, nur mit Reisetaschen unter dem Arm, und warten nun, voller Bangen und Fragen, was aus ihren Männern, Söhnen, Brüdern geworden ist, ob sie ermordet, ob sie gefangen, ob sie je wieder kommen werden. Oder sie suchen ihre kleinen Kinder, verzweifelt und zu Tode erschöpft, die auf der Flucht verlorengegangen sind. Sie harren aus, ohne zu wissen, was aus ihrem Leben werden wird, wie sehr ihre Dörfer und ihr Eigentum verbrannt und zerstört sind, ob sie je wieder zurück können und die Kraft zu einem Aufbau haben werden.

Die meisten von ihnen werden wahrscheinlich unter einem Post Traumatic Stress Disease leiden, diesem PTSD-Syndrom, welches erstaunlich und empörend spät, erst 1980 (fast am Ende eines Jahrhunderts nicht nur der Weltkriege, der Völkermorde, sondern auch der millionenfachen Vertreibungen) diagnostiziert wurde: Mit dieser Diagnose werden die Reaktionen auf Gewalt, auf extreme Angst aufgrund von Kriegen, Vertreibung, Folter, Vergewaltigung oder auch von einzelnen Gewaltverbrechen beschrieben, welche verbunden sind mit Herzrasen, Zittern, Übelkeit, hohem Blutdruck und Angstzuständen. Ein Zustand, der nicht selten für Jahre, wenn nicht sogar lebenslang anhält bzw. sich im Alter wieder aktualisiert. – Wenn das Gehirn über längere Zeit extremem Streß ausgesetzt war, findet ein biochemischer Prozeß statt, der Teile des Gehirns nachhaltig schädigt. Ein seelischer Fluch, der über Generationen weitergegeben wird. Besonders erschwerend kommt hinzu, wenn Kinder die Hilflosigkeit der Eltern erlebten; diese Erfahrung traumatisiert sie noch stärker als das selbst Erlebte. Ebenso, wenn anschließend das Trauma zu einem Geheimnis wird, zu einem Familientabu.

Von bosnischen Flüchtlingen, die Mitte der 90er Jahre in die USA ausreisen konnten, litt jeder zweite selbst nach einem Jahr noch an den PTBS-Syndromen (SZ vom 4. 5. 1999). Wobei Kinder mehr mit Panik, Furcht und Anspannung reagieren, während Jugendliche und Erwachsene häufiger zu Angst und Depressionen neigen. Wichtig wäre eine sofortige Therapie, denn die Symptome können sich chronifizieren. Hochwirksam ist außerdem Arbeit, um sich auf eine Tätigkeit konzentrieren zu können, welches das Grübeln am nachhaltigsten unterbrechen kann. Doch gerade in den Flüchtlingscamps, denken wir nur an die Palästinenser, die dort seit 50 Jahren leben, ist Arbeit entweder verboten oder nicht möglich.

Interessant ist, daß in Tübingen gerade ein Sonderforschungsbereich »Kriegserfahrungen« eingerichtet wurde, in welchem sich zehn Hochschullehrer aus fünf (leider nur geisteswissenschaftlichen) Fachbereichen mit den Folgen von Kriegen seit 1618 beschäftigen werden. Denn alle Kriege haben »lange Schatten«, die sich nicht nur in den Seelen, sondern natürlich auch in der Literatur, der bildenden Kunst und in Bräuchen niederschlagen.

1950 gab es in der Bundesrepublik rund 12 Millionen Flüchtlinge aus Ostdeutschland und den deutschen Siedlungsgebieten Osteuropas, das waren 16,5 Prozent der Gesamtbevölkerung (Lehmann 1991, S. 7). Über das Schicksal derjenigen, die diese Zeit bewußt miterlebt haben, ist viel geschrieben worden. Durch zahlreiche Biographien und Autobiographien haben wir uns ein Bild machen können, wie z. B. von dem 1000-Kilometer-Ritt der Gräfin Dönhoff, von der Flucht über das zugefrorene Haff, die Tiefflieger, den herzerwärmenden und herzbeklemmenden Empfang durch Verwandte, Freunde und Unbekannte im Westen, von der Suche nach Arbeit, der Enge in Ein-Zimmer-Wohnquartieren und dem Hoffen auf die Heimkehr der Gefangenen und Vermißten ...

Doch was geschah in den Seelen der Kinder aus der 2. Generation, die gegen Ende des Krieges und in den ersten zehn Jahren danach geboren wurden? Aus welchen Fragmenten setzt sich ihre Identität und ihr Weltbild zusammen? Sie alle sind Nachgeborene von Nazis, Mitläufern, Nicht-Mitläufern, von Tätern oder Opfern, von Vergewaltigten oder psychiatrisch Hospitalitierten, von Widerstandskämpfern, von Vertriebenen, Hungernden, Zerschossenen, von ehemaligen Gefangenen, von kämpfenden, tötenden oder selbst getöteten Soldaten. Die meisten in der 2. Generation waren Waisen, Halbwaisen, Vertriebene, Ausgebombte, Umgesiedelte, Unbehütete oder durch den gesellschaftlichen Umbruch Verwirrte und Geschockte, viele von ihnen polytraumatisiert. Es bestand, so die Autorin Ricarda Winterswyl, die strikte Übereinkunft unter den damals Gleichaltrigen, die noch die Greultaten des Krieges miterlebt hatten, »niemals davon zu sprechen und niemals danach zu fragen ... Wir wollten keinen Ärger, keine Probleme, kritisierten nichts und stellten keine Fragen ... wir hatten die Angst der Eltern gesehen, ihre Ohnmacht und ihre Scham. Und wir wußten zuviel vom Leben, um ihnen leichtfertig Versagen vorzuwerfen ... Unsere Ideale waren nicht zerbrochen, wir hatten noch keine gehabt ... Es gab keine Worte für unsere Erfahrungen, keine Worte für Verletzungen, Verluste oder Gefühle. Das virtuelle Netz der Weltdeutung über den Dingen war zerrissen, die innere Topographie war ein weißer Fleck – die Leere tat nicht weh ... (Unsere bitterste Lektion war, A. v. F.:) Nichts wird durch Reden, durch Worte gelöst.« (SZ vom 31.8.1996). Sie alle hatten, so die Autorin, nur den Ehrgeiz, die schwer arbeitenden Eltern zu unterstützen und sobald als möglich auf eigenen Füßen zu stehen.

Alle Eltern waren, in der einen oder anderen Weise, Gezeichnete! Was gaben sie weiter? Was erlitten speziell die nachgeborenen Kinder, die fast keine oder überhaupt keine eigenen Erinnerungen an den Krieg hatten, an direkten oder indirekten Kriegsauswirkungen? Was erfuhren und hörten sie von den Eltern über die »guten alten Zeiten«, was aus den verschämten Andeutungen und Halbwahrheiten wegen Mittäterschaft oder Mitläufertum oder von vehement verleugneter Verstrickung? Was bewirkte die »überlastete Omnipotenz« (Schmidbauer 1998, S. 19) der alleinerziehenden Mütter, was die verstört und kaputt heimkehrenden Väter, die als ehemals tapfere Krieger ihre Regressionsansprüche zu Hause nicht äußern konnten? Väter, die nach den entsetzlich langen Jahren des Krieges und der Trennung nach Hause kamen, voller Sehnsucht nach Verwöhnung, voller Angst, betrogen worden zu sein, voller Haß wegen der Undankbarkeit der Gesellschaft? Was folgte aus der faschistischen und rassenideologischen Erziehungsdoktrin nach dem 1938 erschienenen Bestseller von Johanna Haarer »Die deutsche Mutter und ihr erstes Kind«, sowie dem Kinderbuch »Mutter, erzähl von Adolf Hitler«? Bücher, die in vielen deutschen Haushalten zu finden waren. Was war davon hängengeblieben und konnte 1945 nicht schlagartig vergessen und aus dem Kopf verbannt werden? Was waren die Folgen einer »bis zum Versteckspiel mit der eigenen Identität reichenden, demonstrativen Anpassungsbereitschaft der ersten Generation« (K. J. Bade, zit. nach Lehmann 1991, S. 26)? Und was folgte aus dem enormen familiären Leistungsdruck auf die zweite?

Was nahmen diese Kinder atmosphärisch auf an Schuld, Scham, Verzweiflung, Trauer, Sehnsucht, Wurzellosigkeit und den Gefühlen des Getrieben- und Vertriebenseins, dieser Form der psychischen Ent-Eignung? Wie sah der innerfamiliäre Schweigepakt aus? Was passierte mit ihnen, diesen Kindern aus Notehen, Vernunftehen, Kriegsehen, von Fehltritten, wenn Teile ihrer Wurzeln vergiftet, wenn der Boden verseucht war, auf dem sie aufwuchsen? Wie wurde der Verlust von Traditionen und ethischen Werten kompensiert, der familiäre Abstieg ins Nichts, ins Vakuum der Fremde oder die Auflösung der Familie?

Der Psychoanalytiker Wolfgang Schmidbauer prägte den Begriff der »psychischen Zentralisation« (1998, S. 50 ff.). Zentralisation bedeutet in der Unfallmedizin, daß bei einer Verletzung oder nach einem Schock, um den Tod aufzuhalten, nur noch die lebenswichtigen Organe mit Blut versorgt werden. Die Kehrseite: Die dabei vernachlässigten Organe können geschädigt werden. Die psychische Zentralisation folgt ebenfalls auf extreme Belastungen.

»Die Phantasie- und Gefühlstätigkeit wird eingeschränkt auf das lebensnotwendige Minimum. Die Anstrengungsbereitschaft und das Interesse für alles, was nicht mit dem unmittelbaren, physischen Überleben zu tun hat, nehmen ab. Vergangenheit und Zukunft sind belanglos geworden ... Eine charakteristische Qualität der Zentralisation liegt in der Schädigung der Aggressionsverarbeitung. Seelische Strukturen, die einen gezielten und kontrollierten Einsatz von Aggressionen ermöglichen, sind abgebaut worden. Die eigene Aggressivität wird nicht mehr durch Einfühlung in die Verletzung des anderen, sondern durch Angst vor dem gemeinsamen Feind oder vor dem Vorgesetzten reguliert.« (1998, S. 50 ff.).

Das bedeutete nicht selten, daß kriegstraumatisierte Männer mit scharfen Attacken oder Sarkasmen ihre Familie demütigten, da Phantasieverlust Einfühlung in eine andere Person unmöglich macht, was jedoch unabdingbar für jede Beziehung ist.

Schmidbauer geht davon aus, daß Traumatisierungen in modernen Kriegen immer zu erwarten sind. Die chronischen Zustände von Gefahr summieren sich und führen zu

»einem Ausbrennen der emotionalen Schwingungsfähigkeit ... zu seelischen Verhärtungen- und Abwehrstrukturen, die verhindern sollen, daß die schmerzhaften Erlebnisse das Ich erneut überschwemmen. Verdrängung, Schweigen, gereizt-mißmutige Haltung und allgemeiner sozialer Rückzug kennzeichnen den depressiven Pol dieser Abwehr, Idealisierung von Krieg und Kampf, hemmungslose Selbstüberschätzung, Rücksichtslosigkeit und Größenphantasien den manischen Pol.« (1998, S. 71 ff.).

Wie sollten diese Männer auch so rasch nach 1945 oder nach der Gefangenschaft Eigenschaften ablegen, die im Alltag sinnlos oder zerstörerisch wirkten, ihnen in ungezählten Situationen zuvor jedoch das Leben gerettet haben?
Einen anderen Aspekt betont Tilmann Moser:

»Die Diagnose ›vegetative Erschöpfung‹ oder ›vegetative Dysthonie‹ sind, wie sie in den 50er und 60er Jahren so oft gestellt und mit Kuren angegangen wurde, zum Teil mit den enormen Verdrängungs- und Verleugnungsleistungen zusammenhängen. Das Schweigen, das die Seelen vor affektiver Überforderung schützte, schwächte andererseits die Kraft und ein Gefühl von Kohärenz und Identität. Und die verbliebene Kraft wurde dem Wiederaufbau zugewandt, außer in den Neurosen derjenigen Angehörigen der zweiten Generation, die ihre Seele, ohne die Vorgänge zu durchschauen, als Container für eine undurchschaubare Aufarbeitung zur Verfügung stellten.« (Moser 1996, S.12).

Einleitung

Ein Aspekt ist meiner Meinung nach noch viel zu wenig beleuchtet worden: Die Erwachsenengeneration des Faschismus (zwischen 1900 und 1914 geboren) bestanden aus »Kindern« und Nachgeborenen des Ersten Weltkriegs. Auch sie hatten großes Elend, Verlust, Trauer und Hunger erfahren. 1,8 Millionen Männer waren gefallen, die Millionen vaterlose Kinder hinterließen. Gab es wohl zwischen ihnen und den (wenigen) wieder heimgekommenen Vätern offene Gespräche über den Widersinn und das Entsetzliche der Schlachten, über Schuld und Scham? »Die Überlebenden einer Jugend, die in den Materialschlachten des Ersten Weltkriegs verblutet war, haben es nicht weiter gebracht als dazu, die Kommandeure einer Jugend zu werden, die auf den Schlachtfeldern des Zweiten Weltkriegs fiel.« (Peter Bamm). Von einer wirklichen Aufarbeitung ist nichts bekannt, weswegen wir annehmen müssen, daß auch nach 1918 die Schatten dieses grausamen Mordens und die Schmach der Niederlage nicht integriert wurden und dadurch die Grundlage gebildet haben für »faschistoide Charaktere« (Chamberlain 1997), für das kommende unfaßbare Grauen. Die Schatten wurden ausgeblendet zugunsten von Rache und Vergeltungsgelüsten. Ansonsten hätte sich Hitler als »Übervater« nicht bei Millionen von »Vaterlosen« inszenieren können.

Horst Petri vermutet, daß die mangelnde Aufarbeitung der Vaterverluste in drei Generationen die sich seit 30 Jahren beschleunigende Scheidungslawine provoziert hat. »Wenn ich selbst vaterlos großgeworden bin und meinen damaligen Schmerz verdrängt habe, um zu überleben, kann ich mir auch nicht mehr vorstellen, was es bedeutet, das eigene Kind zu verlassen ...« (Petri 1999, S. 182). So die männliche Abwehr. Eine spezielle Variante der kollektiven weiblichen Abwehr ist zur Ideologie von Teilen der Frauenbewegung geronnen, die den Vaterverlust in ihr Gegenteil umkehrte: Vaterlosigkeit wird als Ideal hingestellt. Auch wird das männliche und väterliche Prinzip von immer mehr Frauen entwertet. »Letztlich wird damit die Ideologie von der Verzichtbarkeit der Väter zu einer sich selbst erfüllenden Prophezeiung, die die Spirale der Vaterentbehrung hochschraubt.« (Petri 1999, S. 182).

Schmidbauer weist darauf hin, daß bei Hitler – und den ihn tragenden Deutschen – die Folgen der »psychischen Zentralisation« durch Fronterlebnisse im 1. Weltkrieg noch deutlich zu beobachten gewesen seien: rücksichtslose Selbstbezogenheit und Selbstmitleid, Verlust von Humanität, verschworene Gemeinschaft der Parteigänger, Zynismus und Aggressivität.

> »Hitlers Gedankenwelt ist ein Ausdruck des Überlebenswillens. Von Scham und Rücksicht frei – beide verliert fast jeder, der lange im Schützengraben aushalten muß –, entdeckt er neue Werte ... Nicht edel, hilfreich und gut, nicht schön und wahr soll der Mensch der Zukunft sein, sondern ein Grabenkämpfer, der seine menschlichen Qualitäten an Materialien orientiert: zäh wie Leder, hart wie Kruppstahl ... An das Trauma gebunden, rettet sich Hitler in eine Idealisierung des Erlebten und vereinfacht sich die Welt durch eine Spaltung der Menschen in Träger guten und Träger schlechten Blutes.« (Schmidbauer 1998, S. 155 f.).

Das archaische Prinzip der »Blutrache« vieler Kulturen kommt einem bei der Generation zwischen den Kriegen in den Sinn. Die Rache sei

> »eine Abwehrtechnik dem Getöteten gegenüber, sie soll die Gefährdung bannen, die vom Toten ausgeht ... Diese Toten sind für die Lebenden so lange existenzbedrohend, bis nicht ein Angehöriger der Pflicht, Rache zu nehmen, nachgekommen ist, auch, um nicht gesellschaftlich für immer ein toter Mann zu sein ... Die Zeit der Rache ist so lang wie die Trauerzeit: solange die Rache nicht vollzogen und damit die durch einen gewaltsamen Tod ausgelöste soziale Krise nicht überwunden ist, kann die Trauerzeit nicht enden. Man muß bedenken, daß die traditionelle Gemeinschaft sich nicht nur als Gemeinschaft der Lebenden sieht, sondern die Toten konstitutiv mit einbezieht, in einer Verbindung zwischen mythischer Zeit und historischer Zeit ...« (Siebert 1997, S. 52).

Depressionen

Eine andere bis ins Erwachsenenalter reichende Facette: Welche indirekten »Aufträge« haben diese Nachkriegs-Kinder übernommen, um ihre Eltern glücklich und die Balance in den oftmals schwer gestörten, unvollständigen Familien ertragbar zu machen, wie die systemische Familientherapie uns zu fragen gelehrt hat? Welchen Toten »mußten« sie ähnlich werden, wen ersetzen, welche zerstörten Elternhoffnungen erfüllen? Die Zuschreibung: »Du bist genauso dumm/ giftig/ bockig /eitel wie dein Onkel Hans« führt meist zu großer Identitätsdiffusion, da die eigene Ichfindung erschwert wird und eigene Gefühle geleugnet werden müssen, sowie zu dem Gefühl, nicht als Individuum wahrgenommen und geliebt zu sein. Die Toten spielten

> »in dem Zeitraum des Besitz- und Statusverlustes der Familie die entscheidende Rolle ... Aufregend und dramatisch ist es jedoch, daß die Toten, mit denen die Indexpatienten identifiziert werden, diejenigen sind, die vor etlichen Generationen die Besitztümer der Familien an sich gebracht haben ... (Allgemein entsteht eine, A. v. F.) besondere Verpflichtungslast, die der Patient nicht erfüllen kann, weshalb er häufig das Bedürfnis empfindet, sich das Leben zu nehmen.« (Massing 1994, S. 201 f)

Kinder werden einerseits zu Funktionsträgern unterschiedlicher Elternanspüche, andererseits »helfen« sie den Eltern, zentrale Konflikte innerhalb der Familie zu verdecken, oder übernehmen sogar Anteile von elterlicher Schuld. Dies geschieht völlig unbewußt, wird nur sichtbar durch Störungen, Krankheiten, Unfälle oder Versagen, drückt sich also unbewußt auf einer neurotischen oder körperlichen Ebene aus. Gerade wenn Eltern und Großeltern ihre eigene Geschichte und Verantwortung nicht bewußt auf sich nehmen und sich damit auseinandersetzen, tragen die Kinder diese unbewußten Konflikte und intrafamiliären Wiederholungszwänge aus: »... bis ins vierte Glied«! Nur wenn eine realistische, klare und offen ausgesprochene Sicht auf die Taten und Unterlassungen in der Eltern- und Großelterngeneration möglich ist, können sich eindeutige Identitätsgefühle und eine erneute Kontinuität bilden. Bleibt die Vergangenheit im Diffusen, im Nebel, bleibt es bei Geheimnissen, Unterstellungen und Andeutungen, gibt es keine Los-Lösung von der Thematik, wird sie mitgeschleppt bis in ferne Generationen. Es gehört nämlich zu unseren menschlichen Fähigkeiten, daß wir vieles mitbekommen, das heißt erfahren und mittragen müssen, und das schon zu Babyzeiten, wie die neueste Säuglingsforschung immer detaillierter berichten kann.

Auch der Dichter Hans Sahl fordert 1973 in dem Gedicht »Wir sind die Letzten. Fragt uns aus«:

> »... Unser Schicksal steht unter Denkmalschutz.
> Unser bester Kunde ist das
> schlechte Gewissen der Nachwelt.
> Greift zu, bedient euch.
> Wir sind die Letzten.
> Fragt uns aus.
> Wir sind zuständig.«
> (zit. in Armin 1989, S. 50)

Wissenschaftlich belegt ist diese Mehrgenerationenproblematik bei Depressiven. Massing berichtet, daß Familien

> »in denen es ... depressive Indexpatienten gibt, sehr stark versuchen, die vermuteten Normcodices ihrer unmittelbaren Nachbarschaft zu erfüllen und eine sozial angesehene Position zu erlangen. Sie erfüllen somit das herrschende Normalitätsmodell und entsprechen den normativen Leitbildern von Klein- und Kernfamilien. Die Autorität in solchen Familien wurde auf die verinnerlichten, scheinbar objektiven Werte verlagert, die zu erfüllen für Kinder ... eine unabdingbare Überlebensnotwendigkeit darstellt«, (Massing 1994, S. 194).

Das »wahre Selbst« wird durch Überanpassung und Nachahmung vom »falschen Selbst« (Winnicott) überdeckt. Erst die Depression bricht diese leidvolle Situation auf. Dann erst kann ein Schritt aus der Erstarrung in den Schmerz, aber auch in die Lebendigkeit gemacht werden, wenn die Schatten der Familie integriert werden. Und diese Schatten treten noch Jahre nach dem Trauma auf, wenn nämlich Schmerz, Schwäche, Angst, Einsamkeit, Verluste oder die Abhängigkeiten und das Herannahen des eigenen Todes im Alter die verdrängten Gefühle und Traumen erneut wecken.

In der Literatur wurde oftmals beschrieben, in Chamissos »Peter Schlemihls wundersame Geschichte« oder Hugo von Hofmannsthals »Die Frau ohne Schatten« oder im »Dorian Grey« von Oskar Wilde, daß der Verlust des Schattens eine Isolation in der Gesellschaft nach sich zieht. Auch weckt ein Mensch ohne Schatten Ängste, er würde mit dem Teufel und dem Bösen paktieren. Indem der Teufel den Menschen ihre Schatten abkauft, nimmt er ihnen die Fähigkeit zu Scham- und Schuldgefühlen, zur Übernahme von Verantwortung für das eigene Tun, zu Reue und Sühne. Sie bleiben ruhelos und unerlöst und müssen die Konflikte an die nächste Generation weitergeben.

Die Mehrgenerationen-Familientherapeuten fanden in depressiven Familien häufig Verlusterlebnisse in früheren Generationen, wie z. B. den Verlust eines Hofes, Familienbetriebes oder auch des an materielle Werte geknüpften Offiziers- oder Akademikerstands.

> »Wir postulieren, daß der zentrale Konflikt der depressiven Familie in einer Traditionsproblematik zu suchen ist ... doch die Psyche ist konservativ und hält emotional an dem, was früher erlebt oder per Atmosphäre vermittelt wurde, fest ... die Zeit scheint bei depressiven Familien erstarrt und geronnen, sie ist nach rückwärts gewandt. Die Familie lebt mit ihrer Geschichte und ihren Toten. Da sie an ihre Vergangenheit treu gebunden ist, gibt es keine flexible Zukunftsperspektive.« (Massing 1994, S. 197 ff.).

Deutlich wird die Parallele zum Zustand der Vertriebenen, wenn man sich den Inhalt einer Depression anschaut. Immanuel Kant beschreibt diese höchst anschaulich:

> »Die in sich wahrgenommene Leere an Empfindungen erregt ein Grauen (horror vacui), und gleichsam das Vorgefühl eines langsamen Todes, der für peinlicher gehalten wird, als wenn das Schicksal den Lebensfaden schnell abreißt.«

Verknüpft mit der Angst ins Nichts zu sinken und losgelöst von den Nächsten aus allen menschlichen Zusammenhängen herauszufallen und keinen Boden mehr zu haben, der verläßlich trägt. Hinausgeworfen in die Nacht! Innere Empfindungen, doch man könnte sagen: fast Wiederholungen der realen Ereignissen in der Elterngeneration. Wenn man sich z. B. die wochenlange, einsame, von Todesangst geprägte Flucht einer jungen Mutter mit kleinen Kindern bei 30 Grad minus durch Eis und Schnee vorstellt, ohne Gepäck, ohne Ziel, einfach nur gen Westen, können wir uns dies vorstellen als ein Gefühl des Herausfallens aus der menschlichen Gesellschaft in das totale Nichts.

Depressionen sind andererseits auch immer abgewehrte Aggressionen. Vielleicht kann es ja sein, daß nach der jahrelangen und traumatischen Aggressivität des Krieges die alltäglichen aggressiven Konflikte derart abgedrängt und verboten werden mußten, daß sie nur noch als Umkehrung – Aggression gegen das Ich – wieder an die Oberfläche kommen durften.

Eine andere Facette ist die »Sorge als tragendes Element« (Moser). Männer der 2. Generation tragen nicht selten schwer an ihrer Verantwortung, »opfern« sich für »ihre Leute« (also Anvertraute oder Untergebene) auf bis »zuletzt«, bis zum Herzinfarkt. Genauso, wie es manche ihrer Väter an der Front taten oder wie sie es gerade nicht taten, wenn sie ihre blutjungen Soldaten ins feindliche Feuer schickten. Vielleicht waren diese Männer auch die ältesten Söhne aus Familien ohne Väter, die »parentifiziert« wurden, d. h. die Rolle des Mannes, Ernährers und Beschützers zu früh übernehmen mußten. Vielen Männern dieser Generation ist das diffuse, oftmals nicht zu ortende Gefühl in bezug auf Frauen bekannt: »Ich kann nichts tun, ich kann Frauen nicht glücklich machen, alles was ich mache ist falsch«: Dies könnte auf einer Wiederholung der Ohnmachtsgefühle ihrer Väter beruhen, die ihre Frauen und Kinder zu Hause nicht schützen konnten, derweil sie selbst im Feld täglich, in großer Einsamkeit und in völligem Getrenntsein von ihren Angehörigen, ihr Leben riskierten.

Anita Eckstaedt beschreibt in ihrem Buch »Nationalsozialismus in der zweiten Generation« etliche Fallgeschichten von Patienten, die einen »Pseudowahn« entwickelten. Wenn Eltern nämlich eine doppelte Realität vermittelten, basierend auf Widersprüchen zwischen Gesagtem und Ungesagtem, lebt das Kind wie in einem Zeittunnel:

»Die Vergangenheit schließt sich nicht ab. Der Patient führt ein Doppelleben, nicht alternierend, sondern ineinander. Jenes zweite Bewußtsein ragte partiell in sein aktu-

Einleitung

elles Bewußtsein, dass das gegenwärtige Leben zu bewältigen hatte und verzerrte damit auch die aktuelle Realität.« (Eckstaedt 1992, S. 113).

Auswirkungen hatte dies in einem Fall darauf, daß der Patient sich in den 60er Jahren ein Haus kaufte, welches eine »strategisch« günstige Lage – weit entfernt von einem potentiell bedrohten Flughafen – hatte.

Der Psychoanalytiker Tilmann Moser weist auf die vielen Dialogbrüche zwischen den Generationen in diesem Jahrhundert hin

> »... aus Scham oder aus ideologischem Zwang. Die Folge waren seelische Diskontinuitäten größten Ausmaßes: Das nicht Verstandene und nicht Beredete wurde ›derealisiert‹ (Mitscherlich) oder ›verdrängt‹. Da diesen Prozessen aber Massenphänomene zugrunde lagen, läßt sich weniger von individuellen seelischen Leistungen oder Abwehrmanövern sprechen als von historischen Zuschüttungen oder Einebnungen mit der Folge, daß die Vergangenheit ›sedimentiert‹ wurde. Geologische Schichten der kollektiven Seele liegen übereinander ... Bei vielen 60jährigen und älteren Menschen kamen (nach der Wende, A. v. F.) Versatzstücke nationalsozialistischen Seelenlebens wohlkonserviert an die Oberfläche ... Luftdicht und ohne Tageslicht waren sie nach 1945 unterirdisch abgelagert worden ...« (Moser 1993, S. 8).

Hinzu kommt das innerpsychische »Verbot« für Kinder, daß es ihnen besser gehe als den Eltern, um diese nicht im Weniger-glücklich-Sein zu beschämen. Ein Mechanismus, der, solange er unbewußt bleibt, zu großem Leid führt. Da die meisten Menschen der Kriegsgeneration Schweres erlebt hatten, war auch die nachfolgende Generation sozusagen an diesen Unglücks-Standard gefesselt. Krankheiten oder Depressionen als unbewußt inszenierte Möglichkeit, den Eltern damit nahe und ähnlich zu sein? Die Kinder bemühten sich, die Wunden der Eltern nicht zu vertiefen, konnten deswegen jedoch oftmals weder ihre eigenen Autonomiewünsche erspüren noch durchsetzen. Denn gerade in der Fremde läßt man die »leidenden« Eltern nicht »allein«, auch wenn eine Loslösung altersspezifisch für junge Erwachsene notwendig ist. Und wenn, dann nur erkauft mit quälenden Schuldgefühlen, oftmals für Jahrzehnte.

Was tun? Da es meines Wissens keine Literatur zu dem hier behandelten Thema gibt, greife ich auf die Literatur der 2. Generations-Problematik der Holocaust-Überlebenden zurück. In bezug darauf werden von Dan Bar-On, einem israelischen Wissenschaftler und einem der Begründer der Opfer- und Täterkinder-Gesprächsrunden, sieben Stufen der Verarbeitung gefordert:

> »Das Wissen um die Fakten, die Fähigkeit, das Wissen aufzunehmen, intellektuell zu verstehen, emotional zu reagieren, Widersprüche auszuhalten und eine veränderte moralische Identität zu gewinnen ... Durcharbeiten heißt, alte Repräsentanzen überprüfen, bislang ungelöste Konflikte lösen und sich den aktuellen Problemen stellen.« (Bar-On, in Hardtmann 1992, S. 174 ff.).

Und das Ziel wäre eine Versöhnung, das Akzeptieren der Wirklichkeit mit den tatsächlichen Schatten- und Sonnenseiten sowie die Akzeptanz des eigenen, immer unzulänglich bleibenden Umgangs mit den Problemen des eigenen Schicksals sowie der Schicksalsverstrickungen der Eltern und Großeltern.

Die positiven Folgen des kritischen Erinnerns hat Horst-Eberhard Richter durch eine große Befragung an Gießener Studenten belegt: Das Erinnern geht einher mit einer besonderen

> »Neigung zu Vertrauen und Versöhnlichkeit ... Der Befund paßt zu der psychoanalytischen Erfahrung, daß Menschen um so weniger versucht sind, sich vermittels negativer Projektionen an anderen abzureagieren, je mutiger sie eigene Schuldkonflikte aufzuarbeiten lernen. Mit der Fähigkeit zur Selbstkritik nimmt die Neigung zu Mißtrauen ab. Da jedes irrationale Feindbilddenken wie Antisemitismus und Rassismus überhaupt mit unterdrückten Minderwertigkeitsgefühlen einherzugehen pflegt, erscheint es überaus plausibel, daß die besonders kritisch Erinnerungsbereiten ... sich als überdurchschnittlich vertrauensbereit und versöhnlich beschreiben.« (Richter, in Hardtmann 1992, S. 231).

Hinzu kommt bei diesen Studenten eine größere Offenheit für soziale Ungerechtigkeiten, mehr soziale Sensibilität und weniger Zweifel an einer sich erfreulich entwickelnden Beziehung zwischen Deutschen und Russen.

Es stellt sich auch die Frage: Wie kam die 2. Generation zurecht mit der »gespaltenen Kindheit«? Einerseits die Erzählungen und Mythen vom Zuhause der Eltern, dieser Fata Morgana, zusammengesetzt aus elterlichen Kindheitsidealisierungen, aus Sehnsucht,

Einleitung

Überhöhung und Unerreichbarkeit, andererseits das Leben in Armut, kleinen Wohnungen, der Trennung vom Familienclan, der in alle Himmelsrichtungen verstreut war, also mit der Schizophrenie zwischen früher und heute?

Was mußten diese Kinder verheimlichen, verbergen, abspalten vor den Gleichaltrigen, um diesen Spagat auszuhalten? (Bei sehr vielen Flüchtlingskindern manifestierte sich dies in den unterschiedlichen Dialekten: zum Beispiel wenn Schlesier im Rheinland hängenblieben und ein Kind quasi zwischen den Eltern dolmetschen mußte, bzw. wenn die Familie hochdeutsch sprach, was bei Einheimischen böse aufstieß ...). Wie konnten sie ein »wahres Selbst« entwickeln, wenn einige ihrer Eltern – leidend – im »falschen Selbst«, in der extremen Anpassung verharrten? In manchen Fällen kam es zu »adoptierten Identitäten« (Moser) oder zu einer Identifizierung mit Widerstands- und jüdischen Opferschicksalen, aber – natürlich – auch zu gelungenen Lebensentwürfen. Oder es kommt zu »versteckten Identitäten«: Dabei werden viele Teile des Lebens vor Menschen der nahen Umgebung geheimgehalten, also eine Fortführung des Vertriebenenschicksals in der 2. Generation: Die Eltern konnten real ihren Besitz, ihre gesellschaftliche Stellung und ihre verlorene Position nicht demonstrieren, die Kinder tun es nun aus psychischen Gründen nicht. Es geht dabei paradoxerweise um die Geheimhaltung der glitzernden, schillernden und grandiosen Teile. Der Grund: um Eltern oder Bekannte nicht zu übertrumpfen, also wegen des verinnerlichten Verdikts des Schweigens im Westen und der tiefsitzenden Angst vor den schrecklichen Folgen des Neides.

Noch ein anderes Thema möchte ich erwähnen; ein Thema, welches sowohl in West- als auch in Ostdeutschland in den vergangenen 50 Jahren völlig tabuisiert und verdrängt worden ist. Doch das Verdrängte kehrt, wie wir wissen, immer zurück! Und zwar kommt es heute in seltsamer Form täglich millionenfach »zum Vorschein«, und zwar in den »Goldenen Blättern«, die von Adel, Sex und Klatsch leben. Es ist die Problematik der ostdeutschen Adelsfamilien, einer Minderheit, die eine Zuspitzung von Verfolgung erfuhr, was zunächst durch die sowjetische Besatzungsmacht und später durch die in Russland ausgebildeten deutschen Funktionsträger provoziert wurde. Einige meiner Interviewpartner stammen aus diesen Familien und machen mit ihren jeweiligen Biographien zweierlei deutlich: die seelischen Narben und Verwundungen, die – natürlicherweise – keineswegs schichtspezifisch sind, sowie die Folgen ihrer speziellen Situation, welche jedoch – so es sich um Familien handelt, die von der Landwirtschaft lebten – natürlich auch für andere Bauern und Landwirte eine gewisse Gültigkeit besitzen und die prototypisch für die »heile Welt« des versunkenen Landlebens, welches weit in 19. Jahrhundert zurückreicht, stehen.

Gemeint sind die ehemaligen Großgrundbesitzer und die adligen Familien, die einerseits Land und Besitz verloren, andererseits auch die Sicherheit, das Selbstverständnis, die gewachsene und identitätsstiftende Rolle, basierend auf einer jahrhundertealten Familiengeschichte, ihre Position als Patronatsherren, als Arbeitgeber mit all den Möglichkeiten und Pflichten, Abhängigkeiten und Freiheiten und der Gewißheit des eigentlich »Nicht-Erschütterbaren«. Und damit stehen sie für die »alte, heile Welt«, deren Wurzeln in der fernen Vergangenheit verankert sind.

Der Adel war ja traditionellerweise mit Grund und Boden verknüpft, befand sich in einem dichten Geflecht von Rechten und Pflichten; was sich allerdings nach der Französischen Revolution und schlußendlich nach 1918 auf Sitten, Gebräuche und Zuschreibungen reduzierte. Der Adel hatte seine Privilegien an das Bürgertum abgegeben, welche in einem weiteren Schritt zunehmend dem Kleinbürgertum überlassen wurden. Doch bleibt das Faszinosum, wie die Millionenauflagen der »Goldenen Blätter« zeigen, da die Zugehörigkeit zum Adel nicht gemacht, sondern nur vererbt werden kann. Eines der letzten Güter in unserer Konsumwelt, welches nicht (wirklich) zu kaufen ist!

Einleitung

Christof Stählin, Lyriker und Essayist, fragt sich

»wie wir eigentlich dazu kommen, jemand für etwas zu bewundern, was ihm ohne sein Zutun in die Wiege gelegt worden ist. Als bewegten wir die Schokolade der Gleichheit im Mund und bissen mit dem plombierten Zahn unserer Gesellschaftsordnung auf ein Stück Silberpapier, einen Rest der alten glänzenden Verpackung. Es ist somit ein Zweikomponentengefühl, zusammengesetzt aus Zuneigung und Vergeblichkeit, ein Verlust innerer Souveränität, wie ihn ein Mann beim Anblick einer besonders schönen Frau erleiden kann. Es ist ein ›Warum nicht ich?‹ von jahrhundertelanger Verwurzlung in der deutschen Bürgerseele.« (FAZ vom 7. 6. 1991).

Der Adel sei eine bürgerliche Fiktion, eine Projektion der eigenen Sehnsüchte auf diese Gruppe von Menschen, auf diese Stellvertreter für Nostalgisches. Doch

»das bürgerliche Pathos, alles aus eigener Kraft in die Welt setzen zu können, hat die Selbstverwirklichung an die Stelle der Verantwortung treten lassen und hat dadurch etwas Kurzatmiges angenommen. Es fehlen die Dimensionen von Zeit und Raum, das Generationenübergreifende der Erblichkeit und das Landkartenabdeckende des Grundbesitzes ...«. Erstrebenswert ist die »Contenance, der Zusammenhalt aller eigenen Kräfte zu ihrem gesteuerten Gebrauch, das wäre die persönliche Spielart der Kontinuität einer jahrhundertelangen Erziehung ... und danach besteht eine kaum stillbare Nachfrage ...« (a. a. O.).

Der Adel entstammt einer Überlegenheit. War es zunächst die körperliche, danach die Überlegenheit durch die Waffen und das Recht, Waffen zu tragen, wurde sie später zu einer Machtposition, basierend auf Grund und Boden, dem Lehenssystem und engen verwandtschaftlichen Verknüpfungen. Im heutigen Elitebegriff steckt immer noch diese Priviligiertheit, welche auf der hierarchischen Ordnung der Oberschicht beruhte. Doch die »Elite der Gegenwart und der Zukunft wird nicht mehr priviligierte Zugehörigkeit zu einer materiellen oder immateriellen Kaste bedeuten, sondern die sehr unprätentiöse, gezielte Förderung von Leistung und Begabung jedweder Art.« (Földy 1990, S. 23). Zur Geburts-, Werte- und Machtelite kommt in einer modernen Gesellschaft noch die Bewußtseinselite hinzu. Um zu den neuen Eliten zu gehören, ist eine große sprachliche Ausdrucksfähigkeit, die Verwendung der Hochsprache, kultiviertes Benehmen, Weltgewandtheit nötig. Hinzu kommen Sachkenntnisse, ethisches Verhalten, wissenschaftlich begründete Voraussicht, Organisationstalent und humane Menschenführung, um zur Leitfigur werden zu können. Alles Eigenschaften, auf die gerade in den Familien der Vertriebenen größter Wert gelegt wurde. Es galt: Leistung und »anständiges Verhalten«! Denn, wie viele Eltern nach dem Verlust von allen materiellen Dingen bis hin zum letzten Teelöffel, immer wiederholten: »Du mußt lernen, denn deine Bildung kann dir niemand nehmen!«

Albrecht Lehmann schreibt in seiner ethnologischen Untersuchung »Im Fremden ungewollt zuhaus, Flüchtlinge und Vertriebene in Westdeutschland 1945-1990«, einem Buch, dem ich viele Anregungen verdanke, daß Erinnerungen des Adels offenbar viele Menschen interessieren, weil sie prototypisch für den Begriff der Heimat stehen.

> »Es ist die traditionelle Bedeutung von ›Heimat‹ als Besitz von Haus und Hof, die hier noch deren Verlust überlebt hat ... In den Besitzschichten haben die Erzählungen über die Güter im Osten oft den Familien über deren Verlust und auch über den Verlust an sozialer Geltung hinweggeholfen. Das Erzählen hat viele Familien in sich und gegenüber dem gesellschaftlichen Umfeld gefestigt.« (Lehmann 1991, S. 93).

Trotzdem trat nicht selten die »Erbkrankheit Sehnsucht« auf.

Heimat

Mit dem Begriff der Heimat ist es wie mit der Ontogenese: Wir durchlaufen als Embryo alle Phasen der Menschheitsentwicklung. So steht – bei allen Völkern und in allen Religionen – das Bild der Heimat, des Paradieses als Anbeginn der Welt und als Utopie vor Augen. Ebenso wie im Leben des Individuums:

»In der Kindheit also und nirgendwo sonst ist das angelegt, was wir Heimat nennen. Wie aus dem Anbeginn der Schöpfung, mit allen seinen Sinnen nimmt ein Kind die Umgebung in sich auf, und neben Auge und Ohr, nahe am Ertasten, am Greifen und Begreifen mit seinen Händen, ist sogar die Nase wichtig, die Vielfalt, die Eindringlichkeit der Gerüche. Ja, Heimat riecht ...« (Krockow 1989, S. 9).

Die Heimat als erweiterter Raum des Urvertrauens, das über die ersten Bezugspersonen hinausgeht, ist vertraut, vermittelt Sicherheit, ist berechenbar. Heimat ist so selbstverständlich wie die Luft zum Atmen, das Wasser zum Trinken und wird erst wahrgenommen, wenn sie in Gefahr gerät.

Krockow geht in seinem Buch »Heimat. Erfahrungen mit einem deutschen Thema« noch weiter: Heimat entstünde erst durch den Verlust. Der Begriff selbst ist eine Entdeckung der Romantiker und eine Folge der Säkularisierung, da zuvor die Heimat im himmlischen Jerusalem gesucht wurde. Die Romantiker nehmen vorweg, was massenhaft geschah: Den Verlust der Heimat durch die industrielle Revolution, welche millionenfache Wanderbewegungen in die Städte, in ferne Gebiete bis hin nach Amerika nach sich zog, außerdem eine extreme Verwandlung und Zerstörung von Landschaften, von Familien- und Sozialgefüge. Es war eine Zeit der bitteren Not, des Umbruchs und Aufbruchs, der Bedrohung und des Verlustes von Festgefügtem. Die Dichter besangen in ihrer Huldigung der Natur und der Heimat den sich abzeichnenden Verlust (Krockow 1989, S. 17 ff.). Deswegen läßt sich dieser Zustand, keine Heimat zu haben, weiter fassen:

> »Heimatvertriebene zu sein, das ist unser Schicksal, die Kehrseite des Fortschritts, der Preis unseres Aufstiegs zum Wohlstand ... Heimatvertriebene erweisen sich wirklich als exemplarisch, gewissermaßen als eine Vorhut für die Gesamtbevölkerung. In einem weiteren und tieferen Sinne waren alle Deutschen Entwurzelte, auf der Flucht vor dem, was gestern noch galt und was sie begeistert hatte.« (Krockow 1998, S. 51).

Nämlich enteignet und entfremdet von Heimat und Geschichte, jenseits einer Klarheit über das grauenhafte Geschehen während des Faschismus und jenseits von einem genauen Wissen über die Taten der vorangegangenen Generationen. Auch läßt sich rückblickend feststellen, daß die Heimatvertriebenen nach dem Krieg tatsächlich so etwas wie eine Avantgarde waren: allzeit mobil, extrem einsatzfreudig, jede noch so primitive Arbeit mit Elan ausführend, gewissenhaft selbst bei der schmutzigsten Tätigkeit, fähig, aus dem Nichts kreativ Neues zu schaffen, unbehaust etwas aufzubauen, völlig auf Leistung und Aufbau konzentriert und ihre Kinder zu enormen Leistungen anspornend.

Der nach Amerika emigrierte Historiker Fritz Stern, dem zu dem Begriff »Heimat« spontan »heimatlos« einfiel, beschreibt in einem Aufsatz, wie Heimatlosigkeit empfunden wird. Sie hängt

> »... nicht nur mit äußeren Umständen zusammen, sondern auch mit individueller Verfassung, mit Alter und Charakter. Verlust kann auch Gewinn bedeuten, einen neuen Ansporn, Verantwortung wecken, in einem neuen Leben zwar das alte Erbe pflegen, aber dem Unrecht einen Nutzen abzutrotzen, kann dazu führen, daß man in der Verpflichtung lebt, jedem neuen Unrecht Widerstand zu leisten ... Heimat nicht als Kitsch, als Mediengeschäft. Heimat ist Privatgut ... Die Anerkennung, daß Unrecht geschehen ist, daß verlorene Heimat Schmerz bedeutet, das ist die Vorbedingung für Versöhnung. Es gibt so etwas wie innere Heilung, indem man Erinnerung an das verlorene Alte in ein neues Leben aufnimmt.« (Stern 1998, S. 286 ff.).

Vor diesem Hintergrund ist in den 70er Jahren im Westen eine neue Heimatdiskussion in der 3. Generation entstanden: Aufgrund der zubetonierten Städte, der brutalen Modernisierung der Dörfer, der rücksichtslosen Gemeindereformen, der zerstörten Natur entstand die Umweltbewegung, die Geschichtsschreibung von unten und der Boom der Dialekte. »Heimat« wurde zu einem Protestbegriff gegen die planerische und gefühlsarme Grandiosität der Aufbaugeneration, die nun ihrerseits viel Heimat zerstörte.

Vertreibung

Vertreibungen gab es zu allen Zeiten. In diesem Jahrhundert mußten 50 Millionen für immer und 30 Millionen Flüchtlinge für mehrere Jahre ihre Heimat verlassen! Die gewaltsame Vertreibung von Menschen aus ihrem Lebensraum, von den Gräbern ihrer Angehörigen weg, gilt als Verbrechen: Die Haager Landkriegsordnung von

1907, die Allgemeine Erklärung der Menschenrechte der Vereinten Nationen von 1948 bis hin zum Schlußdokument der KSZE von 1990 haben dies postuliert. Wenn sich mit der Austreibung die Absicht verbindet, die nationale, religiöse oder ethnische Identität einer Gruppe zu zerstören, spricht man von Völkermord. »Betroffen von den Vertreibungen waren zum Beispiel 250.000 französische Hugenotten nach 1685, 20.000 protestantische Exilanten aus dem Salzburgischen (1730), Buren des britisch besetzten Transvaal (1900), natürlich die Indianer des amerikanischen Kontinents ...« (Glotz, Die Zeit vom 17. 3. 1995). Und 12 Millionen Deutsche, die von Ost nach West treckten, davon fast der gesamte Adel, also die allermeisten Angehörigen dieser ethnischen, das heißt »sprachlich und kulturell einheitlichen Gruppe« (Duden 1990), welche zudem eng miteinander verwandt waren.

Bleiben wir bei der Begrenzung dieses Meeres von unfaßbaren Schicksalen noch einen Moment bei der kleinen Gruppe des Adels: Bei einem großen Teil dieser Minderheit kommt ein bislang nur einigen Historikern bekannter Aspekt der unmittelbaren Nachkriegsgeschichte hinzu, der weder in westdeutschen noch ostdeutschen Geschichtsbüchern zu finden ist und der erst nach 1990, aufgrund der Öffnung des russischen Staatsarchivs, von einer russisch-deutschen Forschergruppe wissenschaftlich aufgearbeitet wurde: Großgrundbesitzer und Träger alter Namen waren 1945 (planmäßigen) Erschießungen, Folter, Inhaftierungen, Verschleppungen nach Sibirien und in ehemalige Konzentrationslager (Buchenwald, Sachsenhausen) sowie in Lager (Coswig, Rügen, Mühlberg, Ketschendorf, Bautzen) ausgesetzt, und zwar durch die russische Besatzungsmacht.

Nachdem die Rote Armee Höfe und Gutshäuser geplündert, verwüstet, angezündet oder beschlagnahmt hatte, entlud sich der Klassenhaß im Sommer 1945 in erster Linie gegen Frauen, Kinder, Kranke und Alte, da die Männer entweder gefallen oder in Gefangenschaft waren. So kam es, daß zum Beispiel der größte Teil des nicht bereits geflohenen sächsischen Adels nach Rügen verschleppt wurde, wo auch mein fast 80jähriger Urgroßvater im Dezember 1945 elend verhungerte und wo seine Schwiegertochter mit fünf Kindern unter zwölf Jahren, das jüngste war gerade geboren, ebenfalls interniert war.

Die Sowjets richteten zehn Sonderlager ein, in denen von 1945 bis 1950 rund 140.000 bis 176.000 Menschen interniert wurden, mehr als 40.000 fanden dort den Tod, andere wurden in die Sowjetunion deportiert oder »verurteilt«. Besonders auch Adligen erfuhren diese Willkür: ohne oder nur durch Schnell-Gerichtsverfahren, ohne nachgewiesene oder auch nur behauptete Verfehlungen oder Täterschaft im Faschismus, allein aufgrund ihres Namens! (Mironenko, SZ vom 29. 6. 1998) Die Verhaftungen 1945

> »in der Sowjetischen Besatzungszone erfolgten auf Grundlage eines Paragraphen, der auch während der stalinistischen Säuberungen in der dreißiger Jahren in der Sowjetunion angewandt worden war. In Schnellverfahren, häufig ohne verständliche Anklage und ohne Rechtsbeistand, sprachen Tribunale Urteile über zehn, fünfzehn oder fünfundzwanzig Jahre Zwangsarbeit aus. ... es wurden viele kleinere und mittlere Nazifunktionäre, Parteimitglieder und vor allem Jugendliche interniert, die NS-Organisationen angehört hatten ... Die Internierungslager (hier gemeint: Sachsenhausen, A. v. F.) waren keine Konzentrationslager nationalsozialistischer Prägung, systematische Quälereien oder die Ermordung von Gefangenen fanden nicht statt. Dennoch war die Todesrate sehr hoch ... (Der Bundestag Bd. 4, 1995:368). Um keine Zahlen bekannt werden zu lassen, wurden die Leichen in nächtlichen Massenbeerdigungen in einer nahegelegenen Waldschonung oder auf dem Kommandantenhof begraben.« (Rosenthal 1997, S. 378)

Diese Aktionen, planmäßig den Adel zu vernichten, wurden – analog zu den Greultaten nach der russischen Revolution von 1918 – von den in Moskau geschulten deutschen Funktionären ausgeführt. Auch damals wurde der Adel von den Kommunisten enteignet, getötet oder vertrieben. Die meisten Mitglieder russischer Adelsfamilien leben bis heute im Exil außerhalb der ehemaligen UdSSR. Berüchtigt auch eine andere Untat: So wurde bei der Besetzung Ostpolens eine große Gruppe polnischer Offiziere in Katyn von der Roten Armee ermordet. Ein Versuch, die polnische Elite auszulöschen (Schicksalsbuch 1994).

Einleitung

Uwe Grüning, Parlamentarier des sächsischen Landtages, zitiert dort am 12. 11. 1998 in einer Debatte zu den Entschädigungsforderungen von Alteigentümern (Drucksache 2/8871) aus dem Buch von Nadjeshda Mandelstam »Das Jahrhundert der Wölfe« folgende Passage:

> »Eines Tages beschloß der große Völkervater und Völkermörder Josef Wissarionowitsch Dschugaschwili, dass sich im damaligen Leningrad alle Adligen zur Deportation einzufinden haben. Anna Achmatowa, aus einem alten ukrainischen Adelsgeschlecht stammend, war erstaunt, wie viele Adlige es nach all den Liquidationen, die seit anderthalb Jahrzehnten stattgefunden hatten, in Leningrad noch gab.«

Er fährt fort, als Erwiderung auf die vorherige PDS-Sprecherin:

> »Ich erkläre hier eindeutig, es ist nicht so, wie es uns ein SED-Geschichtsunterricht über Jahrzehnte beigebracht hat, dass jeder Adlige des Teufels gewesen war und das Land zugrunde gerichtet habe. Im Gegenteil, das (Gut an Kunstschätzen, A. v. F.) ... ist zu Großteilen nur vorhanden, weil es Leute von Adel und vom Bürgertum, die dann geadelt worden sind, gegeben hat, die gesammelt haben und deren Sammlungen weit über ihr Leben und über ihre persönliche Bedeutung hinaus Bestand gehabt haben.«

In der DDR gab es, angefangen mit Texten in Volksschullesebüchern, eine jahrzehntelange Agitation gegen die »Junker«, das heißt gegen die Großgrundbesitzer und Großbauern. Auf einem Plakat ist zu lesen: »Junkerland in Bauernhand. Rottet das Unkraut aus!« In Form und Inhalt dem »Stürmer« und den Haßtiraden, der Entmenschlichung der Juden durch die Faschisten zum Verwechseln ähnlich. Nur die Begriffe wurden ausgetauscht: Die Diktion blieb, eine Minderheit als »Unkraut«, als Nicht-Menschen, quasi als vogelfrei und zum »Ausrotten« freizugeben.

Großgrundbesitzer und Großbauern galten als »Ausbeuter«, und die »ostelbischen Güter galten nicht nur als die ›Brutstätten‹ des Nationalsozialismus, als Horte der ›Luderwirtschaft‹ und des ›nationalen Unglücks Deutschlands‹, wie es Walter Ulbricht predigte. Damit ließ sich im Zeichen des ›Antifaschismus‹ eine historische Rechnung aufmachen: Gutsbesitzer waren an Hitlers Machtergreifung schuld, also am Krieg, also an der Vertreibung – also auch selbst schuld an ihrer entschädigungslosen Enteignung ...«. Es kam auch noch in späteren Jahren in der DDR zu »Haßausbrüchen, Rachegelüsten und Hetztiraden gegen die ›blaublütigen Schweine‹« (Altenbockum, FAZ vom 30. 9. 1995), nur vergleichbar mit den Haßtiraden Hitlers nach dem Attentatversuch von Graf Schenk zu Stauffenberg am 20. Juli 1944. Selbst erklärte Gegner Hitlers, die ihr Leben im Widerstand riskiert hatten, wurden nicht nur von Hitler enteignet und anschließend ermordet, sondern ihre Erben wurden 50 Jahre später ein zweites mal betrogen, diesmal von der Bundesrepublik Deutschland (Schmidt, Rheinischer Merkur vom 18. 7. 1997).

Das Kapitel der Bodenreform ist ein ganz eigens. Aus ideologischen Gründen wurde das Land zunächst zersplittert, jedoch in solch kleine Einheiten, daß kein Bauer rentabel wirtschaften konnte. Ebenso wie in der UdSSR, in Polen, Rumänien und Jugoslawien wurden die agrarökonomischen Ziele völlig verfehlt. Der Hunger und die Mangelernährung zogen für Jahrzehnte ein. »Die landwirtschaftliche Produktion blieb lange Jahre sogar noch unter dem Niveau der Kriegswirtschaft.« (Altenbockum, a. a. O.). Dabei war das ehemalige Mitteldeutschland, also das Gebiet der DDR, vor dem Krieg die Korn- und Obstkammer für das gesamte Deutsche Reich gewesen ...; anschließend mußte sogar Viehfutter im Ausland gekauft werden.

In Form von Diskriminierungen und Verboten setzte die DDR-Regierung die Verunglimpfung fort, als dort den Kindern von Adligen der Besuch von Oberschulen und das Studium ausschließlich aufgrund des Namens verwehrt oder zumindest erschwert wurde.

Zerstörung von Tabus

Es geht mir keineswegs um neu-alten Revanchismus, nicht um das Einklagen verlorener Gebiete und Besitzstände, nicht um das Aufrechnen von Schuld, weder um Heldenverehrung noch Ideali-

Einleitung

sierung. Es geht mir darum, die Tabus, welche nicht nur in meiner Familie herrschten, aufzubrechen und Dinge anzusprechen, die ebenfalls – wie so vieles in unserer deutschen Geschichte und in den meisten deutschen Familien – mehr als 50 Jahre verheimlicht und verdrängt wurden. Es scheint Zeit zu sein, auch dieses Leid, diese immer noch vorhandenen Schmerzen in der 2. Generation zu benennen und zu thematisieren. Denn wenn nicht das »Erinnern, Wiederholen und Durcharbeiten« (S. Freud) sein darf, kommt es zu neurotischer Verarbeitung der Traumata, und wir bleiben »Fremde im eigenen (Seelen-)Haus«.

Mich selbst hat bei näherer Betrachtung der Interviews erstaunt, daß die langfristige Verarbeitung nur zum geringeren Teil rückwärtsgewandt und depressiv ist. Denn in den meisten Fällen (sechs von sieben) bedeutete der Verlust von Besitz, engen Strukturen, festgefügten Erbfolgen und starren Bahnen gleichwohl eine Bereicherung und Befreiung, wie ein Professor der Ökonomie es einmal formulierte: »Als ältester Sohn hätte ich vor dem Krieg Landwirt werden müssen. Vielleicht hätte das auch seinen Reiz gehabt. Aber mein heutiges Leben ist unvergleichlich viel reicher, weltoffener und interessanter ...«. Deutlich wird andererseits an diesen Biographien, wie sich in der Generationenkette die Wiederholungen zeigen, natürlich keineswegs in einem Verhältnis eins zu eins, doch oftmals bemerkenswert klar und immer wieder überraschend.

Es soll also die Spanne von nicht gelungenen Biographien, welche verhaftet blieben in Rache, Arroganz und revanchistischen Gedanken (Irmgard B.) bis hin zu befreiten, emanzipierten Schicksalen aufgezeigt werden. Wobei die psychologischen Interpretationen, die sich den Interviews jeweils anschließen, natürlich allgemeingültig sind und keineswegs nur für eine Minderheit gelten. Gleichzeitig ist es ein Versuch, den Dialog zwischen Westdeutschen und Ostdeutschen auch um den Aspekt der Vertriebenenschicksale zu erweitern. Denn immer noch gilt diese Gruppe aller Geflohenen, jenseits der Tatsache, daß sie in Todesgefahr schwebten bzw. ermordet oder verschleppt wurden, wenn ihnen die Flucht nicht rechtzeitig gelang, den ehemaligen DDR-Bürgern als »Ausreißer«, als diejenigen, die die DDR schmählich im Stich gelassen haben, was auch heute noch – zehn Jahre nach der Wende – mit viel Ärger, Verletzungen und Kränkungen verknüpft ist und worüber keine der beiden Seiten offen zu sprechen wagt. Dieses Thema manifestiert sich vielmehr in peinlichem Schweigen. Ein Grund für manche Spannungen, Ausgrenzungen (von Westdeutschen), von negativen Projektionen und erneut entstehender und sich sogar in den letzten Jahren vertiefender Ghettoisierung in den neuen Bundesländern.

Interviews und Kommentare

Ich bin ein Erbe Abrahams
Oder: Mehrfachverluste und die Affinität zu geschlossenen Systemen

Julius v. T., Professor für Ethik, 1953 in Baden-Württemberg geboren, verheiratet, vier Kinder

Meine Mutter ist die Tochter eines Paares aus dem westdeutschen Landadel, 1925 geboren. Eine Generation zuvor hatte diese Familie den Wandel erlebt von der reinen Naturalwirtschaft zum Geld. Der Landadel hatte, wenn ich das richtig sehe, eigentlich bis an das Ende des 19. Jahrhunderts kein Bargeld, sondern bewirtschaftete sich autark. In der zweiten Hälfte des 19. Jahrhunderts wurden Landadlige, die gute Böden und nicht zu viele Familienangehörige hatten, plötzlich wahnsinnig reich. Meine Urgroßmutter hat deswegen aus einem wunderschönen klassizistischen Bau eine Villa gemacht, mit Türmchen und Erkern und allen Schikanen. Die Frauen in der aufsteigenden Generation meiner Mutter waren alle sehr aktive, engagierte Frauen, die daran litten, daß das Landadelsmilieu ihnen wenig Gestaltungsmöglichkeiten bot.

Dieser Großvater starb relativ früh, weil er nach dem Krieg bei den Franzosen in Gefangenschaft kam und dort als ehemaliger Nazibonze natürlich wüst malträtiert worden ist und das nicht lange überlebt hat. Die haben ihn richtig gefoltert.

Die Familie war völlig aufgespalten in zwei Parteien: Der Vater, der Älteste und meine Mutter bildeten eine Front gegen meine Großmutter und ihre drei anderen Kinder. Doch der Älteste fiel, der Vater starb kurz nach dem Krieg, so daß meine Mutter ihre beiden Bundesgenossen verlor. Der jüngste Sohn erbte den Betrieb, aber sein Vater soll schon bei der notariellen Beurkundung gesagt haben: Hiermit unterzeichne ich das Ende unseres Erbes.

Dieser Onkel hatte durch den Krieg keine richtige Ausbildung, er war zwar sehr ambitioniert und geschickt und gehörte damals zu den wenigen wirklich Reichen. Er hatte Land verkaufte, bekam Cash in Hülle und Fülle, was ihm den Kopf verdrehte. Das Gut ist gepfändet worden, sie mußten raus. Dieser Betrieb hätte noch einmal 900 Jahre in der Familie bleiben können, schönster Boden, unverschuldet übernommen – ein Drama, als die Gerichtsvollzieher kamen und überall den Kuckuck klebten, aberwitzig vor dem Hintergrund des Verlustes, den andere durch Krieg und Vertreibung erlitten hatten. Das machte alle wahnsinnig, eine Horrorgeschichte. Die Familie zerfiel für Jahrzehnte.

Meine ganze frühe Kindheit ist geprägt von zwei starken Dichotomien: Ost und West, väterlicher und mütterliche Familie. Wir lebten ja nahe an der tschechischen Grenze und sahen sie täglich, außerdem gab es die harte Demarkationslinie durch die gesamte Familie, wie ein Strich durch meine Welt, zum Verbittern.

Der Onkel galt als Hallodri. Ich ebenso, wenn ich lustig, fidel und überschwenglich war. Ich bin mal ins Städtchen runtergegangen und habe ein Glas mit röhrendem Hirsch für 5 Mark gekauft und trug es stolz wie ein Spanier nach Hause. Es brach helles Entsetzen aus – wegen der Erbanlagen! –, und ich mußte dieses Teil wieder zurücktragen. Oder: Ich hatte eine Freundin, die ich wahnsinnig liebte – vom 7. Lebensjahr an. Der kaufte ich einen wunderschönen Zinnteller. Mein Vater entdeckte das und hielt mir eine Riesen-Standpauke. Da hat er der Potenz des Kleinen kräftig einen draufgehauen: Der Sohn will sich mal ein bißchen phallisch zeigen, etwas spenden, und paff, kriegt er eine drauf. Das hat mein Mannsein ziemlich gebrochen. Wir sind ohnehin eine total vermännlichte Familie. Männlichkeit in einer starren Art, nicht im vitalen, sondern in einem schematischen Sinn. Die Frauen müssen männlich sein, die Männer müssen männlich sein: beherrscht, diszipliniert, ordentlich und vernünftig – das kam über die väterliche Seite.

Die andere Seite war eher ausgelassen, frech, vielleicht sogar manchmal verletzend, aber begabt. Ein Riesen- Charisma, aber das kippte auch um. Ein Betörer, aber auch Aufschneider. Ein kleiner geliebter Junge, der everybody's darling blieb. Meine Mutter hat mit mir Ähnliches inszeniert. Ich war ihr Liebling, und die Botschaft hieß: Du bist mein Süßer, alles was du machst ist ganz toll. Wahrscheinlich hat meine Mutter ihren fünf Jahre jüngeren kleinen Bruder genauso angehimmelt. – Meine Großmutter gab die Kinder nach Berlin ins vornehme Internat, solange sie noch kaiserlich dachte, und als sie dann nationalsozialistisch anfing, wurden die Kinder zu Bauern gesteckt, weil sie jetzt germanisch werden sollten. Grauenvoll! Das waren zarte kleine Mädchen, die französische Vokabeln gelernt hatten, die mußten nun Mistkarren schieben. Dieser Absturz aus dem Feinen, Gepflegten in das Dreckige, Eklige, Derbe und Grobe und diese ideologischen Selbstverletzungen, die diese Familie durch die NS-Ideologien sich angetan hat, waren abenteuerlich! Verrückt! Ich fragte oft meine Mutter: »Warum habt ihr euch nicht gewehrt?« Sie sagte: »Wie hätte man sich wehren sollen, auf diese Idee wären wir nie gekommen.«

Geredet wurde darüber immer. Vor dem Familienbruch. Da war ich wohl fünf Jahre alt, und meine Großmutter hielt mir politische Vorträge, wie unverantwortlich es von den Amerikanern gewesen sei, Thüringen an die Russen zurückzugeben. Eine absolut abgedrehte und letzten Endes weltfremde Art, mit den Dingen umzugehen.

Über die NS-Zeit in meiner Familie wurde dagegen nie wirklich offen geredet, eher ironisiert. Wenn meine Mutter heute einen Film sieht wie »Schindlers Liste«, kriegt sie sich nicht wieder ein. Nach dem Krieg, als die Verbrechen publik wurden, mußten sie ein KZ anschauen. Daraufhin ist sie zu meinem Großvater und hat gefragt: »Vati, wußtest du's oder wußtest du's nicht?« Da hat er geweint. Er weinte sowieso immer. Und beteuerte, nichts davon gewußt zu haben. Dabei hatte er eine relativ hohe Position. Er hätte es wissen können. Wie Goldhagen schreibt: Die Führungsschicht hätte sich auf die Arbeitslager für Juden auch einen anderen Reim machen können. Es wurde bei uns immer nur vom französischen KZ gesprochen! Mein Großvater war Kriegsgefangener, weiter nichts – immer diese sprachliche Nivellierungen.

Die ältere Schwester war sehr früh emanzipiert, die hörte amerikanische Sender, obwohl die Eltern Nazis waren. Die Geschwister haben sich wahrscheinlich gesagt, so toll kann der Hitler nicht sein, wenn er unseren Bruder auf dem Gewissen hat, obwohl meine Großmutter die These vertrat: »Ich habe meinen Ältesten dem Führer geopfert.« Stolze Trauer! Diese Tochter hatte ein Verhältnis mit einem polnischen Landarbeiter. Da soll meine Großmutter zu Himmler gegangen sein, mit dessen gesamter Familie sie befreundet war, und hat gesagt: »Herr Reichshauptführer, meine Tochter treibt Rassenschande.« Er antwortete: »Da gibt es nur eine Möglichkeit: KZ.« »Ja, gibt es nicht noch etwas anderes?« »Ja, Sie können sie auch in die Psychiatrie stecken«. Die Folge: Die Tochter mußte für zwei Jahre in die Psychiatrie. Als einzige Gesunde unter den Irren.

Wenn Max, der Älteste dieser Geschwisterreihe, nicht gefallen wäre, hätte der Jüngere das Erbe nicht verschleudern können. Meine Mutter liebte Max wahnsinnig, den großen Bruder, der voranging, der bei den verrückten Eltern auch Stabilität geboten hat, der Führung gezeigt hat. Anders als sein Vater!

Mein Vater hatte drei Brüder und das beherrschende Thema dieser Familie war der Verlust des gesamten Besitzes im Osten. Zum ersten: Die Familie von T. war ziemlich wohlhabend. Sie besaß so viel Land im Baltikum, so groß wie Hamburg heute ist, aber sie hatten zwischen 1918 und 1939 alles vollständig verloren. 1918 war alles futsch, weil nicht zum deutschen Einflußbereich gehörig. Mein Großvater wurde 1918 nach Sibirien deportiert, wie 80 andere baltische Adlige. Aber dann fand ein Austausch, ich glaube gegen Lenin, statt, weil die deutsche Heeresleitung Lenin eingeschleust hatte. Lenin hätte ja aus der Schweiz gar nicht mit dem berühmten Zug herausgekonnt, und da hat die deutsche Heeresleitung gesagt, also diese Offiziere wollen wir wiederhaben.

Mit diesem Schock ist mein Großvater in den Westen gegangen, nach Sachsen, und hat ein Geschäft aufgezogen. Die Ehe ging zu Bruch, das gesamte Erbe war hin, und von den dort ansässigen Adligen wurden sie geschnitten. Ihr Vorwurf: Man stirbt auf der Schwelle seines Hauses! Das Programm meines Großvaters war: Wiederherstellung des adligen Status. Das Ziel verfolgte er mit unglaublicher Beharrlichkeit. Er stellte das Gesetz auf: Es wird kein Geld ausgegeben! Nichts, ja und wenn, dann nur im großen Stil. Mein Vater wäre gewissermaßen verstoßen worden, wenn er es gewagt hätte, Bonbons zu kaufen. Aber als er 16 war, beschloß mein Großvater, daß er ein Motorrad bräuchte. Total ungewöhnlich. Der Bürgermeister der Stadt trommelte die gesamte Schule und alle Bürger auf dem Marktplatz zusammen, um das Motorrad meines Vaters vorzuführen. Mein Vater war der Champ!

Das Programm meiner mütterlichen Familie war – implizit – der Untergang, das Thema auf der väterlichen Seite das Herauskommen aus dem Untergang. Der älteste Bruder Ingmar fiel; der hatte ziemlich Karriere gemacht als Physiker und Ingenieur mit der Entwicklung der Radartechnik, die die Engländer zum Glück ja eher hatten als die Deutschen. Er ist wahrscheinlich durch einen Sabotageakt mit dem Flugzeug abgestürzt.

Der Jüngste, Claudius, war auch mit 17 gefallen. Es war der Lieblingssohn meiner Großmutter, aber auf meinen Vater Dietmar richteten sich nun die gesamten Erwartungen, weil er der einzige Übriggebliebene war. Mein Großvater galt als enorm verbittert, enorm verächtlich gegenüber Frauen und ihren Lebenswünschen, gegenüber allem Weichem. Das hat mein Vater übernommen. Meine Mutter war eher sinnlich, da hat mein Vater sich ein Stück mitnehmen lassen.

Mein Bruder kriegte den Namen des so hübschen und charmanten Gefallenen, neben dem mein Vater wenig Chancen gehabt hatte. Und seine Mutter liebte ja auch den Toten zehnmal mehr als ihn. Das ist auffällig, daß alle Großeltern sehr unverhohlen ihre Vorlieben gelebt haben. Claudius, mein Bruder, wurde im Grunde sofort emotional von meiner Großmutter adoptiert. Ich war damit emotionsstrategisch das Kind meiner Mutter. Mit allen eingebauten Botschaften. – Ich heiße ja nach meinem mütterlichen Großvater Julius, aber es mußte dann aufgepaßt werden, daß sich dieses Programm nicht wirklich mit Leben erfüllt. Ich bin sehr körperlich, sehr sinnlich. Dieses sonnige Gemüt kam durch meine Mutter, die mich sehr liebte, und da meine Großmutter relativ früh starb, verlor mein Bruder eigentlich seine emotionale Bezugsperson, »seine Mutter«. Außerdem hatte ich noch diesen Patenonkel John, der in meinem inneren Haushalt eine große Rolle spielt, der Amerikaner. Den kannte ich zwar nicht, aber um so virulenter waren die Phantasien.

Mein Vater war schwierig für mich. Er war eindeutig auf meinen Bruder ausgerichtet. In der Schule war ich eine Katastrophe. Ich konnte mich nie mit letztem Vertrauen auf eine naturwissenschaftliche Formel werfen und sagen: »O. k., man muß sie nur anwenden.« Ich wollte immer alles verstehen und behauptete einfach, das Mathebuch sei falsch. Was meinen Vater wahnsinnig machte. Für ihn war das wie eine Todsünde. Ein schwerer Defekt, als würde ich jegliche Autorität in Frage stellen.

Mein Vater baute die Bundeswehr wieder mit auf. Es ging ihm nicht so sehr um das Demokratische, sondern um Kameradschaftlichkeit. Demokratie im emphatischen Sinn war letzten Endes nicht seine Sache. – Er war erst 21 Jahre alt gewesen, als er mit dem Spaten über der Schulter im Arbeitsdienst nach Polen einmarschierte, und hat es dann zum Artillerieoffizier gebracht, zum Hauptmann, und ist vier Jahre in Rußland gewesen. Das hat ihn natürlich wahnsinnig geprägt. Vor seinem Tod bekam ich ein ganz tolles Verhältnis zu ihm, und er erzählte, er träume »stundenlang von schaukelnden Lichter der Lastwagen, die auf einen zukommen, die in Kolonnen rumfahren.«

Er hat den Krieg nicht als besonders erschütternd erlebt. Das war als Soldat auch klar, darauf waren sie durch die Tradition vorbereitet. In Rußland war seine einzige Sorge, daß die Granatsplitter die Reifen zerfetzen, denn sie hatten nicht genug Ersatzreifen. Daß so ein Ding in den Schädel sausen und ihn mausetot machen könnte, war offenbar Nebensache. Das ist wohl ein wichtiger Mechanismus; wenn man sich das Thema Männer, Technik und Krieg anguckt, dann ist die Technik ein Mittel, das Mörderische des Krieges wunderbar zu verdrängen. Sie ist der Garant des Weiterlebens. Insofern war die Technik ein ganz wichtiger Transmissionsriemen, um diesen Krieg überhaupt führen zu können. Mein Vater hatte das Gefühl, sich im Krieg bewährt zu haben. Er hat durch Mathematik überlebt, denn er mußte schneller rechnen als der russische Artillerie-Kommandant. Reine Nervensache.

Er kam dann mit dem berühmten wandernden Kessel nach dem Ende des Krieges zurück, hat sich den Engländern gestellt und war relativ lange Angehöriger der britischen Armee, als Fahrer. Emotional wurde er in der Erinnerung an die Situation, als er seine baltischen Familienangehörigen in einem riesigen Gefangenenlager wiederfand.

Nach 1945 stand er vor der Frage: Was kann man machen? Seine Antwort: entweder Bauer oder Gärtner werden, da kriegt man immer zu essen, also lernte er Gärtnerei. Aber eigentlich wird man als Adliger Offizier oder Landwirt. Er hat angefangen zu studieren, aber es wieder aufzugeben. Deswegen war das bei uns ein emotional besetztes Thema. Auch für mich stand das Studium der Landwirtschaft zur Debatte, weil es eine sinnliche Arbeit ist, wenn ich nicht die Wende zum Christentum genommen hätte.

Bei mir gab es mehrere Stufen von Erweckungserlebnissen. Als erstes das Kindergebet, eine innerliche Frömmigkeit. Und dann, als ich elf Jahre alt war, ein Zeltlager der evangelischen Jugend. Eine enorme Krise, unter 120 fremden Jungs, alle ziemlich rüde, ein Wechselbad, aber letztendlich toll. Ich litt wie ein Hund unter Heimweh. Ich hatte eine Heidenangst, daß meine Eltern durchbrennen könnten, mich da abgeben und im Stich lassen. Vielleicht wegen der ständigen Fluchten und diesen Familienschismen. Auch die schrecklichen Vorerfahrungen durch das Verlassenwerden bei den großen Krankheiten meiner Mutter. Wir wurden von meiner Großmutter ins Kinderheim gebracht, und dann hieß es: »Oh, guckt mal in die Höhle, guckt mal nach den Rehen.« Wir guckten und plötzlich war sie verschwunden.

Dann der Konfirmandenunterricht bei einem jungen, dynamischen Pfarrer. Er war ein männlicher und starker Typ, ein gutes Vorbild. Mein Konfirmationsspruch war, selbst ausgesucht: »Die Ernte ist groß, weniger sind die Arbeiter, darum bitte den Herrn, daß er Arbeiter sende in seiner Ernte.« Eine sogenannte Beauftragungsszene. Ich wollte ein Mitarbeiter sein. Irgendwie rechnete ich fast damit, daß sich bei der Einsegnung das Kirchendach öffnet und singende Engelchöre rumschwirren. War sogar ein bißchen enttäuscht, als es nicht passierte.

Dann Wochenendtagungen, die sogenannte Buchmann'sche moralische Aufrüstung, eine Art Missionsprogramm. Er war sehr bekannt in der Nachkriegszeit, hat sich mit der deutsch-französischen Aussöhnung einen Namen gemacht. Sein Clou war gut amerikanisch, gut für die Mediengesellschaft; die ganze Lebensphilosophie in vier Stichworten: Man soll ehrlich und selbstlos sein, die Menschen lieben, sexuell rein und enthaltsam bleiben, also faktisch unberührt in die Ehe gehen.

Diese vier Maßstäbe wurden als Quintessenz des christlichen Glaubens verkauft: Einerseits genügte man der Regel nie ganz, andererseits hob sie jeden aus der Masse der Ungläubigen heraus, was mich natürlich nicht unberührt ließ. Mich packte der Inhalt und beflügelte meinen Beschluß, Theologie zu studieren, um mit den Ungereimtheiten dieser Botschaften klarzukommen. Ich wollte für mich klären: Wo geht's lang, was stimmt oder was stimmt nicht? Ich bin im Zuge dieser Berührung mit dem Pietismus zunächst einmal auch in die härtesten Observanzen eingestiegen. Wir haben den Pietismus wirklich radikalisiert. Wir wollten missionieren, so richtig im klassischen, reinen, edelsten Sinne – im Dschungel. Es ging um geistige Führerschaft, Radikalität, die Bereitschaft, selbst Opfer zu bringen. Wir haben richtig Exorzismen inszeniert, den Teufel ausgetrieben. Wir beteten auf den Knien, laut und intensiv, das dauerte zwei, drei Stunden. Es ging darum, uns der Finsternis entgegenzustellen. Da passierte es, daß irgendwelche Leute in Trance fielen, und plötzlich redeten Dämonen aus ihnen, wie es in der Bibel heißt. Die schrien auch »Heil Hitler«, es gab also Hitler-Geister. Die Dämonen machten allerhand Spektakel, kriegten aber von uns den Befehl, in den Abgrund zu fahren. Es galt, ihnen kein neues Einfallstor zu bieten. Ich war also richtig in einer Sekte, so mit Anfang 20.

Es hat aber auch etwas mit Adel zu tun. Adel heißt, der Ritter kämpft gegen den Drachen für seine Vasallen und Untertanen, der Ritter hat zu sterben für seine Schutzbefohlenen. – Das ist in unserer Kultur tief verwurzelt. Dazu muß man gar nicht einer bestimmten Familie angehören. Es wird noch untermalt, wenn man von T. heißt (und blendend aussieht, Anm. d. Autorin) und mit 18 zur Marine geht. Ich hätte das gar nicht gebraucht, weil ich Theologie studieren wollte, habe aber für mein Vaterbild diesen Dienst erbracht. War auch stolz drauf, schmuck und fesch, wurde bewundert von den Mädchen. Und alles in der Tradition der Familie.

Bei uns gab es schon im 18. Jahrhundert Pastoren. Meine Eltern erschienen mir als zu wenig fromm ... Später habe ich ihnen innerlich zum Vorwurf gemacht, daß sie mich in diese Sekte gehen ließen, ohne den geringsten Versuch, ernsthaft zu intervenieren. Vielmehr wollte ich sie missionieren. Die hätten ja mal um mich kämpfen können, mich irritieren, aber da war mein Vater zu liberal, was ich später schätzen lernte. Aber vielleicht war es auch ein Stück Desinteresse und mangelnde Fürsorge.

Nach meinen Eltern hätte ich alles andere als Pastor werden sollen. Mein Vater fragte mich kurz vor dem Abitur: »Was willst Du werden?« Daraufhin habe ich ihm geantwortet: »Darüber ist entschieden in Jesus Christus.« Da hat er gesagt: »Also, wenn du mir so eine blöde Antwort gibst, dann danke, das genügt, da mach du mal deine Sache allein.« Er war wahnsinnig verbittert und zornig, weil ich ihn damit als Vater absetzte, den höchsten Vater aller Väter an die Stelle setzte und ihm sagte, die Sache ist entschieden. Ich habe nur noch Vollzug gemeldet.

Mein Vater ist nie mit mir in den Kampf gegangen. Im Grunde war mein Spruch auch ein Versuch, mit ihm Berührung zu kriegen, mit ihm zu raufen. Als ich klein war, habe ich es mit dem Bademeister in der Schwimmanstalt gemacht, auf dem bin ich rumgeklettert. Habe meinen Vater nie vital männlich erlebt, so im körperlichen Ausdruck: boxen, fußballspielen, raufen, rennen, stolpern. Nur männlich im Sinne der Vernunft.

Einen Heimatbegriff? Den konnte es ja gar nicht geben. Ich habe nie eine Heimat gehabt. Das ist mir erst aufgefallen, als ich mit meinem ersten Schwiegervater über seine Hügel galoppierte und er erzählte, daß er schon als kleiner Junge mit seinem Vater über die Hügel galoppiert war. Da dachte ich: »Meine Herren. Das hast Du nicht, die Hügel, über die Dein Großvater gegangen ist, die wirst Du in Deinem Leben nie sehen.« Das habe ich vermißt. Die alte Heimat im Baltikum stand als Mythos im Hintergrund. Die mütterliche Herkunft, das hätte Heimat sein können, war aber zerstört worden. – In dem Ort, wo ich als Kind aufwuchs, unterhielten mein Eltern überhaupt keine nennenswerten Bekanntschaften. Wenn ich auftrat – das ist ein ganz wichtiger Zug in meinem Leben –, war ich immer auf mich allein gestellt, ich konnte mich nie auf irgendeine Instanz berufen, die mir im Rücken gestanden hätte. Ich war immer nur Julius, alles andere war ein Mythos: Familie, Sippe, Heimat. Es gab keine Wiedererkennungseffekte, Wiederbezugseffekte. Aber das ist ja das Schicksal von hunderttausenden von Menschen, die geflüchtet sind, die von der ersten in die zweite Hälfte des 20. Jahrhunderts rübergewandert sind.

Fotos von früher gab es nicht viele, aber die Gegenstände wurden in großen Ehren gehalten. Deswegen war es um so unbegreiflicher, daß der Besitz der mütterlichen Familie zur Versteigerung kam – aus selbstverschuldeter Dummheit. Meine Eltern erlebten, wie sich ein Herr X. für 20.000 Mark das Silber unter den Nagel riß, das meine Mutter hundertmal für Taufen, Hochzeiten und Beerdigungen geputzt hatte. Insofern ist das Thema Heimat und Erbe immer wahnsinnig prekär gewesen sowie ein Zug meiner Religiosität. Ich habe mich einfach metaphorisch herauskatapultiert: als Erbe Abrahams. Was interessierte mich das Erbe der Familie? Ich hatte eine ganz andere Erbschaft zu kriegen. Jeder Europäer kann ein Jude werden, kann sich also an die Erbschaft der gesamten biblischen Traditionen anschließen. Schon zu Zeiten der Kreuzzüge haben wir zweiten und dritten Söhne, die scheidenden Erben, sich über die Religion eine neue, grandiose kulturelle Identität aufgebaut; sowohl als jüngerer Bruder sowie als enterbter Erbe quasi von drei Familien, habe das auch gemacht. Mehrfachverluste, in verschiedenen Facetten. Man kann es nicht fassen, welche Vermögensbestände nur rein familiengeografisch weg sind. Kein Grund zum Jammern, es sind Tatsachen!

Auch die riesigen Traditionsbestände von den jüdischen Familien, die alle mit Mann und Maus in Auschwitz ausgerottet wurden ... da dreht sich mir der Magen um. Oder: Von der Ermordung der Romanoffs bis hin zu meinem Onkel Claudius ist eine ganze Gattung ausradiert worden.

Zum 70. Geburtstag meines Vaters habe ich unsere Familiengeschichte aufgeschrieben. Mein Vater hat mir nie etwas dazu gesagt, aber er soll vor Erschütterung geweint haben. Ich habe etwas wiedergutgemacht, eine Aussöhnung, nachdem ich ihn faktisch als Vater abgesetzt hatte.

Er hat nie seine Emotionalität zur Sprache gebracht. Die Menschen, die aus diesen beiden Kriegen, aus diesen fürchterlichen

Vernichtungen und diesem Abgrund von Wahnsinn hervorgegangen sind, konnten diese emotionale Flut gar nicht bearbeiten, es gab ja gar keine Sprache dafür. Die konnten nicht schon 1958 damit anfangen, völlig ausgeschlossen. Weder die Opfer, noch die Täter. Die haben erst einmal gut daran getan, überhaupt zu funktionieren. Deswegen bin ich vielleicht – wie andere sagen – so sprachgewaltig geworden. Mein Vater, auch mein Großvater mütterlicherseits, sie haben über alles nur weinen können. Für mich ist die Sprache ein entscheidendes Mittel, um zu überleben.

Natürlich wurde geredet bei uns, aber in furchtbaren Klischees. Mein Vater war fest davon überzeugt, daß der hessische Ministerpräsident Oswald ein fertiges Programm hätte, um die Russen zu holen. Mein Vater lebte in der tiefen Überzeugung, daß morgen die Rote Armee einmarschiert. Das war für ihn sonnenklar, daß die SPD oder die Gewerkschaften heimliche Verbündete dieser Kommunisten in Moskau seien. Ein richtiges Armutstrauma, panische Angst, wieder mit einem Zwieback unterm Arm durch irgendeinen Fluß schwimmen zu müssen. Diesen horrenden Klischees und Schematismen hab ich natürlich etwas entgegensetzen wollen, hab mich daran gerieben, darum gestritten, konnte diese Vorträge nicht ertragen. Wenn mein Vater anfing, fing ich an zu pfeifen – mir wurde manchmal schwarz vor Augen und schwindelig, ich wurde vor Widerstand und Empörung über den ganzen verkorksten Kram physisch krank. Seine Theorie war, daß man nach dem Desaster der Hitlerkriege nicht mit der deutschen Armee die Welt erobert, sondern mit Coca Cola, daß es nicht darauf ankommt, Grund und Boden zu besitzen, sondern Kapital zu akkumulieren. Er hatte ja in den vier Jahren in Rußland einen Landeroberungskrieg mitgemacht, und hinterher mußte er erkennen: Erstens war das ein Verbrechen, zweitens war der Krieg verloren und drittens erobert man heute durch Aktien. Dazu gehörte seine Bewunderungshaltung gegenüber großen Unternehmern. Alle, die da nicht mitzogen, waren für ihn Idioten: besonders Lehrer, Pastoren, Sozialpädagogen.

Aber ich hatte gute Lehrer und liebte den Diakon, den Pastor. Warum sollten das alles Idioten sei? Diese scharfen Entgegensetzungen haben mich in die Sekte getrieben. Natürlich auch meine Affinität zu geschlossenen Systemen. Auch die bürgerliche Welt in unserer Umgebung, die ich liebte, die kam in der Perspektive meiner Eltern nicht vor. Wieder ein geschlossenes System.

Ich war absolut aufgespalten. Ich hab nachmittags die Familie gewechselt, ab meinem siebten Lebensjahr ging ich immer zu meiner Freundin Annette. Das war eine tolle Familie. Die hatten eine Gärtnerei, etwas sehr Bodenständiges, die Eltern waren sehr sinnlich. Annette und ich waren total verliebt. Ich diente ihr wie Rachel. Es war grandios, eine ganz große und tiefe Liebe, länger als sieben Jahre. Aber mit 15 interessierte sie sich mehr für größere Jungs: ein wahnsinniger Einbruch. Das war sehr bitter. Psychodynamisch waren Mädchen eindeutig immer die Überlegenen, um Größenordnungen stärker als ich. Vielleicht, weil mein Vater eigentlich nie bei uns wohnte, er arbeitete immer woanders.

Ich mußte raus. Mußte die Rationalität in meiner Familie auf ihrem eigenen Felde schlagen, insofern ist die Wissenschaft, das Theologie- und Philosophiestudium mein Ansatz, langfristig den Knoten zu zerschlagen. Ich suchte den Kampf der Argumente, die Diskussion, das Argument als entscheidende Waffe, um zu überleben in diesem Psychokram. Mein Vater redete ja auch ständig, und der Eros war stark. In der männlichen Welt, deren Bewohner ich ja von Natur aus nur sein kann, konnte ich nur Heimat finden, wenn ich Argumente hatte. Einen sinnlich-handwerklichen Beruf hätte ich nie wählen können, weil ich dann chancenlos gewesen wäre in der Welt des Weiblich-Sinnlichen.

Von Frauen bin ich für diese Begabung geliebt und gleichzeitig gehaßt worden. – Nach dieser Kinderliebe habe ich es nur noch einmal erfahren, daß ich nicht erobern mußte, was ich generell nicht kann. Diese Frau war sinnlich-mütterlich, das heißt ihre Erotik war verbunden mit Geborgenheit und nicht mit Kampf. Sie war so selbstbewußt, daß sie Lust hatte zu erobern. Eine emotionale Gleichrangigkeit.

Ich habe mir sonst Frauen ausgesucht, denen ich väterliche Geborgenheit vermittele, zuverlässig, schützend. Ich gehe allerdings auch fremd in die Theorie, in eine Welt, in der sie mir nicht folgen. Meine erste Frau war meiner Großmutter mütterlicherseits ähnlich, sie war nämlich auch eine glühende Verehrerin von Führungspersönlichkeiten. Meine Großmutter hat einerseits Hitler verehrt, vergöttert, andererseits war sie aber selber eine Führerin. Auch haben sie beide etwas Verrücktes. Meine Mutter dagegen war immer die absolute Nichtverrückte, die hoch kontrollierte Ordentliche. Dabei hatten sowohl meine Großmutter als auch meine erste Frau wirklich realen Boden, also Besitz. Mein Hauptinteresse an meiner ersten Frau war, daß die zu Hause Felder und sogar Pferde besaßen, da wurde ich scharf. Ich wollte Adliges, und dann die Halle und der Erntekranz, da stand mir wieder der verschleuderte Familienbesitz vor Augen. Ich kenne vier junge Männer, Erben von großen Besitzungen, die sich trotz dieser Bodenständigkeit, wegen der wahnsinnigen Ambivalenz zwischen eigenem Versagen und Grandiosität als Erben erschossen haben. – Wie der Bruder meiner Mutter: Er brachte nicht sich, aber den Besitz um die Ecke. Alles unterentwickelte Männer, die ihre Rollen nicht ausfüllen. Viele adlige Männer wirken ja auch erschreckend infantil, bis ins Körperliche hinein, kleine schmächtige Jungen.

Der andere Männertypus ist der des großen Jägers und des großen Salonlöwen, aber auch gebrochen. Ich habe etwas Spannendes von Barbara Tuchmann in »Der ferne Spiegel« gelesen, eine sehr schöne historische Darstellung des 14. Jahrhunderts in Frankreich. Der Mythos der Artusrunde hatte die französischen Adligen immer wieder dazu gebracht, traditionell in die Schlacht zu ziehen. Obwohl die englischen Bogenschützen ihnen die Pferde unter der Rüstung wegschossen, sind sie immer wieder mit derselben Rüstung reingegangen und massenhaft niedergemetzelt worden, weil sich die französische Ritterschaft weigerte, ihre Strategie zu ändern. Eine absolute Selbstverleugnung, eine riesige Verblendung. Das macht die Dynamik zwischen Grandiosität und Bodenlosigkeit deutlich! Meine Frau hatte eigentlich alles, was man sich träumt, lebte aber wie ein verlorenes Küken in der Welt, wußte nicht, wo sie hingehört, und rannte in die erstbeste Sekte. Also diese wahnsinnige Ambivalenz zwischen großen Reichtümern und mythischen Grundgestalten, das ist ja viel wichtiger als Cash in der Kasse. Und dann die wahnsinnige Hilflosigkeit in der Welt, in der Banalität. Diese Ambivalenz reicht in der Geschichte des europäischen Adels sehr weit zurück.

Ansonsten ist der Adel ja Folklore, schöne Folklore, das wird inzwischen von tausend Leuten kopiert, von den Siegelringen bis zum silbernen Rahmen, dem schönen Porzellan, den Festen und den Kerzenleuchtern. Absolut schöne Folklore. Die schlesische Landsmannschaft könnte mich da nicht mit ihren Trachtenröcken locken, aber unsere Folklore ist anschlußfähig an Minirock und Coco Chanel.

Folklore heißt für mich Unterhaltung, Heimatgefühl, Versinnlichung des Alltags, der Gegenbegriff wäre die klassische Kulturinszenierung: ein Konzert in der Musikhalle. Insofern ist Folklore Alltagskunst, Gebrauchskunst, aber nicht im Sinne von Kunsthandwerk, sondern: im Smoking auf einen Ball gehen. Das ist nicht viel anderes, als im Trachtenanzug irgendwo Volkstanz zu machen. Ein fränkisches Bauernmädchen geht in die Disco und Fräulein von Zitzewitz auf einen Ball des Gelben Kreises, beide verkleiden sich entsprechend, deshalb scheint mir beides Alltagsüberhöhung, Kunst zu sein, also Verschönerung, Versinnlichung, Ästhetisierung, auch Poetisierung des Alltags.

Adlige Tugenden heute? Die werden tradiert über den Johanniterverband, den Gelben Kreis, die Ritterschaften, diese Organe ehemaliger tatsächlicher Ritterschaften, und die Tugenden heißen immer noch: Man setzt sich für das öffentliche Leben ein, übernimmt Verantwortung in Führungspositionen, man ist kein Schlawiner, kein Gauner. Auch ein Graf Lambsdorf ist ja nicht vorbestraft, weil er sich persönlich bereichert hätte, sondern die Parteispendengeschichte war gewissermaßen ein Problem der Parteienverfassung. Seine persönliche Integrität ist dadurch überhaupt nicht in Frage gestellt. – Der Adlige ist nicht von Haus aus Demokrat, der ist von Hause aristokratisch, monarchisch. Er gehört in eine Tradition, in der es um Autorität, um Führung, um Vorbild geht, das sind ja auch Elemente, die in der demokratischen Verfassung eine Rolle spielen. Präsidialfunktionen sind immer Reste von Instanzen, die man früher aristokratisch genannt und besetzt hätte. Zum Demokratischen gehört die Pluralität, die Kontroverse, die Kunst, die Meinung des anderen gelten zu lassen, und das ist nicht unbedingt die klassische Tugend des Adels. In meiner Kindheit bedeutete das Adlige eine Hervorhebung. Ich war nie so wie die anderen, ich war immer etwas positiv Besonderes. Ich fand auch, daß ich von meinem Typ her, wie ich bin, wie ich aussehe, wie ich rede, dieser Besonderheit entspreche. Dies ist eine Eitelkeit, zu der ich auch stehe.

Gleichzeitig kann ich das auch ironisieren. Den Adel live in Ansammlung: grauenhaft langweilig. Schick und lustig war es während des Studiums mit Studenten; selbst meine Pietisten waren in mancher Hinsicht vitaler und interessanter als die ehrbare Welt dieser Adelsjugend.

Meine Souveränität kommt durch meine wissenschaftlichen Studien in Amerika. Die haben meine Überidentifizierung mit der Kirche gebrochen, und sie haben mich zur Psychoanalyse gebracht. Ich bin aus der pietistischen Sekte – gegen den Rat meiner damaligen pietistischen Glaubensgenossen – in die kirchliche Ausbildung gegangen. Dann habe ich mich mit Karl Barth mental freigesprochen vom Pietismus. Wenn man sich vorstellt, daß Karl Barth auch sehr orthodox und rigoros war, wird die Notwendigkeit des Schrittes deutlich, um mich erst einmal aus den wirklich groben Formen pietistischen Aberglaubens zu lösen. Natürlich verfiel ich dem Barthianismus. Alle lachten schon, denn ich war ein wandelndes kirchliches

Dogmatiklexikon. Dann – im Vikariat – ging es um Selbsterfahrung. Unsere Ausbilder waren psychoanalytisch ausgebildet. – Dort habe ich das erste Mal in meinem Leben wirklich über meinen Vater geredet. Und als ich aus dem Vikariat raus war, bin ich sofort in die Psychoanalyse rein. Das und meine wissenschaftliche Arbeit gab mir eine große innere Freiheit, niemals mehr Aufträge von anderen Leuten anzunehmen. Die heutigen Aufträge habe ich selbst entwickelt. Ich bohre gerne dicke Bretter. Meine wichtigste Frage könnte ich mit Ernst Cassierer formulieren: Die fundamentalen symbolischen Formen in der Kultur sind nicht Kunst und Wissenschaft, obwohl wir sie heute als am mächtigsten erleben, sondern es sind Mythen und Religion, viel verachtet, wenig verstanden. Es kommt darauf an, mit ihnen kulturell wirksam zu werden, so daß sie die Kultur tragen und sie nicht belasten und vergiften. Dazu bedarf es erst einmal sehr grundsätzlicher Aufräumarbeiten, gerade auch in der evangelischen Kirche. Es geht keineswegs um die Kirche an sich. Der bürgerliche Protestantismus ist ja noch etwas anderes, aber die Landeskirchen sind schon immer ein Bild des Jammers gewesen. Und von daher die Frage: Was kann man mit diesem prekären Erbe Vernünftiges anstellen? Es gibt dieses sinnvolle Erbe der Religion und der mythischen Traditionen. Aber: Wie werden die überhaupt transportiert, welche Funktionen haben sie und wie kann man sie auf eine gute Weise wieder lebendig machen?

Das steht auch im Zusammenhang mit dem Gefühl von Schuld und Scham wegen meiner Familie. In den vergangenen zwei Jahren, durch die Diskussion um das Holocaust-Memorial, den Jahrestag der Befreiung von Auschwitz, vor allem durch die Goldhagen-Debatte und den Historikerstreit, sind keine zwei Tage vergangen, in denen ich nicht daran denken mußte. Immer mit dem Gefühl: »Mein Gott, was ist da passiert?«

Meine Großeltern sind dabei Anknüpfungspunkte. Doch alles, was geschah, ist von einer solchen Dimension, von einer solchen Abgründigkeit, daß das Mitwirken von irgend so einem popligen Julius von S. zu vernachlässigen ist. Ob der nun auch noch auf einem Bein »Hurra« geschrien hat oder nicht, ist völlig egal. Angesichts der Tatsache, daß ganz Mitteleuropa in den Sog dieses Wahns geraten ist ... Unfaßbar! Es berührt mich emotional so, daß meine Frau sagt: »Du spinnst ein bißchen, mach nicht immer so eine Geschichte daraus!« Als jetzt der Film »Schindlers Liste« im Fernsehen lief, da habe ich tierisch mit mir ringen müssen, ob ich mir den angucke, immer auf dem Sprung rauszurennen.

Der Film war einerseits problematisch, andererseits weckt er ein Potential des Widerstandes. Ich durchlaufe immer diese beiden Phasen, zuerst erschlagen zu sein von der Allmacht dieses Wahns und dann die Widerstandskräfte zu fühlen, die hellwache Gewißheit: das passiert uns nicht noch einmal. Ob dieses Gefühl wirklich greift angesichts möglicher Katastrophen, weiß ich gar nicht. Ob die ökologische Krise auch so katastrophal wird? Vielleicht werden unsere Kinder später ebenfalls fragen: »Wo wart ihr eigentlich?«

Also, Schuld und Scham sind die falschen Begriffe, das hat eher etwas zu tun mit dem Überwältigtsein voller Empörung, aber auch Dankbarkeit, daß es gelungen ist, da herauszukommen. Von vielen in meiner Generation werde ich nicht verstanden, aber ich danke Gott für jeden jungen amerikanischen Soldaten, der für uns gefallen ist. Da könnte ich heulen, weil ich merke, daß das überhaupt nicht memoriert wird: eine Riesen-Sauerei. Die ganze linke Szene habe ich an dem Punkt nie verstehen können. Deswegen bin ich zur Bundeswehr gegangen, und ich sage »Scheiß Nationalismusvorwurf, ohne diese Soldaten wäre Hitler nicht geknackt worden.« Die westliche Welt hat es geschafft, uns von Hitler und diesem gigantischen System zu befreien, gegen unseren Willen.

Meine Mitvikare fanden es unmöglich, daß Deutschland in der NATO ist. Ich sage: »Ihr seid wohl nicht bei Trost?« Für sie war Che Guevara ein Held; meinetwegen, für mich ist es Montgommery, weil er unter Einsatz seines Lebens englische Truppen nach Norddeutschland geführt hat. Und das ist gerade erst passiert, unsere

Väter haben noch als Mitglieder der Wehrmacht und der SS auf die geschossen. – Auch wenn ich weiß, daß die NATO, die Invasion in der Schweinebucht, der Vietnamkrieg, daß wir wie Supermann und James Bond durch die Welt ziehen ... ich bin ja nicht naiv. Aber der Nationalsozialismus ist in erster Linie nicht von Stalin, sondern von den Franzosen, Engländern und den Amerikanern geknackt worden.

Merkwürdig, wie emotional ich da reagiere. Das hat auch was mit der Frage zu tun: »Wie können Männer in diesem Land noch stolz sein?« Männer definieren ihren Stolz natürlich über das Tragen von Waffen. Ich habe mit Erzieherinnen darüber geredet, die sagten: »Müssen wir nicht in einem evangelischen Kindergarten den Jungen verbieten, peng peng zu machen?« Meine Antwort: »Sie sind wohl verrückt geworden?« Ja, das sind Jungs, die haben einen Penis und wollen schießen, und wenn sie ihnen das Stöckchen wegnehmen, dann nehmen sie sich einen Legostein oder eine Klorolle, die werden ihren Penis inszenieren, da können sich die Erwachsenen auf den Kopf stellen. Wir müssen vielmehr dafür sorgen, daß die männlichen Anteile integriert werden, daß man mit diesem Schwert fair umgeht. Ansonsten wäre man ein kastriertes armes Schwein.

Diese Kastrationsvorgänge gehören zu den überhaupt nicht thematisierten Problemen des Adels: Der komplette mitteleuropäische Adel deutscher Sprache hat sich von diesem Verrückten, dem kleinen Gefreiten aus Braunau, in den Untergang führen lassen. Das Thema müßte Bücher füllen, aber der Adel zieht sich an Stauffenberg hoch. Stauffenberg war bis in die 50er Jahre kein Modell für die Soldaten, sondern er galt als Verräter am Vaterland. Die mußten erst mal ihre Kategorien sortieren. Das würde die Adelsblättchen füllen ... – Ein Vetter fragte damals seinen Vater, ob er in die Wehrmacht oder zur SS solle. Die Antwort des adligen Vaters: »Junge, überleg dir das gut, die SS ist der neue Adel.«

Der ganze Antisemitismus, an den Goldhagen uns nun wieder erinnert, zeigt, daß er so entsetzlich gesellschaftsfähig war, daß man sich wundert, wer da nicht dazugehört hat von links bis rechts.

Lafontaine sagt: »Mit den Sekundärtugenden Pünktlichkeit und Ordnung kann man auch ein KZ regieren.« Da hat er nun mal recht, und was nützen mir die ganzen Tugenden des Adels, wenn sie nutzbar sind, um den Holocaust zu inszenieren? Dagegen ist der angelsächsische Pragmatismus, dieses puritanische Element des Gerechtigkeitsgefühls, der Freiheit und Gleichheit keine adlige Tugend, sondern bürgerliche Tugend. Insofern kann ich sagen: Adel, als Folklore o. k., aber sonst bitteschön bürgerlich.

Meine Lebensaufgabe? Eine Aufgabe sehe ich darin, ein Position als Mann zu finden, Männlichkeit neu zu entdecken. Ich habe den Verdacht, daß Männlichkeit sich nach den zwei Weltkriegen gegen die Weiblichkeit nur schwer behaupten konnte. Das Weibliche ist absolut dominant. Wie in der ganzen Psychoszene. Männer sind oft nur Witzfiguren, Rambos oder Schwächlinge.

Ich glaube, ich werde eines Tages alle Bücher rausschmeißen und mit meiner Frau und den Kindern in die Wildnis ziehen. Sie würde das auch wollen. Es behagt ihr nicht, daß ich so ein Büchertyp bin.

Kommentar zu Julius v. T.

Eine Familie ohne Heimat. Oder besser: auf der beständigen Suche nach einer neuen Heimat und nach – wechselnder – Identität. »Gelernte Heimatlose«, wie der Schriftsteller Jean Amery von sich selbst schrieb.

Aus dem Baltikum vertrieben, wurde der Großvater von Standesgenossen noch als Feigling geächtet, der nicht auf der Schwelle seines Hauses zu sterben bereit war. Mit Vehemenz versuchte er, sich in der Fremde eine respektable Position zu schaffen. Bis eine erneute Flucht – am Ende des 2. Weltkrieges – die Familie zwang, ein zweites Mal alles aufzugeben und noch weiter in den Westen zu trecken.

Dem Vater von Julius gelingt es, die Tochter eines reichen Landbesitzers zu heiraten. Was eine wunderbare Fügung hätte sein können, um ihm, zumindest seinen Kindern, eine neue Heimat zu bieten, entwickelt sich zu einem Desaster, als der Schwager den 900 Jahre alten Besitz, ohne Not und Schulden übernommen, verpraßt. Für Julius' Mutter entsteht somit ebenfalls ein Heimatverlust und beginnen quälende Auseinandersetzungen um das eigene Erbe. Sie, die eigentlich reiche Tochter, geht völlig leer aus und verliert, wie ihr Mann, ebenfalls ihr elterliches Zuhause.

Julius tritt demnach mit der Bürde von dreifachem Heimatverlust an. Er selbst versucht, auf die gleiche Art wie sein Vater, sich eine neue Heimat zu schaffen, indem er eine reiche und – besonders wichtig – Land und Pferde besitzende Tochter eines französischen Gutsbesitzers heiratet. Durch seine Scheidung verliert er später erneut seine – zumindest emotionale – Bindung an dieses Stück Erde. Wie bei seinem Vater und Großvater: Ein mißglückter Versuch, eine in dritter Generation mißglückte Wiederholung, über den Besitz von Land und Gütern die eigene Identität vielleicht nicht aufzubauen, aber zu stabilisieren.

Spürbar ist Julius' tiefe Sehnsucht, als er zum ersten Mal in das Elternhaus seiner Frau tritt und dort in der großen Halle die Erntekrone sieht: Seine intensive Suche nach Beständigkeit, nach Kontinuität, nach Erdverbundenheit wird deutlich, denn die Erntekrone gilt als das Symbol für gesegnete Arbeit auf dem Land, für den Ertrag aus der Erde, für die soziale Verbundenheit zwischen den Landbesitzern und den Arbeitern beim Erntedankfest. Quasi wie ein emotionales Relikt lebt diese Utopie in ihm weiter, in dem Wunsch, eines Tages in der Wildnis, im unmittelbaren Kontakt mit der Erde, eine tiefe Befriedigung und vielleicht auch Beruhigung zu finden. Dieser Wunsch wird außerdem gespeist durch den idealisierten, ständig imaginierten Patenonkel, der nach Amerika auswanderte, in das Land der wunderbaren Natur.

Solche idealisierten Personen sind für Heranwachsende enorm wichtig. »Stolze innere Gefährten« nennt sie Robert Bly (1997, S. 172), stützende und leitende Vorbilder, die dazu anregen, »über die Vollkommenheit nachzudenken, ... denn die Gesellschaft soll perfektioniert werden.« (a. a. O., S. 175). Das Fehlen solch einer inneren, bestenfalls realen Instanz in der Jugendzeit, führt, wie bei den vielen innerlich hohlen, früh ausgedorrten Jugendlichen zu sehen ist, zu ausgeprägten Mangelzuständen:

> »Wenn die Adoleszenz ohne eine wirksame Initiation oder die Begegnung mit einem Mentor zu Ende geht, geschieht etwas Trauriges. Das Feuer des Denkens, die Stichflammen der Kreativität und die Freudenfeuer der Zärtlichkeiten sterben allmählich ab. Die wilden Flüsse werden gleichsam in Betonbetten eingefaßt ... Die meisten Männer werden nicht gewalttätig. Sie leben bis zu ihrem Tod in einem Zustand ausdrucksloser Gefestigtheit, ohne Gewaltausbrüche, aber auch ohne Spontaneität und Kreativität. Die Hauptaufgabe ihrer Psyche besteht darin, Wut und Trauer zu betäuben.« (a. a. O., S, 176 f.).

Wie Julius selbst sagt, suchten die scheidenden Erben, die Zweit- oder Nachgeborenen, schon immer ihre Identität in den Ideologien, in den Religionen. Sie zogen aus, die Welt zu erobern oder zu verbessern, weil in der Heimat der Platz der Besitzenden durch die Ältesten okkupiert war. Er erklärt sich zum Erben Abraham und entsagt somit dem irdischen Besitzstreben. »Wir haben hier keine bleibende Stadt, sondern die zukünftige suchen wir«, wie es in der Bibel heißt. Oder wie in dem Lied »Nun ruhen alle Wälder« von Paul Gerhard: »Ich bin ein Gast auf Erden und hab hier keinen Stand; der Himmel soll mir werden, da ist mein Vaterland!«

Dies ist einerseits auch eine Kompensation der Tatsache, daß er nicht zu großem Besitz kommen wird, andererseits eine Attitüde der Selbsterhöhung. Eine Lebens-Notwendigkeit, zu der wir alle greifen, um uns aus dem zeitweiligen Tal des Jammers und der Banalität herauszuphantasieren.

Hier wiederholt sich bei Julius die Geschichte seiner Großeltern. Seine Großmutter hatte starke und sie ein Leben lang begleitende »Erweckungserlebnisse«, zunächst durch die Kirche, später durch die Nationalsozialisten. Sie wird zu einer fanatischen Parteigängerin, die sogar ihre eigene Tochter denunziert und bereit ist, diese in ein KZ einliefern zu lassen. Zwei Jahre Psychiatrie, mit dem

Damoklesschwert der Euthanasie, mutet sie der Tochter zu – wegen eines Liebesverhältnisses mit einem Polen, einem Feind. Diese Mutter opfert ihre Tochter um ihrer Rassenideologie willen und ihren Sohn »in stolzer Trauer«. Selbst nach dem Krieg bleibt sie uneinsichtig und fanatisch. Ihr Mann dagegen, vielleicht durch die Gefangenschaft »gebrochen«, vielleicht durch späte Einsicht in seine Schuld erschüttert, stirbt, ständig weinend, nicht lange nach 1945.

Julius, ebenso wie seine Frau, erfährt ebenfalls ein »Erweckungserlebnis«, tritt in das enge System einer geschlossenen und gleichermaßen strikten Sekte ein. Auch hier: ein Führer, das Prinzip der Unterordnung, des Nie-perfekt-Seins, der Erhabenheit über die Nichtgläubigen und ein arroganter Missionsauftrag. In beiden Ideologien geht es um »Reinheit«: Bei den Faschisten um die Reinheit des deutschen Volkes, bei Frank Buchmann um die Reinheit des Leibes, die Keuschheit. Bemerkenswert ist, daß während der »Teufelsaustreibungen« auch Hitler bei einigen der Gläubigen ausgetrieben wird. Hitler als Introjekt, als giftiger Boden der Seelenlandschaft, muß wie ein Teufel herausgebetet werden, um den Körper verlassen zu können. Ein archaisches Reinigungsritual. Das Ziel ist jedoch nicht, sich völlig zu befreien – dazu wäre wohl der Schritt zu groß –, sondern eine neue Führungspersönlichkeit über sich zu akzeptieren. Diesmal freiwillig, wenn auch aus einer psychischen Not-Wendigkeit heraus; eine Übergangsregelung, solange die völlige Emanzipation nach den langen Jahren des Faschismus noch als zu gefahrvoll erscheinen muß.

So wie seine Großmutter ihre christlichen und kaisertreuen Werte durch die Idee des Nationalsozialismus ersetzt und damit Gottvater und Kaiser durch Hitler austauscht, so leugnet Julius die Rolle seines Vaters und beruft sich – seinen Vater damit abwertend und abwehrend – auf den höchsten Vater, auf sein Erbe als Nachfolger Abrahams, als Arbeiter im Herrn, der sich als Konfirmationsspruch eine Beauftragung wählt. Er sucht sich selbst seine

Aufgabe, Gottes Feld zu bestellen und erklärt diese als göttlichen Auftrag.

Eine andere, wichtige Lebensaufgabe für Julius ist die Frage nach der Männlichkeit. Wie kann diese heute noch aussehen, obwohl in zwei Weltkriegen – im Namen von Männlichkeit, Stolz, Ehre, gebunden an den Schwur gegenüber dem Führer – Männer unfaßbares Leid über die Menschheit gebracht haben? Peter Bamm stellte in seinem Buch »Anarchie mit Liebe« (1962) fest: »Die Überlebenden einer Jugend, die in den Materialschlachten des ersten Weltkrieges verblutet war, haben es nicht weiter gebracht als dazu, die Kommandeure einer Jugend zu werden, die auf den Schlachtfeldern des zweiten Weltkrieges fiel«. Oder Robert Bly, Philosoph und Kulturkritiker aus den USA: »Was geschieht mit Menschen, die aus dem Fenster geworfen werden? ... Wir können sagen, daß die alten Männer Frankreichs und Englands (vor dem 1. Weltkrieg, A. v. F.) Tausende von jungen Männern aus dem Fenster warfen; in derselben Zeit warfen auch die alten Männer Deutschlands junge Deutsche aus dem Fenster. Zwei Jahrzehnte später, 1939, kehrten sie in anderen Körpern wieder, und abermals warf die deutsche Nation, indem sie im Osten wie im Westen Krieg entfesselte, ihre jungen Männer aus dem Fenster.« (Bly 1997, S. 287).

Gesellschaftliche Mythen haben diese Problematik immer wieder aufgegriffen: Im Ödipus-Mythos wird beschrieben, daß Laios seinen Sohn dem Tode weihte, indem er ihn aussetzen ließ, nur weil das Orakel meinte, er würde von ihm getötet werden. Und Abraham wollte seinen eigenen Sohn opfern, ehe er von den Engeln daran gehindert wurde und lieber zu einem Tier griff. – Ist es die Angst der Väter, daß sie eines Tages – naturgegeben – von ihren Söhnen entthront werden, die diese Tötungsimpulse hervorruft? Denn wie muß ein Vater fühlen, der z. B. als Offizier seinen eigenen jungen Sohn an die Front und in den sicheren Tod schickt? Welche grandiosen Rationalisierungen (Vaterlandsliebe, Ehre, Stolz usw.) sind zu dieser un-menschlichen Haltung nötig? Es wäre ja auch denkbar, daß nur die jeweils ältesten Männer, die dem Tode bereits nahe sind, in den Krieg ziehen, um die Jungen zu schützen und den Fortbestand der Familien zu wahren!

Was geschieht also in Gesellschaften, in denen Väter – entgegen ihrer ureigensten Aufgabe – ihre Söhne nicht schützen, sondern sie in einer weltumspannenden Aggression dem Tode weihen? Blys Antwort geht in die Richtung, daß wir dabei sind, sowohl durch diese menschenverachtende Väterlichkeit als auch durch die grassierende Vaterlosigkeit unsere zivilisatorischen Grundlagen zu vernichten (bei der schwarzen Bevölkerung in den USA wachsen bereits 60 Prozent der Kinder ohne Väter auf, bei der weißen über 35 Prozent). Noch halten Mütter die Fahne der Zivilisation und Erziehung in den meisten Restfamilien aufrecht, doch beschreibt er eine ebenfalls zunehmende »Mütterlosigkeit«, wenn nämlich Mütter ihren Einfluß und ihre Autorität aufgrund des Medien- und Peergroupverhaltens verlieren. Das führt zu einer Horde von Pseudo-Waisenkindern, Dauerjugendlichen und mit Altersgenossen brutal konkurrierenden Halb-Erwachsenen, die allen Verführern willenlos ausgeliefert sind.

Die Weiblichkeit siegte, so Julius' Wahrnehmung, doch auf Kosten einer würdevollen, lebendigen, energiegeladenen, körperlichen und mit Sinn behafteten Definition des Mannes. – Julius ist stark, bis zu Tränen des Schmerzes berührt, als er über die amerikanischen Soldaten spricht, die ihr Leben einsetzten, um Deutschland und Europa von Hitler zu befreien. Sie sind für ihn Vorbilder für positiv eingesetztes männliches Verhalten. Und er empfand es als eine innere Verpflichtung gegenüber diesen jungen Amerikanern – obwohl er als angehender Theologe davon befreit gewesen wäre – in der Bundeswehr zu dienen. Gleichfalls ist es eine versöhnliche Geste seinem Vater gegenüber, der die Bundeswehr mit aufbaute, auch als Wiedergutmachung ob seiner früheren Absetzung des Vaters durch Gott, den höchsten Vater. Er erfüllt damit außerdem einen Auftrag seiner alten Familie, in der das Dienen mit der Waffe eine Selbstverständlichkeit gewesen war.

Vielleicht begibt sich Julius – unbewußt – auch in der Armee auf die Suche nach Männlichkeit, die er wohl schwerlich bei seinen Theologiekollegen zu finden vermochte. Denn die Grundwehrzeit ist, jenseits aller Ideologie, immer auch ein Abenteurspielplatz für junge Männer, eine Kultivierung von Potenzgehabe und Imponierverhalten, von Konkurrenz und brüderlichem Gerangel um Positionen. All das, was seine Eltern ihm strikt in seiner Kindheit verboten und was insbesondere sein Vater ihm verweigert hatte.

An weiteren kleinen Details wird die Verbundenheit mit und Ambivalenz zu seinem Vater deutlich: Als Schüler ist Julius schlecht in Mathematik, weil er meint, die Formeln immer erst diskutieren zu müssen, sie nicht unhinterfragt anzuwenden bereit ist. Ein Verhalten, das seinem Vater 20 Jahre zuvor das Leben gekostet hätte. Dieser mußte quasi um sein Leben rechnen, schnell rechnen, um den Artilleriebeschuß zu steuern. Natürlich kommt es bei den Hausaufgaben mit dem Sohn zu schweren Konflikten, weil dieser dem unausgesprochenen Wunsch des Vaters, um Himmels willen zu rechnen, ohne viel zu denken, nicht folgen kann und aus einer inneren Opposition heraus nicht folgen will. Womit er den Vater – für beide unbewußt – an einem höchst empfindlichen Punkt trifft.

Der Vater erzählt von lebenslangen peinigenden Kriegsträumen, von rollenden Lastwagen und seiner Angst, daß die Technik versagen würde. Dies ist ein allgemein anzutreffender Zustand, daß Soldaten, im Zustand der »psychischen Zentralisation« (s. Einleitung), völlig gleichgültig gegenüber allem Lebendigen werden und sich nur noch auf das eigene »Funktionieren« und das »Funktionieren« der Technik beschränken. Der Psychoanalytiker Sandor Ferenczi (1873-1933) beschieb diesen Zustand bei Überlebenden des 1. Weltkrieges: »Die Libido wendet sich vom Objekt ab und dem Ich zu. Sie vergrößert dabei die Eigenliebe und vermindert die Objektliebe bis zur völligen Gleichgültigkeit« (zit. in Eckstaedt 1992, S. 321). Mit »Objektliebe« ist in der analytischen Terminologie die

Liebe zu anderen Menschen gemeint, die, wenn zu viele der besten Freunde und Kameraden neben einem bereits den Tod gefunden haben, aus Schmerz nicht mehr gefühlt werden kann. Deswegen kann die Hinwendung zur Technik, während des Krieges, aber auch danach, so etwas wie ein Trost, eine Abwehrform gegen die Angst vor dem überwältigenden Schmerz sein.

Auch Julius' »Wortgewalt« scheint einen Reflex auf seine Familie darzustellen. Er ist tatsächlich ein hervorragender Prediger. Er mußte reden, »um zu überleben«, und zwar vor dem Hintergrund des Schweigens in seiner Familie bzw. des leeren, ablenkenden und die eigene Schuld z. B. auf die Russen projizierendes Geredes. Wie Horst-Eberhard Richter (s. Kap. Depressionen) in seiner Untersuchung beweist, hängt die Ablehnung, sich mit der eigenen Schuld zu befassen, eng mit Mißtrauen, Feindbilddenken und einem negativen Russenbild zusammen.

Julius spürt diese Mechanismen als Kind genau, sogar so extrem körperlich, daß ihm »schwarz vor Augen und schwindlig wird und er sich physisch krank fühlt«. Durch Pfeifen muß er die Reden des Vaters unterbrechen: Ein deutliches Signal, daß er die geäußerten Argumente und Schilderungen der Eltern als Lüge, als unwahr, als Scheinargumente unbewußt entlarvt hat. Das Pfeifen scheint sagen zu wollen: Ihr könnt mir vieles erzählen, ich weiß aber, daß es anders war ... Doch als junger Sohn kann er dem nichts entgegenhalten, zumal sich diese Situationen auf einer allen Beteiligten völlig unbewußten Ebene abspielen. Das Gefühl der »Schwärze« deutet die schwarze Wolke der unausgesprochenen, tabuisierten Gefühle an, die in dieser Familiengruppe herumwabern und dazu neigen, den einzelnen Mitgliedern das Gehirn zu »vernebeln« oder ihnen »Schwärze« vor Augen zu führen. Wobei die Farbe natürlich auf Bedrohliches, Ängstigendes verweist.

Auch das Gefühl, »schwindlig« zu werden, ist eine deutliche Körpermetapher: Es geht um das unbewußte Empfinden des Schwindels, der Unwahrheit, auch des schwankenden Bodens. Man fühlt sich »zum Kotzen«, möchte also etwas Giftiges, Schwerverdauliches, Ekliges wieder aus seinem Körper herausbringen, ihn davon befreien und reinigen.

Neben diesen Reden und Scheinargumenten des Vaters gibt es dessen häufiges Weinen sowie das des Großvaters. Beim Großvater, dem Nationalsozialisten, ein Weinen ohne Worte vielleicht aus dem Gefühl von Scham und Schuld, wohl auch wegen der selbst erlittenen Demütigungen in der Gefangenschaft. Vielleicht sogar ein Stück wortloses Eingestehen von Schuld, als ihn seine Tochter, nach dem Besuch eines Konzentrationslagers, entsetzt fragt, ob er etwas davon gewußt hätte ... Hilfloses Weinen liegt auf einer tieferen Gefühlsebene als Sprechen, doch Julius – in der dritten Generation – muß »reden, um zu überleben«: um aus der Erstarrung, aus der Diffusität, weg von den schwarzen Wolken und aus dem Vakuum der Familiengeheimnisse zu kommen; Überlebensreden, Fakten sammeln, der Irrationalität der Familienargumente seine Wissenschaftlichkeit entgegensetzen, seinen Geist schärfen, um niemals jemandem auf den Leim zu gehen, das ist eine der inneren, Julius antreibenden Lebensaufgaben. Und gleichzeitig grenzt er sich damit gegen die »überbordende Weiblichkeit« ab, die »immer im Recht zu sein scheint«. Er geht »fremd« in die Theorie, dorthin, wo ihm seine Frauen nicht folgen können.

Julius selbst weniger bewußt, doch für Außenstehende augenfällig, ist sein ambivalentes Verhältnis zu dem Bruder seiner Mutter, zu dem »Schwarzen Schaf« der Familie, das den gesamten Besitz verschleuderte. Julius ist ein blendend aussehender Mann mit scharfer Zunge, geistvoll und witzig, eine schillernde Gestalt, weil die Kehrseite dieser äußerlichen Attraktion seine Gläubigkeit ist, die er als Berufung und Beruf versteht. Nach außen lebt er also ein Stück dieses Onkels, der offenbar charmant, bestrickend und auf viele verführerisch wirkte, als Kind geliebt und angehimmelt, der als Erwachsener jedoch auch gehaßt und verachtet wurde in seiner Familie.

Julius liebt einerseits die Folklore des Adels und betont andererseits den Aspekt der Verpflichtungen des Adels, sich für das Allgemeinwohl einzusetzen, auch Autorität, Führung und Vorbild zu sein. Doch wirklich wichtig sind ihm die bürgerlichen Tugenden der »Gleichheit, Freiheit und Brüderlichkeit«, der Meinungspluralität, der Kontroverse, für die die jungen amerikanischen Soldaten ihr Leben bereit waren einzusetzen!

Gerechtigkeit war ständig ein Thema
Oder: Demonstriertes Flüchtlingsniveau

Protokoll von Mauritz G., Jurist, 1940 in Sachsen geboren, seit 1945 in Westdeutschland lebend, verheiratet, zwei Kinder

Ich bin das zweite von vier Kindern meiner Eltern, die 1907 bzw. 1908 geboren sind. Der Jüngste ist ebenfalls ein Sohn. Mein Vater war ein Jurist in leitender Position. Er ging in den Krieg, weil er die politische Situation in seinem Beruf nicht mehr verkraften konnte. Ich wurde noch zu Hause, in Sachsen, geboren. Mein Vater war sehr selten da. Ich hatte ein Kindermädchen, das mich behütete, und ich erinnere mich, daß ich am Tag vielleicht nur ein- oder zweimal mit meinem Vater zusammenkam, der auf mich eine unwahrscheinliche Faszination ausübte – wohl auch auf andere Menschen. Er muß ein strahlender Mensch gewesen sein, sehr gebildet, sehr schön Klavier spielend, dem die Menschenherzen zuflogen.

Er kam aus einer Juristenfamilie. Ein Bruder war jedoch Arzt, der sich bei irgendwelchen Selbstversuchen in Berlin ansteckte und sehr früh starb. Wohl ein witziger, geistreicher, vor allen Dingen frecher, sehr amüsanter Knabe. Dann gab es noch einen jüngeren Bruder; der ging sofort zur damaligen Wehrmacht, wurde eingezogen, lebt heute noch, hat so schreckliche Dinge erlebt, so daß er nachts immer noch schreiend aus dem Bett springt. Darüber erzählt er aber nichts.

Meine Mutter ist eine geborene Gräfin H. Ihr Vater war Politiker, deutsch-national, sehr preußisch natürlich. Er hatte zwei Höfe, nämlich T. und L. – So bin ich eigentlich auch erzogen worden von meinen Großeltern: Man war Preuße und ließ sich nichts anmerken. Als ich einmal Keuchhusten hatte, pflegte meine Großmutter zu sagen: Du atmest erst aus und dann hustest du. Und wenn man sich weh tat: Stell dich nicht so an!

Wir sind in der Kriegszeit sehr bald nach T. gezogen, auf das Gut. Ich weiß noch, als die Nachricht kam, daß mein Vater gefallen war.

Wir wurden alle zusammengerufen. Meine Mutter erzählte es, und es gelang ihr auch später, daß wir geistig immer mit ihm in Verbindung blieben.

Ich bin 1940 geboren worden, war also vier, als wir T. in den Kriegswirren verlassen mußten. Aber wir waren uns im Klaren darüber, was da passierte. Wir wußten, daß es ein Abschied war, und wir wußten, daß da eine ganz große Lücke entstand.

Meine Mutter war wohl sehr, sehr glücklich mit meinem Vater verheiratet gewesen. Acht Jahre nur, davon viele Kriegsjahre. Er hat sich sehr früh einziehen lassen. Ich weiß, daß er in der SA war. Das waren alle seine Kollegen. Ich kann mir eigentlich nicht denken, daß er auf die Dauer diesen ganzen politischen Unsinn gut gefunden hätte. Sonst wäre er mit Sicherheit weiterhin Jurist geblieben.

Die SA selbst war kein Thema in der Familie. Ich habe ihn einmal als Kind gesehen, als er mit so einer Truppe am Haus vorbeimarschierte. Was mich insofern entsetzte, weil er in dieser Formation drin war und ich ihn nicht herausrufen konnte. Das war etwas, worüber man keine Macht hatte. Ob ich in diesem Augenblick stolz auf ihn war, weiß ich nicht. Nein, ich fand eigentlich, daß er dort in diesen Dreier, Vierer- oder Fünferreihen – ein großer Block Menschen jedenfalls – wie einer anderen Welt zugehörig war. Ich war stolz auf das Militär insgesamt. Es gab den »Tag der offenen Tür«. Da ging man mit dem Kindermädchen in die Kaserne und konnte sich Panzer ansehen.

Ein ganz schreckliches Erlebnis – eine frühe politische Erfahrung als ganz kleiner Junge: Ein junger Offizier zwang einen älteren Soldaten, der ihn offensichtlich nicht gegrüßt hatte, zwei-, dreimal an ihm vorbeizumarschieren. Schrecklich – diese Brutalität des Apparates! Am liebsten wäre ich dagegen angegangen, aber mein Kindermädchen zog mich weg. Als ich jetzt die Tagebücher von Viktor Klemperer im Radio hörte, haben mich vergleichbare Szenen wieder sehr bewegt.

Ich erinnere mich kaum an die Zeit, in der mein Vater noch im Beruf war. Wir sind einmal bei ihm in seinem Büro gewesen. Ich weiß noch, daß wir zusammen Spiele machten, gelaufen sind. Ich galoppierte immer wie ein Pferd, er fand das ganz unsinnig und sagte, du mußt rennen. Ja, das war für mich herrlich, wenn er da war. Man kann es eigentlich kaum in Worte fassen, wie wichtig für mich schon damals so eine männlich Bezugsperson war.

Dann waren wir auf dem Hof der Großeltern, sehr schön mit einem Haufen von Kindern, Kutschen, Pferden, Schlitten. Und meine Großeltern – sehr vornehm, ohne jegliche Flecken. Immer Vorbilder, Mittelpunkte, aber entrückt, die man nie hätte angreifen können, denen man nie hätte Widerspruch leisten können. Außerdem: Kindermädchen, einen Diener und dessen Frau, Tanten usw. Meine Tante Gerlinde, das ist die zehn Jahre ältere Schwester meiner Mutter, war die erste, die mir ein Katapult machte. Vor dem Haus gab es eine große Linde, und mit diesen Samenkügelchen fing ich an zu schießen.

In meiner großelterlichen Familie gab es noch den ältesten Sohn Ferdinand, einen Juristen, erst Husar, dann natürlich Panzermann, der wäre der Erbe des Gutes gewesen, mit seinen fünf Kindern. – Es gab gewisse Spannungen zwischen diesen Familien, weil die anderen sich zurückgesetzt fühlten. – Mein jüngster Onkel war wohl psychisch krank. Man erzählte allerdings und versuchte es damit zu vertuschen, daß er bei einer schlagenden Verbindung zu viele Säbelhiebe auf den Kopf bekommen hätte. Er war psychisch krank – hatte einen religiösen Wahn – und ist von den Nazis umgebracht worden. Er war in der Psychiatrie. Eines Tages kam die Nachricht, er sei an einer Lungenentzündung gestorben. Das war wohl damals so üblich!

Wir sind dann zur Familie seiner Frau nach Bayern getreckt. Er war der Lieblingsbruder meiner Tante Gerlinde gewesen. Und immer, wenn meine Tante auf mich böse war, dann nannte sie mich Ferdinand nach ihrem ältesten Bruder und meinen Bruder Kurt nach dem Jüngsten. Womit der Geschwisterkonflikt in die nächste Generation übertragen wurde.

Noch ein entsetzliches Erlebnis aus der Kinderzeit: Der Diener hatte einen Sohn, Max. Als meine Großeltern einmal nicht da waren, spannte dieser die Kutschpferde vor eine Reihe aneinander gehängter Schlitten und wir fuhren herrlich durch die Gegend. Da das ohne Erlaubnis des Gutsherrn passiert war, hat der Diener seinen Sohn anschließend verprügelt – in einer so schrecklichen Weise –, wir waren völlig entsetzt, aber wir konnten gar nichts machen, denn die Großeltern waren nicht da. Der Diener zog sich den Lederriemen von seiner Hose und verprügelte diesen Sohn, der uns ja etwas Gutes getan hatte, aus Angst, daß der Großvater etwas dagegen gehabt hätte. Ich habe dieses Unrecht nie vergessen.

Ja, das schien eine heile Welt zu sein. Vom Krieg hatten wir bislang nichts mitbekommen. Bis eines Abends Aufregung entstand, weil der älteste Bruder meiner Mutter, dessen Panzereinheit in der Gegend bei stand, uns warnte und sagte, ihr müßt sofort weg.

Dann wurde ganz schnell der Aufbruch geplant. Ich raste in mein Zimmer, packte meine Sachen, mein Spielzeug. Ich band ein Lasso um mein Indianerzelt und den Indianerkopfschmuck. Aber ich durfte das alles nicht mitnehmen. Meine Tante verbot das, vor allem brauchten sie mein Lasso. Ich war verzweifelt. Ich hatte das Gefühl, hier kommst du nie wieder hin. Das war eine Schwingung oder eine Aufregung, wir wußten, es ist vorbei. Es war ein irrsinniges Durcheinander. Gesagt wurde uns, daß wir weggehen müßten. Fliehen. Vor den Russen.

Ich sehe uns noch in dem großen Wagen, gummibereift, meine Großeltern in der Kutsche, mit Rappen davor. Ich sehe noch den Sternenhimmel über mir. Es war sehr, sehr kalt in diesem Januar. Den Abschied werde ich nie vergessen ... Und dann sind wir los, ohne eigentlich – wie mir heute scheint – vernünftig geplant zu haben, denn es gab kein Verdeck auf dem Wagen, Teppiche hatte man nicht mitgenommen, wir lagen auf Strohsäcken. Nur ein bißchen Schmuck und Silber usw., gegen das ausdrückliche Verbot des Großvaters, der meinte, es sei zu gefährlich, wertvolle Dinge mitzunehmen, sie könnten verlorengehen. Wir sind also von Gut zu Gut getreckt, und ich sehe mich in einem dieser Güter in einem Riesenzimmer, auf einem Teppich mit vielen, vielen anderen Kindern. Eine alte Dame las uns vor, damit wir Ruhe gaben.

Wir sahen in langen, langen Reihen KZ-Insassen oder Zuchthäusler in gestreiften Anzügen neben den Wegen gehen, die alle eine zusammengerollte Decke mit sich trugen. Darin war ein Komißbrot. Sie mußten singen. Rechts und links gingen Soldaten mit Gewehren. Als einer von denen hinfiel, sagten wir Kinder, daß wir ihm doch helfen müßten, aber es war ganz klar, daß man da nichts machen konnte, sonst wäre es gefährlich geworden. Ich fand das schrecklich. – Da ist etwas, da kommst du nicht heran.

In Z., einer anderen Station, haben wir Kinder, im Auftrage der Erwachsenen, immer Soldaten, die vom Osten nach Westen wollten und sich durch die Linien durchschlugen, mit Butterbroten versorgt. Die Soldaten kamen in den Gutspark, verbargen sich hinter Büschen und machten durch leise Geräusche auf sich aufmerksam. Sie baten uns meistens, ihnen etwas zu essen zu bringen, was wir auch taten und worauf wir sehr stolz waren.

Vergewaltigungen hab' ich nie erlebt. Als die Amerikaner kamen, schossen sie einmal auf das Schloß, in dem wir untergekommen waren, es wurde in der Mitte getroffen, genau neben dem Zimmer meiner Großeltern, denen jedoch nichts passierte. Während wir alle anderen in einer Scheune waren. Es gab dort natürlich viele Gefangene, die im Arbeitseinsatz waren. Die Franzosen machten einen »Gürtel« um uns herum, als die Polen die Frauen bedrängten. Wir lagen auf Säcken von Rübenschnitzeln und aßen dieses Zeug. Ich werde diesen Geschmack nie vergessen.

Dann waren wir also in Z. Dort erlebte ich Luftkämpfe, die mich wahnsinnig beeindruckt und geängstigt haben. Diese großen Bomberflotten, in Richtung Dresden. Riesenformationen, golden anzusehen. Und deutsche Abfangjäger, die einige abschossen und selbst abgeschossen wurden. Wir wollten dann immer sofort hin, um zu helfen.

Und als wir einmal so auf Stroh rutschten, das nannten wir Schoberrutschen, kamen plötzlich die Erwachsenen und zogen uns weg. Unter dem Stroh waren Leichen, wir sind, wenn man so will, einen Leichenberg heruntergerutscht. Haben's aber nicht gemerkt. Wahrscheinlich von der SS erschossene Amerikaner oder Juden. Auch beim Blaubeerenpflücken fanden wir einen Toten.

Einmal kamen Tiefflieger, die uns beschossen. Wir haben uns hinter eine Buchsbaumhecke geworfen. Sie kamen so brrrrrt und schossen. Und versuchten's noch mal. Sie sind unvorstellbar schnell. Nein, Todesangst hab' ich nicht gehabt. Das war mehr Spiel. Solange du nicht getroffen bist, ist es ja nur ein Phänomen. Wir waren schon ein bißchen abgehärtet – durch das tägliche Elend. Am schlimmsten übrigens fand ich die toten Pferde, die im Blut schwammen, auch weil das ein Zeichen des Aufgebens war. Da waren Leute nicht weitergekommen ...

Tante Gerlinde war wohl stramme Nationalsozialistin. So eine sportliche, robuste Frau. Eine »Narzissin«. Möglicherweise eine fehlgeleitete Frau, wohl sehr tapfer – sie war Rotekreuzschwester und ist uns mit dem Rad nachgefahren. War wohl eine von denen, über die Viktor Klemperer schrieb, sie hätten zum Teil weggesehen und zum Teil auch sehr unterstützend für dieses Regime gewirkt. Sie war sicherlich keine böse Frau, hat in vielen gefährlichen Situationen unter Einsatz ihres eigenen Lebens anderen geholfen. Aber sie meinte wohl, daß der Faschismus die richtige politische Lösung sei. Ich glaube, wenn man deutsch-national war, war es nur ein kleiner Schritt, dort bei den Nazis zu landen.

Wir landeten schließlich irgendwann in dem Schloß der Verwandten in Bayern, das völlig übervölkert mit Flüchtlingen war. Wir lebten dort mit acht Personen in einem Zimmer. Für mich eine sehr schöne Zeit: auf dem Land, mit Tieren, der Jagd, Klavierunterricht ...

Meine Mutter hat nie wieder geheiratet. Der Vater wurde sozusagen immer mit in das Leben hineingenommen. Die Trauer wurde mit dem Gedanken »er ist bei uns« überwunden. Ich habe mich immer nach Männern, die ein Vaterersatz sein konnten, gesehnt.

Wir holten eines Tages meinen Onkel ab, einen gebrochenen Mann. Er war bei einer der Nazigrößen gewesen, um einen Verwandten lebend aus einem Gefängnis herauszubekommen. Er mußte Dinge tun, die ihm widerstrebten, wie viele mit zwei Bilanzen leben. Er kam aus einem englischen KZ, das nannten die Erwachsenen so. Also ein englisches Lager. Möglicherweise war es zuvor ein Nazi-KZ gewesen. Die Engländer hatten so ein Gesetz, daß sie alle Räte einsperrten. Weil sie sagten, jemand, der Rat, Regierungsrat, Landrat usw. war, hätte dieses Regime verkörpert. Für meinen Bruder wurde er zu einem wirklichen Vaterersatz, für mich nicht.

Meine Tante, da sie keine Kinder, aber es bis zu mehreren Scheinschwangerschaften gebracht hatte, hatte sich von meiner Mutter erbeten, daß sie sich um meinen Bruder kümmern dürfe. Kurt wurde für sie zum Mittelpunkt. Ich sehe sie, als die Amerikaner kamen, wie sie mit Kurt auf dem Arm ihnen entgegenging, sie damit besänftigte und ablenkte! Unsere Tante hat mit ihrer »Affenliebe« zu Kurt eigentlich unsere Familie zerstört. Sie hat immer für ihn Partei ergriffen und immer verhindert, daß wir zusammen waren, uns auseinandersetzen konnten.

Für uns Kinder wurde Bayern ein Heimat-Ersatz. Wir spielten Indianer, bauten Hütten und lebten in einer eigenen Kinderwelt. Meine älteste Schwester war die Anführerin. Sie wurde dann sehr krank, wuchs nicht mehr und hat sich später wieder zurückentwickelt. Das war ganz schrecklich für sie und uns. Ich träumte mich oft weg, meine Art der Flucht aus dieser Gegenwart, so daß ich mich manchmal gar nicht mehr zurechtfand in der Realität.

Natürlich gab es Unterschiede zwischen den Einheimischen und Flüchtlingen. Man merkte es, wenn es ein Fest gab. Ich erinnere, daß Eis aus dem Eßsaal herausgebracht wurde. Da haben wir die Teller abgeleckt. Das gab einen Riesenaufstand. Wir mußten uns dafür entschuldigen. Weder meine Mutter noch wir waren eingeladen. Wenn man das richtig betrachtet, war es auch ganz vernünftig, daß die Familie, die uns aufgenommen hatte, eine gewisse Grenze zog. Sie konnten doch nicht dauernd mit all den Flüchtlingen zusammensein, aber dennoch fühlte ich mich verletzt und ausgeschlossen. Aber wir hatten es dort in Bayern so gut, wie es vielleicht kaum Flüchtlinge je hatten.

Ich wollte liebend gerne Geige spielen, war immer dafür ausersehen, im Familienorchester Geige zu spielen. Leider bekam ich erst mit 14 Jahren den ersten Unterricht, weil wir kein Instrument hatten. Das von meiner Cousine bekam ich nicht geliehen, obwohl sie schlecht spielte und oft nicht da war.

In die offizielle Schule kam ich relativ spät. Zunächst hatten wir einen Haulehrer, dann kam die Volksschule und danach die städtische Schule. Schrecklich, weil ich mich in der Stadt überhaupt nicht zurechtfand. Ich hatte ein Katapult, mit dem ich auf Straßenschilder schoß, ich war wohl ein bißchen verwildert. Übrigens hatte ich immer zwei Katapulte, eines zum Abgeben, wenn ich erwischt wurde, und eines zum Schießen. Das funktionierte glänzend. Gewohnt habe ich als zahlender Schüler, hatte aber schreckliches Heimweh! Oh Gott, was habe ich für Heimweh gehabt! – Eine Schwester von mir wohnte da zeitweilig auch. Welche es war, weiß ich nicht mehr. Warum ich das nicht weiß? Weil wir Geschwister eigentlich nicht in einem Verband aufgewachsen sind. Sondern wir machten alle unseren eigenen Weg, ohne vom anderen viel zu wissen. In der Stadt war ich unglücklich, verschloß mich immer mehr, träumte viel, verlor den Anschluß an meine Umwelt und wurde ein schlechter Schüler.

Dann zog ich zu Onkel und Tante, zunächst – solange ich alleine bei ihnen war – eine herrliche Zeit; bis Kurt kam. Die Tante war, wenn Kurt nicht da war, eigentlich eine tolle Frau, faszinierend für einen Jungen. Sie nahm mich auf's Rad, wir fuhren Brot organisieren. Sie konnte Bogen schießen, reiten. Nur diese Marotte: sobald Kurt dazukam, war sie völlig verändert. Sie ergriff stets, auch wenn er noch so sehr im Unrecht war, seine Partei. Später habe ich dann mitbekommen, daß ihr Lieblingsbruder Ludwig, der psychisch Kranke, sehr klein und sehr ähnlich meinem Bruder war, daß sie den wohl immer gegen den stärkeren Ferdinand verteidigt hat. Und das hat wohl ihr Leben bestimmt. – Meine Mutter war in großer Abhängigkeit von ihrer älteren Schwester. Sie lebte dann mit zwei Schwestern von mir in der Nachbarschaft, denn ihre Wohnung war zu klein für uns alle, so daß ich bei den Verwandten blieb.

Ich kriegte immer das kleinste Stück Fleisch. Immer! Ich kriegte als einziger Margarine, die anderen aßen Butter. Immer! Die anderen kriegten Sahne, ich nie! Begründung: Der Onkel arbeitet, er verdient das Geld, er muß Sahne essen oder Butter. Er ißt aber keine Butter, wenn die Tante nicht Butter ißt. Und Kurt, der Zarteste, muß ebenfalls Butter essen. Trotzdem kämpfte ich um ihre Anerkennung. Bekam sie letztlich jedoch nie.

Ich war der Ornithologe in der Familie. Das war anerkannt. Aber selbstverständlich bekam Kurt einen Käfig und Vögel geschenkt. Kurt kriegte für jede gute Arbeit eine Platte und für jede schlechte als Trost auch eine. Immer! Und ich habe dann einmal meinem Onkel gesagt: Weißt du, ich finde das nicht gerecht. Und da sagte er: Das Leben ist ungerecht, du mußt dich daran gewöhnen. Trotzdem bin ich geblieben. Obwohl – einmal hatte ich meinen Gürtel vergessen und bin nochmals zurück. Der Onkel machte die Tür auf und kriegte einen wahnsinnigen Wutanfall. Haute mich irgendwie, daß ich hinfiel, dann trat er auf mir rum. Daraufhin wollte ich weg. Er hat sich jedoch entschuldigt, aber ich habe die Entwürdigung nie vergessen. Obwohl ich schnell lernte zu vergessen und zu verdrängen, das war meine Überlebensstrategie.

Morgens, wenn ich im Bad war und Kurt kam, mußte ich es sofort verlassen. Das wurde überprüft. Die Begründung: daß besonders morgens zwischen ihm und der Tante so Schwingungen seien, und da würde ein Mensch wie ich stören. Und deswegen: raus! Nackend, naß. Raus! Es kam häufig vor, daß Kurt damit gar nicht einverstanden war. Wir waren doch schließlich Geschwister. Aber die Tante setzte sich durch. Sie badete ihn auch hin und wieder, obwohl er dreizehn, vierzehn war. Ich empfand das damals als schwüle Erotik. Wenn Kurt und ich das Haus verließen, sind wir immer getrennt die 600 Meter in die Schule gegangen.

Ich komme aus einer Juristenfamilie, bin selbst Verwaltungsjurist, also ging es immer bei uns auch um Gerechtigkeit. Doch Onkel und Tante waren zutiefst ungerecht, sie aus Prinzip, er aus Bequemlichkeit. Ich habe es als Schicksal hingenommen und mir gesagt: Komm', stell dich nicht so an! Los, mach weiter!

Ich bin relativ früh schon in einer Reitschule gewesen. Dort traf ich einen Jungen. Wir waren uns sehr ähnlich. Er war eben auch preußisch, alte Familie und so. Und wir kamen zueinander. Seine Eltern holten ihn ab und nahmen mich sofort mit. Ich bin dort wie ein Sohn gewesen, durfte mit nach Italien, machte herrlich Fahrten. Der Vater mochte mich sehr gern. Der wollte mich eigentlich zu sich nehmen. Die Mutter war aber eifersüchtig. Einmal sagte der Vater zu mir, du mußt eigentlich bei uns leben, das, was du bei den Verwandten erlebst, geht nicht. Ich fragte: Wann? In dem Moment sah ich das Gesicht von dieser Mutter und wußte: nie! Wieder Eifersucht, wieder eine Entscheidung gegen mich. Ich habe das Thema nie wieder berührt.

Dieser Hubertus, mit dem ich wie ein Bruder aufwuchs, hat mich schrecklich behandelt, schrecklich. Er war größer und stärker und ließ mich das spüren, so oft er konnte. Ich trennte mich nicht von ihm, weil ich mich zu seinem Elternhaus hingezogen fühlte, besonders zu seinem Vater. Wir waren später in Göttingen, studierten zusammen. Er hatte einen Unfall. Ich bin deswegen nach Göttingen gegangen, um ihm zu helfen. Ich hatte von der Bundeswehr her Geld. Wir wohnten zusammen. Eigentlich finanzierte ich das Leben. Wenn ich Essen kaufte, machte er ein Fest und aß alles mit anderen Leuten auf. Er fand es bourgeois, wenn ich sagte, das kannst du nicht machen. – Eines Tages, viel später, kam er zu mir und sagte: Du, ich habe mich miserabel benommen. Ich antwortete: O. k. – laß uns das vergessen, wir machen's neu. Und da sagte er: Das kann ich nicht! Und damit war es aus. Er hat sich dann später das Leben genommen. Aber nicht meinetwegen. Sein Vater trank sich zu Tode, seine Mutter verbrannte sich. Ich war im Testament bedacht. Die Tochter kam zu uns, um nachzusehen, wie es mir denn ginge und ob ich mich an das Testament erinnerte, das ich eines Tages auszugsweise vom Amtsgericht zugesandt bekam. Ich war Vermächtnisnehmer. Aber sie hatte alles schon weggebracht.

Mein Onkel hat Olga, meine Schwester, adoptiert, als sie 18 Jahre alt war. Zum Leidwesen meiner Mutter. Vollkommen idiotisch. Ich meine, er hat sie adoptiert, weil er sich damit jegliches Gefühl sexueller Art ihr gegenüber verbieten wollte. Denn Olga war wirklich unbeschreiblich hübsch. Sie wollte diese Adoption ebenfalls. Es wurde damit begründet, daß der Onkel einen Erben bräuchte. Völliger Blödsinn, da es nichts mehr zu erben gab.

Meine Familie sagte nicht: Jetzt packen wir was Neues an. Sondern die lebten eigentlich in der Vergangenheit und aus der Vergangenheit. Ihre Reputation kam noch von zu Hause. Deswegen: Wir sind wer! Weswegen sie immer in Provisorien lebten, sich im Westen nie einrichteten, nie neue Möbel kauften. Es war schmuddelig, aber gemütlich. Und der Rest des einen Essens war immer der Grundstock für das nächste; so daß ich meiner Mutter einmal in einer Scharade versuchte klarzulegen, daß wir eigentlich seit 1945 immer irgendwie dasselbe Essen aßen.

Sie bauten nie ein Haus, obwohl es vergünstigte Kredite gab. Sie planten nicht für die Zukunft. Meine Tante lief mit irgendwelchen alten Klamotten herum. Hatte einen alten Gewehrriemen um ihren Leib geschlungen und sagte, das ist doch ganz egal – ich bin Frau von O! Ich bin trotzdem wer. Es blieb demonstriertes Flüchtlingsniveau.

Und Onkel und Tante verteilten das Erbe: Das kriegt der, das kriegt der. Zu mir sagten sie als letztem: Du kriegst die silberne Kanne, weil da ein Bär drauf ist, die du so liebst. Tatsächlich hat sie Kurt bekommen, der ohnehin Erbe war. Er war später zur Tante gegangen und hat ihr klar gemacht, daß die silberne Kanne besser zu ihm passen würde, woraufhin sie das Testament änderte. Der Onkel hat die Ungerechtigkeit gesehen und nie etwas getan. Nie! Diese Kannengeschichte tut bis heute weh, wenn Freunde von Kurt sagen: Na, Mauritz, da steht deine Kanne!

Ehe wir alle in der Stadt lebten, schickte meine Tante dicke, sogenannte Freßpakete, die meine Mutter auseinandernahm und in zwei Hälften teilte. Für die beiden Jüngsten – sie teilte das. Das erfuhr die Tante. Und von da an brachte sie Kurt die Pakete persönlich. Die kleinste Schwester sollte nichts bekommen! Es war vernichtend für uns andere Kinder! Ich habe mich immer weiter von dieser Familie entfernt, jahrelang meine Geschwister nicht besucht, nur auf Familienfesten getroffen, mit zwei Bilanzen gelebt.

Zurück zur Musik: Sie wollten, daß ich bei dem besten Geiger Unterricht bekam. Nach außen hin sollte alles stimmen. Wenn jemand mich angegriffen hätte von außen, hätte meine Tante wie eine Löwin für mich gekämpft. Aber innerhalb der Familie – no chance. Zu meiner Mutter zu gehen wäre Verrat gewesen. Nachdem die Tante gestorben war, wurde mein Verhältnis zu meiner Mutter immer unpersönlicher und schlechter, weil die Gegnerschaft zur Tante wegfiel. Sie brauchte mich nicht mehr. Sie selbst hat ihre dominante Schwester unbeschreiblich gehaßt, z. B. weil sich Kurt bei seinen Vernissagen gerne mit ihnen schmückte, meine Mutter durfte nicht dabeisein. Später hat sie dann die Aufgabe der Tante übernommen: Nur noch für Kurt zu leben, ihn zu hofieren und anzuhimmeln. Das ist immer bestimmender geworden. Fragt man sie, wie es ihr geht, ist die Antwort: Kurt hatte gestern eine große Ausstellung und morgen dort eine und dann das Abendessen mit dem Minister soundso. Es gibt nur noch diese beiden auf der Welt! Es geht so weit, daß sie mich quasi als Sohn verleugnet. Meine Mutter sieht mich manchmal mit einem fast bösen Blick an. Vielleicht sieht sie in mir Züge ihres Vater und ihres Mannes. Ich bin deren Stimme, sozusagen der moralische Zeigefinger – und deswegen nicht erwünscht.

Mein Vater hätte mich bestimmt nicht so gedemütigt wie die Tante, als sie sagte, ich solle Koch werden. Er hätte mir auch beigebracht, daß die Reputation eines Menschen nicht von seinem Stand und von seiner augenblicklichen beruflichen oder finanziellen Stellung abhängt. Das ist das Essentielle für meine Mutter und meine Geschwister: Wenn ich irgendein hohes Amt hätte, würde ich von ihnen akzeptiert. Aber so – nein!

Kurt mußte sich immer reindrängen. Z. B. in meine Freundschaft mit M. (einem weltberühmten Maler). Und machte sie mir kaputt! Er mußte auch mit meiner ersten Frau – bevor wir heirateten – ein Verhältnis haben. Und dann entstand ein Kind, und es ist für mich nicht hundertprozentig klar, wer der Vater ist. Ich mußte und wollte diese Frau damals heiraten! Sie verkündet heute überall – seitdem Kurt berühmt ist –, daß Kurt der Vater sei. Aber ich zahle und Kurt schweigt. Die Position meiner Mutter: Es sei doch ganz gleich, wer der Vater ist, die Hauptsache sei, daß der Sohn lebt. Nur: Ich habe allein dafür aufkommen müssen. Eine permanente Unaufrichtigkeit und Ungerechtigkeit. Und meine Schwester begann mit meinem besten Freund ein Verhältnis, und danach war unsere Freundschaft aus. Beide Geschwister haben ja etwas unglaublich bestrickendes und sind abgrundtief eifersüchtig auf mich, obwohl ich allen Grund hätte, es zu sein.

Unsere Elterngeneration hat, vielleicht durch den Krieg geschädigt, uns Kinder als eine Art Eigentum betrachtet, welches sie benutzten. Zu ihrem Vergnügen, für ihr Leben, für ihre Lebensstellung. Später dann: Durch Kurt sind sie bei den Prominenten eingeladen, sie sind plötzlich wieder wer.

Ich glaube, die Großfamilie in Sachsen hätte das nicht zugelassen. Diese Art Leben konnte sich nur in der Fremde entwickeln, in der alle entwurzelt waren. Mein Vater hätte es nicht zugelassen, daß

Interviews und Kommentare

Onkel und Tante zwei Kinder aus dem Familienverband wegnahmen. Es scheint mir alles eine Folge von Krieg, Flucht und Entwurzlung zu sein, auch weil ein wirklicher Mann fehlte.

Meine kranke Schwester war so ein Mensch, der immer am Fenster steht und eigentlich das Leben nicht ergreift. Sie hatte zwar Geld geerbt von ihrem Mann, doch die jüngere Schwester zieht nun ihre Tochter auf und lebt von diesem Geld, was sie für die Erziehungsarbeit bekommt. Und sie hat verhindert, daß das Kind eine innere Beziehung zu Mutter und Vater aufbaut. Der Vater wird geächtet und abgelehnt. Wieder eine Spaltung, wieder ein Kind, welches benutzt wird und unmittelbar von Ausgrenzung betroffen ist.

Ich glaube, ein Schlüssel für das ganze Desaster und für alle Zerstörungen bei uns ist die psychische Erkrankung meines Onkels. Alle haben Schuldgefühle, konnten nicht damit umgehen, daß er einen Wahn bekam. Das wurde tabuisiert. Und dann die Ermordung. Es scheint so, als ob wir irgendwie büßen müßten.

Bei den Erwachsenen gab es bestimmt Mitleid für ihn, vielleicht auch Angstgefühle, daß dieser Wahn ansteckend ist oder in der nächsten Generation erneut aufbricht. – Es ging bei uns immer um Verrat. Ich fühlte mich zutiefst von Onkel und Tante verraten. Das Komische, Merkwürdige ist diese Situation in der Bibel, wo Jesus zu Petrus sagt: Ehe der Hahn dreimal kräht, wirst du mich verraten haben! Das ist für mich eine der erschütterndsten Stellen ... (Mauritz weint).

Ein extrem wichtiges Thema für mich ist die Souveränität des anderen. Den anderen lassen – auch seine Fehler –, ihn trotzdem mögen. Bei uns ist das so, wenn du einen Fehler machst oder nach Meinung der Anderen gemacht hast, bist du out, hast keine Chance mehr. Deswegen mußt du dich wohlverhalten, darfst keine Kritik äußern. Ein wahnsinniger Zwang. Schon in der Großelterngeneration. Alles, was nicht paßte, mußte ausgemerzt werden – o Gott, welches Wort! –, durfte nicht sein. Das ist das Problem. Uns fehlte immer eine Familienautorität.

Ein Beispiel: Ein Geiger aus Schweden spielte eine berühmte Sonate. Meine Mutter kam aus dem Konzert zurück und erzählte begeistert davon. Und der Zufall wollte es, daß ich just in diesem Moment gerade diese Sonate selbst spielte. Das hat sie überhaupt nicht gehört. Und so viel schlechter bin ich auch nicht! (Hier spricht Mauritz' Bescheidenheit: Er ist ein hervorragender Violinist und wäre, wenn er bereits als Kind ein Instrument zur Verfügung gehabt hätte, wahrscheinlich Konzertgeiger geworden!)

Das tragische Moment: Meine beiden Geschwister haben aus ihren großen Gaben nicht das gemacht, was sie hätten machen können. Auch wenn mein Bruder berühmt ist, bleibt er weit hinter seinen Fähigkeiten zurück. Vielleicht wegen seines Narzißmus, der ja auch nur Verzweiflung kaschiert. Sie leben in völlig desolaten Familienverhältnissen, brauchen immer neuen Liebschaften. Und ihre Kinder sind auch schon so zerstörerisch, egozentrisch.

Maria, unsere Tochter, ist jetzt für die Familie interessant, weil sie eine hervorragende Schauspielerin ist. Sie wird von meiner Mutter, wenn sie mal wieder einen Preis gewonnen hat, zum Essen eingeladen, demonstrativ ohne uns. Aber Maria macht das Spiel nicht mit, sie läßt diesen neuen Keil und diese Spaltung nicht zu.

Wir sind in der mütterlichen Familie aufgewachsen, die einzigen Bürgerlichen in einer großen Adelsclique. Obwohl sie überwiegend einer relativ jungen Familie angehören, wurde davon ausgegangen, daß ich als Bürgerlicher deswegen manches nicht verstehen könne: die Position der Konservativen, z. T. töricht und idiotisch – sowohl die Position als auch die Zuschreibung, mir fehle die Antenne, weil ich kein »von« vorm Namen hätte. Oder wenn ich bei gräflichen Verwandten war, wurde ich nicht vorgestellt mit meinem Namen. Es wurde nur gesagt: Das ist der Neffe von Graf P. Heute geht es andersherum: Jetzt bin ich der Bruder von Kurt. Der Name ist prominent genug! Und wie überall: Die Cliquen bleiben lieber unter sich, auch die Adligen. Aber je freier ich mich von solchen Dingen mache, um so mehr Einladungen bekomme ich jetzt.

Warum ist alles so gekommen? Vieles ist kriegsbedingt. Nicht alles! Ich habe mich mal mit diesem »Maikäfer-flieg-Buch« von Peter Heinl beschäftigt. Das hat mich überhaupt darüber nachdenken lassen. Früher war alles so fertig, abgerundet, sicher. Meine Mutter hat sich nie wieder liiert. Und die Schwester und Nichten sind auch nicht fest gebunden. Sie haben ihre Liebschaften ... Bei uns fehlt die ordnende Kraft des männlichen Teils!

Kommentar zu Mauritz G.

Mauritz benennt das Thema seiner Familie am Schluß des Interviews und durch das biblische Gleichnis, welches ihn so erschüttert: den Verrat! Das neutrale Grundwort »raten« ist in diesem Begriff seit Jahrhunderten nicht mehr vorhanden, es geht nur noch um den negativen Kontext: »durch falschen Rat irreleiten; auf jemandes Verderben sinnen; durch die Preisgabe von Geheimnissen verderben«, so lautet die Definition (Duden 1989).

Die zentrale Figur in der Familie scheint der Onkel Ludwig, Bruder seiner Mutter, zu sein. Wir – und auch sein Neffe – wissen nicht viel von ihm: Er war Corpsstudent, Mitglied in einer elitären, schlagenden Verbindung. Nichts ungewöhnliches für junge Männer zu Beginn unseres Jahrhunderts. Er schlägt Mensuren, wird dabei verletzt, wahrscheinlich sogar am Kopf; wie schwer, das wissen wir nicht. Doch nachdem er psychotisch geworden ist und einen religiösen Wahn entwickelte, steht die Familien-Diagnose fest: Der Grund seien diese »ehrenvollen« Verletzungen gewesen. Trotzdem heiratet er, obwohl es psychische Schwierigkeiten schon zuvor gegeben haben muß; denn seine Schwiegerfamilie hadert später damit, daß sie darüber nicht ausreichend informiert worden sei.

Während des Faschismus stirbt er in einer psychiatrischen Anstalt – angeblich an einer Lungenentzündung, die damals gängige Umschreibung für Euthanasie. – Rund 70.000 Menschen aus psychiatrischen Anstalten wurden während der Zeit des Nationalsozialismus vergast, durch Todesspritzen getötet, durch Hunger und unmenschliche Transporte in Viehwaggons systematisch umgebracht. Dazu gehörten nicht nur Schwerkranke, sondern auch sozial Auffällige, Lerngestörte, Psychotiker, Epileptiker und »Politische«, denen wohlmeinende Richter Jahre zuvor durch Einweisung in die Psychiatrie das KZ oder Arbeitslager ersparen wollten. Es ging den Machthabern darum, die Gesellschaft von »unwertem Leben« zu befreien, die Gesellschaft vor dem »Volkstod« zu bewahren, da man von der Vererbbarkeit und der Ansteckungsgefahr der Geisteskrankheiten überzeugt war.

Eine junge Ärztin, Alice von Platen-Hallermund, die in der Kommission von Alexander Mitscherlich die Nürnberger Ärzte-Prozesse verfolgte, schrieb über die Euthanasie an psychiatrischen Patienten bereits 1948. Ihr Buch fand damals kaum ein Echo. Es wurde jedoch 1994 erneut aufgelegt, worin sie im neu formulierten Vorwort – Genexperimente, Organbanken, Fortpflanzungstechnologien usw. bedenkend – besorgt notiert: »Das heutige öffentliche Leben bietet keine Gegenbeweise gegen die Vertreter des Rechts des Stärkeren. Es wird eine Arbeit von Generationen sein, diese Auffassung des Geisteskranken und Kranken durch eine neue Sicht des Menschen zu lösen.« (1994, S. 17).

Diese neue Sicht des (kranken) Menschen hat sich in den Jahren nach dem Faschismus keineswegs durchgesetzt, ist vielmehr auch heute noch in Form von Ablehnung, Angst, Furcht vor Vererbung und Ansteckung zu spüren. Wir können davon ausgehen, daß sie also auch in der Familie von Mauritz noch vorhanden ist. »Bei vielen älteren Menschen kamen Versatzstücke nationalsozialistischen Seelenlebens wohlkonserviert an die Oberfläche. Sie waren dem Prozeß der intergenerativen Überformung und Umwandlung, trotz vieler öffentlicher Diskussionen und Bewältigungsappelle, nicht ausgesetzt gewesen. Luftdicht und ohne Tageslicht waren sie nach 1945 unterirdisch abgelagert worden.« (1993, S. 8), schreibt der Psychoanalytiker Tilmann Moser nach den bestürzenden rechtsradikalen Ausschreitungen gegen Ausländer und Homosexuelle Anfang der 90er Jahre.

Mauritz selbst rutscht einmal der Begriff »ausmerzen«, bezogen auf sich selbst und andere Familienangehörige, über die Lippen. Ein Hinweis auf seine tief versteckte Angst, selbst noch weitgehender aus seiner Familie »ausgesondert« zu werden. Dazu schreibt Gabriele Rosenthal: »Die Angst, ermordet zu werden, finden wir bei Kindern und Enkeln sowohl von Tätern als auch von Überlebenden. Vernichtungsängste von Kindern und Enkeln von Tätern beziehen sich meist auf die unbewußte Phantasie, von den eigenen Eltern ermordet zu werden ... Bei Nachkommen von Tätern können wir die Angst beobachten, selbst als lebensunwert betrachtet zu werden ... oder die Befürchtung, bei Aufdeckung der familiären Vergangenheit von den Eltern oder Großeltern ermordet zu werden.« (1997, S. 20).

Diese Beobachtung wird noch von der vielfach diskutierten These gestützt, daß der Haß gegen die Juden ein verschobener Haß auf Kinder sei, die alles »Verbotene«, nämlich Lust, Spiel, Sinneserfahrungen und Lebensfreude usw., repräsentieren.

Hinzu kommt höchstwahrscheinlich Scham und Schuld in der Elterngeneration von Mauritz, diesen Bruder weggegeben, abgeschoben, ihn nicht beschützt zu haben, obwohl man Informationen über gehäufte Todesfälle in den Anstalten vielleicht sogar hatte bzw. sich hätte Klarheit verschaffen können.

Scham ist eine Abwehrform, sie schützt zunächst unseren innersten Wesenskern, sie ist die »Hüterin der Unschuld«, schützt vor Erinnerungen und bewahrt (letztendlich) Würde und Integrität. Wer Scham fühlt, ist unendlich einsam, abgeschnitten von anderen. Es gibt die Scham der Opfer – man denke an die der Holocaustopfer, die sich schämen, vielleicht als einzige ihre geliebte Familie überlebt zu haben, die sich schämen, gedemütigt und gefoltert worden zu sein, die sich schämen, sich nicht gewehrt zu haben ... Und es gibt die Scham der Täter und der Zeugen: unfaßbare Schuld auf sich geladen, später nicht offen die Verantwortung übernommen und deshalb keinen Weg der Versöhnung und Vergebung gefunden zu haben. Auch die Scham, mit dem eigenen Bösen und Abgründigen der Seele konfrontiert worden zu sein.

Hinzu kommt die Tabuisierung dieses Themas innerhalb von Mauritz' Familie. Wie wurde da die Schuldfrage (innerlich) hin und hergeschoben? Wer hatte dafür plädiert, den Bruder in die Anstalt zu geben? Wer war dagegen gewesen? Wer hatte gewarnt, wer die Warnung in den Wind geschlagen? War es der Vater, der älteste Bruder, vielleicht die älteste Schwester, die aktive Nationalsozialistin? Wie kam sie zurecht mit den Fragen der »Rassenhygiene«, als diese sich auf ihren geliebten Bruder bezogen und er ermordet wurde?

Aus kollektiven Katastrophen entsteht kollektive Scham. Wird darüber jedoch geschwiegen, kommt es zu einer Internalisierung und Individualisierung. Das heißt, jeder fühlt sich allein schuldig, was ihn vom Anderen immer stärker isoliert. Dadurch wird die Scham konserviert und von Generation zu Generation weitergereicht.

»Alle Mitglieder (einer Familie) haben das verunsichernde Gefühl, daß etwas mit ihnen nicht stimmt. Ein dunkles, unheimliches Gefühl überschattet die Gemeinschaft wie ein Fluch. Von dumpfen Ahnungen befallen, verlieren sie allmählich die Fähigkeit, über die tatsächlichen Ursachen ihres Leidens Klarheit zu gewinnen. ... Es bildet sich ein Netzwerk von Interaktionen und Beziehungen, die dazu dienen, die Kollektivschuld abzuwehren. So werden die nachfolgenden Generationen in diese heimlichen und verheimlichenden Bewältigungsversuche miteinbezogen, ohne daß dieser Zusammenhang den Beteiligten bewußt wird.« (Chu 1994, S. 95).

Victor Chu und Brigitta de las Heras schreiben über die Scham von Flüchtlingen und Vertriebenen und nennen vier Bewältigungs- und Überlebensmechanismen:

1. Der Trotz. Man kultiviert trotzig das Anderssein. So wie Mauritz' Familie weiterhin ihr Flüchtlings-Provisorium herausstreicht und die Tante trotzig davon ausging, daß jeder wissen müsse, welche Position sie einst eingenommen hatte, weswegen sie sich einen Gewehrriemen als Gürtel leistet.

2. Resignation mit Krankheiten, Depressionen und Süchten. Aufgrund des Gefühls, wurzel- und heimatlos zu sein, klammern sich diese Menschen verzweifelt an übriggebliebene Familienangehörige und belasten die Umgebung mit nicht enden wollenden Klagen.
3. Revanchismus: die Flucht in die Phantasien von Rückkehr, Wiedergutmachung ihrer Schmach und der Rache an den Vertreibern. Nicht selten kommt es zu unversöhnlichem Haß, – bis in die nachfolgenden Generationen hinein.
4. Überanpassung durch Leistung. Um die innere Scham zu kompensieren, entwickeln diese Flüchtlinge enorme Anstrengungen, zeigen hervorragende Leistungen und versuchen sich durch Prestige und soziale Positionen zu rehabilitieren. Nicht selten gerät dieses Bemühen zu einem Zwang, der die innere Leere nur zeitweilig zu überdecken vermag. Das eigene Haus wird dabei zum Inbegriff einer neuen Heimat, zu einem Kultobjekt und Symbol tiefster Bedeutung (Chu 1994, S. 98 ff.).

In der folgenden Generation übernehmen die Kinder die tiefe Verunsicherung, das unverarbeitete Leid und die Scham ihrer Eltern. Einerseits litten viele in der Nachkriegszeit unter dem enormen Anpassungsdruck, welchen die Eltern ausübten – in der Hoffnung, in der neuen Umgebung möglichst rasch anerkannt zu werden. Oder unter dem Sparzwang, alles und alle Freuden für das zu bauende Haus opfern zu müssen. Andererseits wurden die Flüchtlingskinder selbst oft von einheimischen Kindern wegen ihrer Dialekte und Ärmlichkeit verspottet und aus der Gemeinschaft ausgeschlossen. Sie schämten sich zutiefst und spürten zusätzlich die Scham der Eltern.

In der Familie von Mauritz konnte der Onkel nicht geschützt werden. Vielleicht wurde er sogar zu »seinem Besten« in die Anstalt gegeben, jedenfalls von der Familie getrennt. Hinzu kam der Tod des Vaters. Der Satz von Mauritz »Eigentlich habe ich nichts vom Krieg mitbekommen« steht zwar in krassem Widerspruch zu der Tatsache, daß sein Vater damals bereits gefallen war. Doch bot die schützende Umgebung des großelterlichen Hauses genügend Geborgenheit, um ein relativ normales Kinderleben zu führen. Geblieben ist ihm eine lebenslange Sehnsucht nach einem väterlichen Verbündeten. Aber Mauritz selbst ist auch für eine Wiederholung in der nächsten Generation verantwortlich und leidet darunter, weil er durch die Scheidung seinem ältesten Sohn kein präsenter Vater sein konnte.

Ein abwesender Vater wird, wie auch jeder lebende, idealisiert. Ohne diese Idealisierung kann kein Kind überleben! Ein seelischer Schutz, aber auch eine gnädige Korrektur aller Fehler, Mängel und Schandtaten von Eltern. Der Schwager der Mutter kann bei Mauritz die Vaterposition nicht einnehmen, vielleicht ist dazu sein Verhältnis zur Schwägerin zu ambivalent. Denn diese ist gefangen in der Abhängigkeit und dem Haß auf die ältere Schwester, diese männliche Frau, die Nationalsozialistin, die die Spaltung in die nächste Generation hinein trägt. Sie »adoptiert« quasi und verschlingt den Jüngsten. Eine der Töchter wird, auf Bestreben ihres Mannes, von ihnen tatsächlich adoptiert. Beide gegengeschlechtlichen Beziehungen sind zumindest erotisch getönt (Mauritz soll morgens die »Schwingungen« zwischen seinem Bruder und der Tante nicht stören ...), wenn nicht sogar sexuell gefärbt – wie die spätere Haltlosigkeit beider Geschwister andeutet.

Aber mit der Bevorzugung ist es nicht genug, es kommt eine fast sadistische Komponente gegenüber Mauritz hinzu, die zu einer tiefen Spaltung zwischen den Geschwistern führt, so daß er sich nicht mehr erinnert, mit welcher seiner Schwestern er eineinhalb Jahre zusammenwohnte. Die Fassade des Gutmeinens wird aufrechterhalten, dahinter lauert jedoch fast schamlose Verachtung und Entwürdigung der unliebsamen Familienmitglieder. So wie der kranke Onkel »ausgesondert«, wie psychisch Kranke während des Nationalsozialismus »ausgemerzt« wurden, geschieht es nun mit Mauritz auf einer subtilen, psychischen Ebene.

Auch das jahrzehntelang gebannte Ausharren, das hilflose Warten und Buhlen um Anerkennung, die immer neuen Schritte und

Versuche einer Verständigung, welche in immer neue Katastrophen führen, deuten auf die konsequente Verweigerung von Onkel und Tante hin, ihn anzuerkennen. Er ist gebunden durch dieses Gefühl, »unwert« zu sein. Und wird, später auch von seiner Mutter, als »Zeuge« gehaßt, als personifiziertes Gewissen seines toten Vaters und Großvaters, die beide die Gerechtigkeit verkörperten.

Bert Hellinger, ein Familientherapeut, hat immer wieder auf die katastrophalen Folgen hingewiesen, wenn die Positionen der Geschwister nicht respektiert werden.

> »Rivalität zwischen den Kindern entsteht, wenn einem Kind der ihm gebührende Rang streitig gemacht wird. Es ist daher wichtig, daß Eltern dem älteren Kind sagen, daß es das Erstgeborene ist und daß es daher auch zuerst kommt und gewisse Vorrechte genießt. Erst auf dieser Grundlage kann man Versöhnung und Rücksichtnahme durchsetzen.« (Hellinger 1993, S.74).

Diese Regel wird in vielerlei Hinsicht durchbrochen: Sowohl die Mutter als auch Tante und Onkel stellen Mauritz nicht in die Position des ältesten Sohnes. Was in seiner Phantasie nicht möglich gewesen wäre, wenn der Vater noch gelebt hätte. Eine andere Variante: Die jüngere Schwester muß das Kind der älteren Schwester aufziehen. Die dahinter liegende Problematik – die Rivalität – wird durch die Entfremdung deutlich, die sie zwischen Mutter und Kind provoziert. Eine erschreckende Wiederholung ihrer eigenen Situation, da sie ebenfalls – wie Mauritz – zwischen ihrer Mutter und ihren Adoptiveltern (Tante und Onkel) hin und her gerissen ist. So kommt es, daß auch dieses Kind, welches der dritten Generation angehört, zwei Mütter und einen leiblichen Vater hat, der von der Familie ausgesondert und nicht akzeptiert wird – lediglich zum Zahlen gut genug ist.

Die Rivalität zwischen den Brüdern geht so weit, daß Mauritz' Ex-Frau offen in der Familie herumerzählen darf, daß ihr Sohn – für den Mauritz immer der Vater war – vielleicht doch vom Bruder sei ..., daß sie ihrem Ex-Mann in schamloser und brutaler Weise – Jahre nach der Scheidung – die Hörner aufsetzt, ihn quasi kastriert und entthront: ein Ruf-Mord. Für den Sohn wiederholt sich damit das Schicksal von Mauritz: zwischen zwei Männern zu stehen, aber keinen richtigen Vater zu haben!

Mauritz' Mutter zeigt dabei erneut ein ausgeprägtes Maß an mangelnder Klarheit und den Willen zu vertuschen, indem sie sagt: Egal wer der Vater ist, die Hauptsache sei, daß der Enkelsohn lebt. Damit stößt sie erneut ihren Sohn Mauritz vor den Kopf und ist Teil an der Inszenierung der Zwei-Väter-Theorie für ihren Enkel.

Mauritz lernt Verachtung innerhalb seiner Familie kennen und inszeniert unbewußt immer wieder Situationen, in denen sich sein Lebensdrama wiederholt – so lange, bis sein eigener Anteil und der tiefere Sinn dieser schmerzlichen Gefühle für ihn einsichtig geworden sind. Wiederholungen sind Hinweise auf Lebensthemen, also erfährt ein Mensch nur Erlösung davon, wenn er diesen Schatten für sich integriert hat.

Zunächst sind es die Eltern seines Freundes: Der Vater will ihn zu sich nehmen, doch dies scheitert an dem Neid der Mutter. Dasselbe Muster wie in verschiedenen Variationen zu Hause (innerpsychisch oder in der Realität): ein schwacher Mann, eine mißgünstige Frau. – Und in seiner ersten Ehe sucht Mauritz sich eine schwer neurotische Frau aus, die ihm dieselbe Verachtung entgegenbringt wie seine »beiden Mütter« und den Keil zwischen ihm und seinen Geschwistern tiefer treibt, indem sie die Vaterschaft des Sohnes in Frage stellt. Ein erneut schmerzender und anhaltend demütigender Verrat!

Das Thema des Verrates zieht sich durch die Generationen. Auch das der Aufspaltung in einer Geschwisterreihe. Und selbst in der dritten Generation, unter den Vettern und Cousinen, ist ein heftiger und brutaler Konkurrenzkampf ausgebrochen. Es geht in dieser Familie außerdem immer wieder – in exzessiver Weise – um Prestige und soziale Anerkennung. Mauritz, Jurist, mit einer Literaturwissenschaftlerin verheiratet, würde – so seine bittere Phantasie – von seiner Mutter erst dann häufiger eingeladen, wenn er Minister oder etwas vergleichbares wäre. – Es ist der schon fast pathologisch zu nennende, weil zerstörerische Anpassungsdruck in dieser Familie, in der neuen Heimat reüssieren zu müssen. Doch selbst der enorme Erfolg des Bruders hat die Familie nicht befriedet, vielmehr die Frage: Wer hat die prominenteren Freunde? und die »Aussonderung« von anderen, weniger »wertvollen« Familienmitgliedern verschärft.

Ein anderer Aspekt zieht sich durch das Leben von Mauritz. Die Kehrseite des immer wieder erlittenen Verrates: das Thema der Gerechtigkeit und des Mitgefühls. Als herausragende Kindheitserinnerungen erzählt er Situationen von tief empfundener Ungerechtigkeit: als der Kutscherjunge von dessen Vater verprügelt wurde, als er auf dem Treck den Häftlingen nicht helfen und den heruntergeschossenen Piloten nicht beistehen konnte, als er seinen Onkel auf dessen Ungerechtigkeit in bezug auf seine Margarine-Rationen und die immer versprochene, aber nicht geerbte silberne Kanne mit Bärenmotiven anspricht. – Sein Vater verkörperte für ihn das Recht, die Gerechtigkeit, ja auch die moralische und ethische Richtigkeit, die in seiner Familie in so vielfältiger Weise gebrochen wurde. Weil sein Vater nicht mehr lebte und dieses Prinzip der innerfamiliären Gerechtigkeit mit ihm offensichtlich verlorengegangen ist: mit ihm und mit dem Mord an dem Onkel, aber auch mit der Ideologie des Nationalsozialismus, die auf Unrecht basierte. – Es ist nicht verwunderlich, daß er selbst den Beruf des Juristen wählte. Auch wenn er in der Industrie arbeitet, so ist sein Gefühl für Ungerechtigkeit so präsent, daß er sich ehrenamtlich – neben allen Verpflichtungen – für Asylbewerber einsetzt.

Robert Bly sieht in der weltweit verbreiteten Vaterlosigkeit den Grund für das Zerbrechen der Gesellschaft und die Gefährdung unserer Zivilisation. Er fordert deshalb für Jungen Mentoren oder »stolze innere Gefährten«, also leitende und stützende Vorbilder, die positive Männlichkeit verkörpern (Bly 1997, S.172). Mauritz vermißte zeitlebens seinen Vater in der frauendominierten Familie, doch scheint er sich selbst – vielleicht unbewußt – verschiedene Männer als Vorbilder, als innere Gefährten genommen zu haben. Anders ist es nicht zu erklären, daß er heute, im mittleren Alter, als Vorbild und Mentor für viele junge Menschen fungiert.

Ein weiteres Moment von kriegsbedingter Zerstörung wird in dieser Familie deutlich: die weibliche Gefühlskonfusion. Kathrin Asper schreibt in ihrem Buch »Verlassenheit und Selbstentfremdung« über Anima und Animus, Begriffe von C. G. Jung, welche das Frauenbild im Mann bzw. das Männerbild in der Frau repräsentieren. Beide bilden sich aus den elterlichen Vorbildern und sind unbewußte Teile unserer Seele. »Werden sie dem Bewußtsein angeschlossen und integriert, verleiht die Anima dem Mann Bezogenheit, Gefühlstiefe und Inspriation; der an das Bewußtsein angeschlossene Animus gibt der Frau Kraft, Mut, Objektivität und Geist. Verharren sie jedoch im unbewußten Zustand, können daraus Besessenheiten entstehen. Die Anima führt zu Reizbarkeit, Launen, Empfindlichkeiten und unrealistischen Glücksbildern, die den Mann von der Welt isolieren. Der Animus bindet die Frau in unhinterfragte Urteile und Meinungen ein, die Ausdruck eines minderwertigen Geistes sind, der sie vom Leben ausschließt.« (Asper 1987, S. 16).

Und diese »unhinterfragten Urteile und Meinungen« sind es, die in dieser Familie zu den Verstrickungen und Demütigungen, zu den Situationen des wiederholten Verrates und der extremen »Aussonderung« führten und selbst in der dritten Generation noch führen. Und damit wird ein Teil des Lebensflusses abgeschnitten. Oder, wie F. R. Chateaubriand (1768-1848) einmal schrieb: »Jeder Mensch trägt eine Welt in sich, die sich aus all dem zusammensetzt, was er je gesehen und geliebt hat, und in die er immer wieder zurückkehrt, auch wenn er meint, eine fremde Welt zu durchstreifen und zu bewohnen.«

Erzogen im Sinne einer klaren deutschen Kultur
Oder: Die Angst vor dem Kommunismus

Irmgard B., Jg. 1953, verheiratet in Bad Godesberg, zwei Söhne, Musiklehrerin

Meinen Mann habe ich auf einem Sudetendeutschen landsmannschaftlichen Treffen bereits als Kind kennengelernt. Wir waren beide frühzeitig in dieser Gesellschaftsform integriert und hatten deutschlandweit intensiven Zusammenhalt, der sich aber insbesondere auf Bayern konzentrierte. Ich könnte mir nicht vorstellen, jemanden aus einem anderen Umfeld geheiratet zu haben. Die gemeinsame Heimat verbindet doch sehr tief. Für unsere Kinder wünsche ich das auch, daß sie jemanden finden, der den gleichen Hintergrund, die gleichen Ideale hat.

Meine Vorfahren stammten väterlicherseits aus dem Sudetenland, mütterlicherseits aus Österreich. Aus beiden Familien waren, neben der Landwirtschaft und Pferdezucht, hohe Beamte und Militärs im Dienst der österreichisch-ungarischen Donaumonarchie. Aus den Erzählungen meiner Eltern ist mir unser Haus sehr präsent, das aus einem früheren Kloster entstanden war. Ich kannte aus den Erzählungen jedes Zimmer, jeden Gegenstand und wußte genau, wer wann was auf dem Bösendorfer Flügel gespielt hatte. Diese Schilderungen erweckten in uns nicht nur die Sehnsucht nach der verlorenen Heimat, sondern viel Resignation über das, was man uns genommen hat.

Meine Eltern und Großeltern mußten, da sie sich nach dem Zusammenbruch nicht mit dem Tschechentum identifizieren wollten, über Nacht ihre wichtigsten Habseligkeiten packen und durften nur mitnehmen, was sie tragen konnten. Von den wenigen wertvollen Erbstücken ist dann noch ein Teil des Schmucks meiner Großmutter von marodierenden, osteuropäischen Soldaten gestohlen worden. Das einzige, was übrig geblieben war, sind zwei Ringe und die alte Bibel meines Großvaters. Und ein kleines Glas mit Heimaterde. – An den Folgen der körperlichen Entbehrungen während der Flucht haben meine Eltern für den Rest ihres Lebens gelitten. Glücksgefühle kamen wegen der zahlreichen Schicksalsschläge nach meiner Erinnerung niemals mehr auf. Stets lastete der Schatten von Flucht und Vertreibung über unserer Familie, und alle Fröhlichkeit wurde mit dem Hinweis auf sie unterdrückt. Die einzigen Situationen von Unbeschwertheit, an die ich mich entsinne, waren die Treffen unserer Landsmannschaft. Auch wenn dort viel Traurigkeit war, wenn sich alte Bekannte erst nach Jahren wieder trafen oder wenn die Erwachsenen Erinnerungen austauschten. Trotzdem entstand Frohsinn. Deswegen entwickelten sich diese Treffen, nach ursprünglichem Widerwillen, von meinem 13. Lebensjahr an zu Höhepunkten in meinem Leben, auf denen wir unbeschwert, ausgelassen und fröhlich sein durften.

Ich war stolz auf meine traditionelle Tracht, in der wir zusammen mit den Buben Volkstänze aufführten. Daher rührt auch meine Liebe zur Musik, die allerdings mehr auf österreichischen als auf böhmischen Traditionen beruht. Trotz der Musikalität meiner elterlichen Familie wurde bei uns zu Hause niemals gesungen oder musiziert, auch dies war den Treffen vorbehalten. Es war daher für mich als Mädchen nicht leicht, das Erlernen eines Instrumentes außerhalb unserer landsmannschaftlichen Bewegung durchzusetzen. Alles Fröhliche und Leichte war meinen Eltern fremd geworden und belastete sie. Was ich auch frühzeitig zu verstehen lernte.

Die Nachkriegszeit war bestimmt durch die Angst meiner Eltern vor der Ausbreitung des Kommunismus in Europa. Als besonders negatives Beispiel empfanden wir Österreich, das durch einen Pakt mit den Sowjets eine »neutrale Zone« in Europa bilden sollte. Mein politisch sehr engagierter Vater warnte uns frühzeitig vor Gleichgültigkeit gegenüber den Gefahren aus Rußland und Osteuropa, denen man nur durch Entschiedenheit und eine klare Linie wirksam entgegentreten konnte. Ein großer Teil unserer Familie war von Sowjets, Tschechen und Polen umgebracht worden. Und nicht nur an den

Fronten des Krieges ... Es ist unverständlich, daß die einheimische tschechische Bevölkerung, denen ja meine Vorfahren unendlich viel Gutes getan hatte, dies nach dem Zusammenbruch bis heute mit Undankbarkeit und offen ausgetragenem Haß quittierte.

Nach der Vertreibung lebten wir mit einer ganzen Reihe von anderen Bekannten aus unserer Gegend auf einem bayrischen Hof, auf dem wir uns immer wie die armen Verwandten vorkamen. An Festtagen durften wir an der Tafel des Hausherren sitzen, während wir ansonsten in jämmerlichen Verhältnissen in zwei Dachkammern wohnten, die im Winter nur von einem kleinen eisernen Ofen beheizt werden konnten. Das Holz dafür mußten wir bündelweise selber aus dem Wald holen, wobei die Äste nicht dicker als ein Kinderarm sein durften.

Meine Eltern hatten mit Angehörigen des sudetendeutschen Adels, der nach 1945 sein Deutschtum verraten hatte, um in der Heimat bleiben zu können, völlig gebrochen. Wie wir später gehört haben, hat diesen Menschen ihr Verrat nichts genützt. Sie wurden wenige Jahre später von der einheimischen Bevölkerung aus ihren Häusern, Höfen und Schlössern vertrieben.

Auch nach dem Zusammenbruch der Monarchie und der Gründung der tschechoslowakischen Republik hatten Großeltern und Eltern nach dem ersten Weltkrieg ihre Lebensweise völlig beibehalten. Meine Großeltern waren stolz darauf, daß in ihrer Gegenwart nie ein tschechisches Wort im Hause gesprochen wurde. Die Tschechen waren, auch wenn sie sich musisch und künstlerisch gaben, rohe und verständnislose Menschen, die nur danach trachteten, sich an unserem Besitz zu bereichern. Das Erstarken des Deutschtums in Österreich und im Sudetenland erfüllte unsere Familie mit der Hoffnung, daß es mit uns wieder aufwärts gehen könnte. Nach dem Anschluß des Sudetenlandes, der von allen Deutschstämmigen heftig begrüßt wurde, kehrte wieder Ordnung und Wohlstand in unsere Heimat ein. Die korrupten Behörden wurden wieder ordentlich besetzt, oft mit Parteigenossen. Da sich für meine Großeltern damit große Hoffnungen verbanden, traten sie dieser Bewegung frühzeitig bei. Meine Großmutter übernahm einen Posten in der Frauenschaft und integrierte unser ganzes dörfliches Umfeld in diesen Kulturkreis. Meine Mutter hatte als junges Mädchen den Plan, später als Lehrerin im Sinne einer gesunden Volkserziehung zu wirken.

Mein Vater durfte an den politischen Versammlungen seines Vaters schon als Jugendlicher teilnehmen, die zunächst in Gasthäusern, später in unserem Stadthaus in einem bekannten Badeort stattfanden. Durch den Anschluß kam neues gesellschaftliches Leben in die großelterliche Familie. – Natürlich war das mit den Juden nicht richtig, das hätte wirklich nicht gemacht werden dürfen, darüber waren wir uns alle völlig klar. Aber trotzdem, wir gehörten ja eigentlich zur Elite des Landes. Das ist hier im Westen völlig untergegangen, niemanden hat das gekümmert, niemand hat sich für uns interessiert.

Auch wir, in Westdeutschland geboren, wurden im Sinne einer klaren deutschen Kultur und Lebensauffassung erzogen. Die amerikanischen Einflüsse der 50er Jahre wurden genauso abgelehnt wie der Kulturbolschewismus der Rundfunk- und Fernsehanstalten und eines großen Teils der Presse. Meine Schwester und ich wurden noch stärker als unsere Brüder in dem Ideal der Reinheit der Familie und natürlich des Mutterstandes erzogen. Mit meiner Absicht, Musiklehrerin zu werden, habe ich mich deswegen nur schwer durchsetzen können, weil die Bestimmung der Frau nach unseren Idealen darin besteht, Mutter zu sein. Aber ich habe beides miteinander verbunden.

Meinen späteren Mann hatte ich, wie gesagt, bei unseren Sudetendeutschen Treffen kennengelernt. In unserem Alter galt der Altersunterschied von zehn Jahren als erheblich. Nach seinem Abitur meldete er sich freiwillig bei der Bundeswehr und ging als Fahnenjunker ab. Hier hatte er die Ordnung gefunden, die uns als Ideal vorschwebte. Die noch junge Bundeswehr bot vernünftig gesinnten Männern damals gute Aufstiegschancen. Trotzdem blieb er nicht dort, sondern entschloß sich, ein Universitätsstudium aufzunehmen. Ich durfte damals schon an Tanzfesten in seiner Burschenschaft teilnehmen, zu denen wir in aller Form und aller Ehre mit einem Blumenstrauß vom Tischherrn abgeholt wurden. Es hat lange gedauert, bis wir uns näherkamen, denn wir konnten uns erst verloben, als er mit seinem Studium fast fertig war. Nur unter dieser Voraussetzung durfte ich nach meinem Abitur in denselben Studienort ziehen, wo ich mein Musikstudium aufnahm. Neben Klavier und Gesang behielt ich immer den Schwerpunkt Volksmusik bei. In meinem Jahrgang war ich mit dieser Vertiefungsrichtung meist die einzige. Von den Gruppen unserer Landsmannschaft wurde ich dann beauftragt, das musikalische Programm auszurichten. Ich übernahm die Auswahl der Musikstücke, die musikalische Ausgestaltung und die Choreographie der Tänze. Das hat mir Freude gemacht und wurde gerne gesehen.

Unter meinen Kommilitonen gab es damals eine breite Sympathie für sozialistische und kommunistische Ideen. Wenn ich darauf mit Unverständnis reagierte, weil diese Menschen uns alles genommen hatten, wurde ich häufig isoliert. Die Studenten übernahmen kritiklos Parolen aus dem kommunistischen System, die sie in Flugblätter im ASTA und im täglichen Gespräch pflegten. Besonders wenig Verständnis hatte ich dafür, daß auch Adlige zum Beispiel aus Schlesien sich an dieser Richtung beteiligten, ohne daran zu denken, daß durch den Kommunismus auch ihren Familien alles genommen worden war. Wenn ich sie darauf ansprach, hörte ich auch von ihnen den Vorwurf, ich sei wohl faschistisch oder revanchistisch oder eine ewig Gestrige. Mein persönlicher Verkehr hat sich dann immer stärker auf unsere Landsleute oder die Buschenschaft meines Verlobten konzentriert. Obwohl wir alle aus unserem Kreis der politischen Richtung der regierenden Partei folgten, waren wir doch häufig enttäuscht über die Unbestimmtheit dieser Partei gegenüber den kommunistisch besetzten Nachbarländern. Außer in Bayern haben sich auch konservative Politiker niemals getraut, geschehenes Unrecht als solches auszusprechen. Eine Frage der Rückgabe unseres Eigentums wurde immer in der Öffentlichkeit tabuisiert. Wegen der vergeblichen Hoffnung meiner Eltern auf eine Rückgabe und eine Wiederherstellung der alten Verhältnisse, haben sie in ihrer neuen Umgebung niemals richtig Wurzeln geschlagen und auch keine Existenz mehr begründet. Die Trauer um die verlorene Heimat hat die ganze Familie mit einer tiefen Resignation überzogen. Die einzige größere Tat meiner Eltern bestand in einem Geschenk zu meinem bestandenen Examen, als sie mir einen Bösendorfer Flügel aus Wien zukommen ließen – in Erinnerung an den verlorengegangenen in der Heimat.

Erst über 30 Jahre nach der Flucht haben meine Eltern das erste Mal – unter schwierigen Umständen – eine Reise in die Heimat gemacht. Von dieser Reise kamen sie sehr niedergeschlagen zurück. Der alte Besitz war durch den Schlendrian der Kommunisten vollständig verwahrlost. Nach dem Kriege müssen Zigeuner in das Gutshaus gezogen sein, die Türen und Treppen nacheinander verheizt haben. Aber sie sind dort nicht froh geworden, es muß viele Krankheiten gegeben haben ... Die Regierung Benesch hatte systematisch die an Deutschland und Österreich grenzenden Regionen des Sudetenlandes mit Zigeunern kolonisiert, die innerhalb kurzer Zeit aus dem kultivierten Land ein Schlachtfeld machten. In dem Stadthaus hatte sich eine parteinahe Organisation der Kommunisten niedergelassen, unsere Baude im Altvatergebirge war Ferienheim eines Betriebes geworden. Der Zustand der Dörfer war erheblich schlimmer als vor dem Krieg, die Straßen waren verschlammt und nachts stockfinster. Die Bevölkerung ertränkte ihre Lethargie im Alkohol. Die Kirche war verrottet, in ihrer unmittelbaren Umgebung verrichteten die Menschen ihre Notdurft. Am Zustand der Städte und Dörfer konnte man deutlich ablesen, was der Kommunismus, gepaart mit der Trägheit osteuropäischer Völker, aus einem Land machen kann. Selbst Intellektuelle aus dem Osten sind nicht aktiv nach vorne gerichtet, sondern sehen ihre Aufgabe in der Kontemplation. Dies kann niemals zu Wohlstand und Zivilisation führen. Die Russen haben sich die Not ihrer Bevölkerung selber zuzuschreiben. Alle Warnungen vor dem Kommunismus, die in meiner Jugendzeit in den Wind geschlagen worden waren, haben sich bewahrheitet. Dies mußte dann letztendlich zum Zusammenbruch des kommunistischen Systems führen. Meine Eltern haben daraus wieder etwas Hoffnung für die Zukunft geschöpft, obwohl es ja fast ausgeschlossen ist, daß wir unseren Besitz wiederbekommen. Es ist aber für sie eine verspätete Genugtuung und Rechtfertigung, daß sie auf der richtigen Seite gestanden haben.

Der Bruder meines Vaters, der einer Widerstandsgruppe angehört hatte, war im Nachgang zum 20. Juli als junger Offizier verurteilt worden. Dies habe ich erst sehr spät erfahren, weil meinen Eltern dieser Verrat an der deutschen Sache immer unangenehm gewesen war. Er war dadurch auch in unserer Familie in Ungnade gefallen, weil er als Soldat seinen Schwur gebrochen und damit den Einfluß des Feindes gestärkt hatte. Vielen ist es nicht gut bekommen, wenn sie sich gegen die Deutschen gewendet haben.

Mein Vater war ja noch jung, aber trotzdem ist er freiwillig in den Krieg gegangen. Er wollte für unser Vaterland kämpfen; hat Schlimmes erlebt, aber darüber spricht er nicht. Aber die Russen haben ihm einen Arm abgeschossen, deswegen konnte er fast nicht mehr richtig arbeiten.

Meine Eltern sind bis heute empört über das Attentat auf Heydrich, er war damals Reichsprotektor, der auf dem Wege zur Prager Burg von einem Tschechen im offenen Wagen ermordet worden war. Er war ein hochbegabter und äußerst musischer Mensch gewesen, auf den sich die Hoffnungen vieler Deutscher konzentriert hatten. Durch eine dumme Frauengeschichte – er hatte sich von der Tochter seines Kommandeurs entlobt – war er unehrenhaft aus der Marine entlassen worden. Außerhalb der Wehrmacht hatte er trotzdem in der Partei seinen Weg gemacht; ihm gehörte die Sympathie der ganzen deutschen Oberschicht des Sudetenlandes.

Zu meinen Verwandten aus Norddeutschland, die ich ab und zu mal als Kind in den Ferien besuchen durfte, haben ich ein Leben lang ein distanziertes Verhältnis gehabt. Sie haben in der gleichen Arroganz wie viele meiner Kommilitonen linke Parolen nachgeredet und die katholische Kirche verleumdet, saßen aber gleichzeitig auf ihren geerbten Höfen und haben von den Auswirkungen des Krieges fast nichts mitbekommen. Uns haben sie immer wie Bittsteller behandelt und großherzig Almosen gegeben. Zusammengehörigkeitsgefühle haben wir bei den evangelischen, norddeutschen Verwandten niemals zu spüren bekommen.

Es war schwer, denn unser Pfarrer, der noch aus dem Sudetenland stammte, sagte immer, daß wir gerade in der Diaspora verpflichtet seien, den richtigen Glauben offen vor uns herzutragen. In Bayern war das ja nicht so ein Problem, obwohl unsere Sitten auch als Flüchtlingsbräuche abgetan wurden. Eine Zeitlang mußten wohl auch in manchen Gemeinden getrennte Gottesdienste und Wallfahrten abgehalten werden, weil das die Einheimischen so wollten. Obwohl wir ja auch katholisch sind. Aber das wurde da nicht so akzeptiert. Gut, daß wir nicht nach Norddeutschland fliehen mußten, ich glaube, das hätten meine Eltern nicht verkraftet, auch noch die religiöse Isolation. Sie hatten es einfach so schwer mit allem, und dabei sind sie so gute Menschen, die nur ihre Heimat wiederhaben wollen. Mehr nicht.

Kommentar zu Irmgard B.

Eine Biographie voller Angst, unterdrückter Rachegefühle, von bedrängender, emotionaler Enge. Die Atmosphäre des Gesprächs ist durchtränkt von Mißtrauen und begleitet von der beständigen, fast flehenden Frage: Sage ich auch das Richtige, können Sie mich verstehen? Obwohl, oder gerade weil vieles nicht ausgesprochen wird, Namen, Daten, Fakten nicht genannt werden. Die Ängstlichkeit und innere Bezogenheit wird besonders deutlich an der Sprache:

Nicht ein einziges Mal werden die Begriffe »Nationalsozialismus« oder »Hitler« verwendet. Es geht immer nur um die »Partei«, um das »Deutschtum«, um die Andeutung von politischem Mitläufertum bei den Großeltern. Was die Männer der Familie eigentlich gemacht haben während des Faschismus, darüber wird nicht geredet. Die Folgen und Konsequenzen des Nationalsozialismus müssen strikt gemieden werden, fast möchte man annehmen: Sie dürfen noch nicht mal gefühlt und gedacht werden.

Überdeutlich wird die einseitige Betrachtung bei der Schilderung des Attentats auf Reinhard Heydrich, Himmlers rechte Hand, den eigentlichen Leiter der Gestapo. Er war verantwortlich für den politischen Terror gegenüber allen Gegnern des Regimes. Nach seiner Ermordung durch Partisanen wurden als Vergeltung in Lidice alle 446 Einwohner dieses Dorfes entweder exekutiert oder in Vernichtungslager gebracht. Doch Irmgard teilt scheinbar heute noch die Empörung ihrer Eltern in bezug auf seinen Tod und verweist lediglich auf seine musischen Qualitäten, ohne an dieser Stelle noch in anderem Zusammenhang auch nur ein einziges Mal der Opfer zu gedenken. Es bleibt bei einer sprachlich kalten Schilderung der eigenen Opfersituation, die auf eine Befangenheit des Denkens und Fühlens in Rachekategorien hinweist. Nach dem Motto: Uns wurde Grauenhaftes angetan ... alles andere ist noch nicht mal wert bedacht zu werden.

Ihre völlige Identifizierung mit den Eltern wird ebenfalls sprachlich deutlich, wenn sie davon erzählt, daß »wir nach der Flucht in Bayern lebten«, oder wie sie den Begriff »Heimat« verwendet: ohne innere Distanz von Raum und Zeit. Sie war damals noch nicht mal geboren, aber die familiären Schilderungen scheint sie quasi als Eigenes zu begreifen. Daß dies eine Ersatz-Identität ist, wird auch an der Kälte deutlich. Sie scheint gefangen, aber auch verloren zwischen dem Gestern der Eltern und dem Heute des eigenen Lebens, welches sich offenbar zu großen Teilen nur aus der Vergangenheit speist.

Nahtlos hat sie dieses Heimatgefühl von ihren Eltern übernommen, zweifellos unterstützt durch ihre eigene geistige und emotionale Heimat der landsmannschaftlichen Treffen. Ein Zusammenhalt von Landsleuten oder Religionsangehörigen wird auf der ganzen Welt in der Fremde gesucht, man denke nur an die türkischen Mitbewohner bei uns, die aus der Sicht türkischer Intellektueller in Istanbul »unerträglich türkisch« sind, intensiver ihre Nationalität betonen, als wenn sie zu Hause geblieben wären. Wurzel- und Heimatlosigkeit braucht diesen Rahmen, diese Art der Geborgenheit und Sicherheit der eigenen Sprache, des Austausches zwischen Bekannten und Bekennenden, um dem Ansturm des Fremden und Bedrohlichen etwas entgegenstemmen zu können.

Viele Flüchtlinge, so auch Irmgards Eltern, haben 1945, meist jedoch erst bei späteren Reisen in die Heimat, Erde mitgenommen: Erde, aus der sie stammten, in der sie nach ihrem Tod wieder ruhen wollten, weswegen diese oft mit ins Grab gegeben wird. – Eine Nebenbemerkung Irmgards verweist jedoch noch auf einen anderen Aspekt. Gerade bei Flüchtlingen aus Osteuropa wurden nach dem Krieg Legenden in verschiedenen Variationen erzählt. Eine davon ist, daß die Flüchtenden vor der Flucht Erde von den Gräbern ihrer Vorfahren in den Zimmern ausstreuten, als Fluch, weswegen die später dort Eingezogenen ihres Lebens nicht froh wurden.

> »An alte Wiedergängervorstellungen, an Sagen vom ungesühnten Frevel knüpfen die Erzählungen an, in denen Leute, die von Tschechen erschlagen worden sind, immer wieder zum Schrecken der neuen Bewohner in ihren alten Häusern erschienen. Die neuen Wohnungsinhaber halten es deshalb nicht mehr dort aus, eine Familie nach der anderen verläßt das Haus. All diese Volkserzählungen drücken den Wunsch nach Sühne aus ... Die Harmonie zwischen Himmel und Erde war in unerträglichem Maße verletzt. Das schreit nach Sühne.« (Lehmann 1991, S. 238)

Auch die kühle Bemerkung, daß der Onkel, der gegen die Faschisten Widerstand geleistet hatte, aus dem Familiengefüge und in »Ungnade« fiel, verweist darauf, daß Irmgard diese Sicht ihrer Eltern, die damals aktive Parteigänger der Nationalsozialisten waren, heute noch teilt. Wie bei anderen habe sich dieser Widerstand auch später noch negativ ausgewirkt, meint sie andeutungsweise. Lehmann verweist auf ein merkwürdiges Phänomen, von dem unter Donauschwaben und in Jugoslawien unter Serben erzählt wurde. Es war die »Partisanenkrankheit« oder der »Partisanenwahn«: plötzliche Wahnausbrüche, epileptischen Anfällen gleich, und das bei Menschen, die auf seiten der Partisanen gegen die Deutschen gekämpft hatten. Während des Anfalls werden Verwünschungen gegen die Deutschen, gegen die Schwaben gestammelt, manchmal jedoch auch Schuldgefühle mitgeteilt oder die Bitte, den »Gnadenschuß« zu erhalten (Lehmann 1991, S. 239). Für die Heimatvertriebenen, in deren Kreisen diese Geschichten in den 40er und 50er Jahren kursierten, waren diese Wahnkrankheiten gerechte Strafen für die Morde an ihren Landsleuten. Sühnesagen gibt es schon seit alters her, um die

»Wiederherstellung einer gestörten Harmonie zwischen Himmel und Erde (zu erreichen, A. v. F.). – Ein Verbrechen findet seine gerechte Strafe. Wahnsinn, Geisteskrankheiten zählen zu den verbreiteten Motiven in der Sage. Das Erstaunliche des Phänomens liegt darin, daß hier in archaischer Weise Erfahrungen verarbeitet werden, denen kein nebulöses Geschehnis zugrunde liegt, sondern historische Begebenheiten aus der Mitte des 20. Jahrhundert.« (Lehmann 1991, S. 239).

Darin versteckt sich, wie bei jeder massiven Schuldzuweisung, nicht nur der Schrecken und das Bedürfnis nach Verarbeitung des grauenhaften Erlebens, sondern auch die Abwehr der eigenen Schuld. So klingt die gesamte Erzählung von Irmgard: als hätte ausschließlich ihre Familie unter dem Grauen und dessen Folgen zu leiden gehabt. Wie abgeschnitten wirkt sie von Empathie, sogar weit entfernt von rationaler Einsicht in die historischen Verwicklungen und von den zwei Seiten der Geschehnisse. Dieses Abgeschnittensein scheint bei ihr zu einer generellen Haltung erstarrt zu sein, da sie gleichsam weit entfernt von Wärme, Mitgefühl und der Fähigkeit des Mitschwingens und fast robotergleich ihre Lebensschilderung heruntererzählt. Auch ohne ersichtliche Einfühlung in sich selbst.

Diese Erstarrung und ihre Bemerkung, daß ihre Mutter gerne als Lehrerin zur »gesunden Volkserziehung« beigetragen hätte, könnte ein Hinweis sein, daß bereits ihre Großmutter, einst überzeugte Nationalsozialistin, der nationalsozialistischen Erziehung huldigte. Dabei ging es, und das hat Sigrid Chamberlain in ihrem vorzüglichen Buch über den Bestseller von 1938 (700.000 Stück) der Ärztin Johanna Haarer »Die deutsche Mutter und ihr erstes Kind« nachgewiesen, um die Stählung bereits ganz junger Kinder, wie Hitler in »Mein Kampf« gefordert hatte. Haarer ermahnte die Eltern zur Dressur ihrer Kinder, ihre Pädagogik ist geprägt von einem tiefen Mißtrauen gegenüber den Müttern (zu weich, zu nachgiebig, zu liebevoll) und den Kindern (kleine Bestien, Tyrannen, zu weibisch), deren Wille gebrochen werden muß. »Jedes Kind, das (die Frau) zur Welt bringt, ist eine Schlacht, die sie besteht für das Sein oder Nichtsein ihres Volkes« (Hitler 1934, in Chamberlain 1997, S. 15).

Kinder müßten mit Härte, Zucht, Unerbittlichkeit erzogen werden, um später als Helden opfer- und todesbereit zu werden. Das Ziel: daß sie sich lenken lassen allein durch den strengen Blick der Mutter, durch die hindurch Hitler (gottähnlich) selbst auf das Kind blickt, so daß eine Verfehlung bereits einen Treuebruch dem Führer gegenüber darstellt. Diese Erziehung basierte auf tiefster Bindungslosigkeit (ersetzt durch zwanghafte Reinlichkeitserziehung) zunächst zwischen Mutter und Kind, später auch zu anderen Menschen, welche einen Ersatz im Kollektiv und dessen rigiden Anforderungen sucht. Und Bindungslosigkeit, die bis zur immer wieder erlebten Todesangst des Babys reicht, wenn sein Weinen niemanden herbeirufen kann, schafft erst die Voraussetzung für brutales, grausames und sadistisches Handeln. Wird dem Kind diese Bindung, die immer einhergeht mit engem Körperkontakt, vorenthalten, kommt es zu einem tiefen Gefühl des inneren Zerfallens, was wiederum in späteren Streßsituationen oft nur durch Zerstörung anderer von sich fern gehalten werden kann. Und der Mangel an Bindung beinhaltet immer die Fühllosigkeit gegenüber dem Anderen! – Tiefe menschliche Bindungen dagegen behindern das System der Gleichschaltung und lassen keine Mörder entstehen. Dies wird nämlich in den Biographien von Widerstandskämpfern deutlich: daß ihr Mut vielfach gespeist war von engen, sie tragenden Bindungen und Freundschaften und – natürlich – von Einfühlung in Andere, jedoch nicht von Kameradschaft, welche direkte Beziehungen eher verbietet. Kameradschaft hat meist etwas mit Ideologien, einem Führer, mit Hierarchien und einem von außen aufgesetzten Ziel zu tun, weniger mit einer autonomen, gleichberechtigten Beziehung.

Auch wenn viele der SA- und SS-Männer vor der Zeit der faschistischen Erziehungsdoktrin aufwuchsen, macht die faschistische Erziehung die Kontinuität der autoritären Praxis deutlich, welche schon in den Jahrzehnten zuvor die Würde und die Autonomie des Kindes negierten und Kämpfer für den Ersten Weltkrieg hervorgebracht hatten.

Es geht um den Kampf gegen die Kinder, der von Neid gespeist ist. Das Kindliche, Spielerische, Sinnliche muß »ausgemerzt« werden. Chamberlains Untersuchung stützt die Hypothese, daß ein Moment des Hasses auf die Juden ein verschobener Kinderhaß war. Erwachsene haßten die Möglichkeiten des Kindes, welches noch »unschuldig« ist, welches besondere Rechte und Vorteile hat, welches noch jenseits der Deformation und Körperpanzerung die weichen, sanften, liebevollen, passiven Anteile leben darf. Gespeist war der Neid durch die traditionell so viel liebevollere Umgangsweise der Juden mit den eigenen Kindern.

»Bindungslosigkeit vom Beginn des Lebens an: Das ist die Basis für die Heranzüchtung des an kein Gewissen, an keine Werte oder Moral, des an keinen Menschen, auch keine Heimat, wirklich gebundenen, für jedes Ziel einsetzbaren ›Typus‹ ... ist die erste und früheste Störung des faschistischen Charakters, alle seine weiteren Defekte, als da sind seine Dressierbarkeit, seine Rastlosigkeit und Unersättlichkeit, seine Besessenheit von der Vorstellung eines makellosen, gestählten Körpers, auch ›Volkskörpers‹, seine Unfähigkeit Ambivalenzen, sogenannte Halbheiten, zu ertragen ... sind Funktionen dieser tiefsten Störung. Das gilt auch für seine Fühllosigkeit sich selbst und anderen gegenüber, d. h. für seine Kontaktstörung, für seine Sucht nach symbiotischen Verstrickungen und seine Anfälligkeit für Hörigkeitsverhältnisse, die ihrerseits Ausdruck seiner Beziehungsunfähigkeit sind« (Chamberlain 1997, S. 168 f.).

Die Fühllosigkeit sich selbst und anderen gegenüber wird bei Irmgard spürbar. Es ist ja nicht anzunehmen, daß die Erziehungsideologie des Faschismus nach 1945 schlagartig aus den Köpfen verschwand. Wurde sie, wie in diesem Fall, bereits von zwei Frauengenerationen getragen und verkörpert (Frauenführerin), wird sie in Irmgards Kindheit auch noch eine Rolle gespielt haben. Abgeschwächt durch Außeneinflüssen, ist sie zwar zu einer Bindung an ihren Mann dauerhaft fähig, doch – wie die Andeutungen ergeben – offenbar nicht zu einem weiteren Kreis von Menschen, weil unterschiedliche Kontakte auch immer Ambivalenzen beinhalten würden. Man bleibt unter sich in dem Zirkel der Gleichgesinnten und Landsleute, das heißt ja immer auch: Niemand ist gut genug oder rein genug oder deutsch genug oder genügt den elitären Ansprüchen, auch wenn Irmgard und ihre Familie selbst diese Eliteposition im Westen keineswegs erneut verwirklicht haben. Und damit erhöht sich ihre bereits im Studium erfahrene Isolation, und der Teufelskreis von Abwertung der Anderen und Selbstmitleid verfestigt sich. Auch wird sie die Botschaft: »Andere sind nicht gut (genug) für uns ... Ihr seid etwas Besonderes«, ihren Kindern weiter vermitteln. Doch da sie dieses »Besondere« nur sehr versteckt und verschämt lebt, lediglich in ihrer Opferhaltung wird dieses »Besondere« ihrer Biographie präsent, werden die Söhne es ebenfalls schwer haben, eine stabile Identität aufzubauen. Denn dazu gehört auch der Mut zu einer selbst errungenen Autonomie, die Irmgard, bezogen auf die eigenen Eltern, nicht erlangt hat. Denn, wie Wolfgang Borchert in »Die Hundeblume« schrieb: »... es ist eines der tollsten Abenteuer, die wir auf dieser Welt haben können: sich selbst zu begegnen.«

Lebenserfüllung war immer Pflichterfüllung
Oder: Zuallererst den anderen spüren

Elisabeth T., 1955 in der ehemaligen DDR *geboren, Ärztin in Berlin, verheiratet, zwei Kinder*

Meine Eltern lebten, als ich und danach mein Bruder geboren wurden, in einem kleinen Dorf am Rande des Erzgebirges. Die besondere Vorgeschichte: Sie waren 1950 aus Westdeutschland in die DDR gekommen. Mein Vater ist ein richtiger Leipziger, hatte aber in Westdeutschland Theologie studiert und dort meine Mutter kennengelernt. In der Familie meines Vaters gab es viele Pastoren: Mein Großvater und ein Bruder meines Vaters sind sogar später Superintendent geworden. Deswegen stellte sich für meinen Vater nie die Frage, in Westdeutschland zu bleiben, wozu er durchaus Möglichkeiten gehabt hätte. Für meine Mutter war es sehr schwer, von ihren Eltern wegzugehen, weil sie die einzige Tochter war – nach drei gestorbenen Schwestern. Das Thema auf beiden Seiten war aber immer Pflichterfüllung und Verantwortung.

Der Großvater mütterlicherseits war Lehrer, meine Großmutter Hausfrau. Die Urgroßeltern waren jedoch noch richtige landständige, holsteinische Bauern.

Mein Vater ging zurück, weil er ja von der sächsische Landeskirche delegiert war. Es gab mehrere Paare mit dieser Konstellation: Ostmann und Westfrau. In dem kleinen, ziemlich industrialisierten Dorf, in dem mein Vater seine erste Stelle antrat, wurden sie mit sehr viel Distanz aufgenommen: Da kommt jemand aus dem Westen, was ist denn das für einer! Das war keineswegs normal.

Meine Eltern, Jahrgang 1916 und 1917, haben sich spät kennengelernt. Sie hatten beide schon ausgeprägte Schicksale hinter sich. Mein Vater den Krieg und die Gefangenschaft. Meine Mutter hatte nach dem Abitur medizinisch-technische Assistentin gelernt, in Bethel gearbeitet und dann noch ein Medizinstudium angefangen. Sie war sehr emanzipiert und hat bestimmt auch darüber nachgedacht, ihren Weg allein zu gehen.

Von dieser ersten Pfarrstelle, an die ich mich fast nicht mehr erinnere, wurde später viel erzählt. Es war die Aufbauzeit: die ersten Nächte im Dorfgasthof, als die Eltern die Mäntel vor's Fenster hingen, weil es keine Gardinen gab ... Aber es entstanden wirklich gute Kontakte und Freundschaften zu den Bauern. Sie sind sehr auf die Menschen zugegangen. 1959 gab es dann einen sehr schmerzlichen Abschied für meine Eltern, denn diese Gemeinde war ihre erste große Liebe. Es war auch die Zeit der intensiven Auseinandersetzungen mit dem Thema Staat und Kirche, als die Jugendweihe-Bewegung aufkam. Mit ganz offenen Anfeindungen und dem Versuch der Ächtung.

Für mich gab es eine Art »Nenn-Oma«, eine einfache, alte Frau, zu der bin ich später oft hingefahren. Wichtig waren natürlich auch meine Kieler Großeltern. Die kamen einmal im Jahre als etwas Besonderes, regelmäßig bis 1965, also auch nach dem Mauerbau. Einundsechzig, ich war sechsjährig, waren wir gerade zum achtzigsten Geburtstag meiner Großmutter in Kiel – meine Eltern mit uns beiden Mädchen. Meine Brüder waren zu Hause geblieben. Nachmittags kam ein Cousin lachend herein und sagte: Habt ihr schon gehört – die Mauer ist zu! Meine Mutter reagierte völlig fassungslos ... Wir sind dann zurückgefahren, eine beklemmende Situation im Zug. Es war keine Frage, daß wir zurückgehen, denn meine Brüder waren ja hier!

1959 sind wir nach Zwickau gezogen. Dort wurde – fünf Jahre nach mir – meine jüngste Schwester geboren, die geistig behindert ist. Es war für unsere Eltern, obwohl meine Mutter Ärztin ist, lange unklar, was mit ihr los ist, daß sie niemals selbständig würde leben können. Damit sind wir groß geworden. Dadurch, daß sie in so einen großen Geschwister-Kreis und in die Gemeinde hereinwuchs, wurde es einfach akzeptiert. Sie lebt und arbeitet seit einigen Jahren in einer beschützten Werkstatt. Meine Eltern sind nach der Pensionierung des Vaters in das Elternhaus meiner Mutter nach Kiel gezogen. Und da haben sie sie mitgenommen.

Ich bin 1955 geboren. Die Kindheit war richtig schön. Große Gärten, großes Pfarrhaus, immer waren andere mit am Tisch: Lehr-Vikare und junge Mädchen, die ein Jahr Haushaltshilfe machten. Ein offenes Haus, das ist mir heute ebenfalls wichtig: Beziehungen und Menschen. Die Kehrseite davon, das habe ich aber erst viel, viel später gemerkt und versucht, ein Stückchen nachzuholen: die Individuation – was bin ich selber und was will ich selber? Das ging in diesem großen Wir-Gefühl und in der Verantwortung für die kleine Schwester unter – ich war nämlich die nächste, die da dran war. Die Älteren kamen in ein Internat – waren also in der Woche weg von zu Hause. Dieses Gefühl, immer Verantwortung zu haben, war natürlich die Kehrseite. Es war schwer, sich einmal abzugrenzen oder zu gucken, was ist eigentlich meines. Und auch Grenzen für sich selber oder auch für die anderen zu akzeptieren. Das ist schon so ein Thema, was dann später wichtig geworden ist.

Und dann sind wir 1970 noch einmal umgezogen. Da hatte ich gerade die achte Klasse beendet, als mein Vater Superintendent wurde, also praktisch verantwortlich für die Ephorie war. Das war ein Einschnitt, den ich nicht gewollt und auch nicht gemocht habe, den ich mit viel Schmerzen erlebt habe, weil es ein Abschied war – ich will nicht sagen vom Paradies – aber doch von einer sehr schönen Zeit. Und weil gleichzeitig meine drei großen Geschwister aus dem Haus gingen – zum Studium und zur Ausbildung. Außerdem war das Klima dort in der Kleinstadt ein bißchen borniert, sehr kleinkariert, sehr eng, schon die engen, kleinen Straßen und Gassen. Der Job meines Vaters als Superintendent zog eine Isolierung nach sich. Ich bin dort auf die erweiterte Oberschule gekommen, aber wichtig wurde die Junge Gemeinde, wo ich meinen Mann kennenlernte – ziemlich schnell. Und ich hatte eine sehr wichtige und gute Freundin, die war außerordentlich selbstbewußt und in gutem Sinne selbstbestimmt. Das habe ich bewundert, ein bißchen beneidet, ein bißchen auch abgelehnt. Es hat mir imponiert, wie die einfach »ich« sagen konnte. Denn damals hatte ich viel mehr Ängste vor eigenen Auseinandersetzungen. Vorher war das klar: erstens hatten meine Geschwister den Weg schon ein Stückchen gebahnt, außerdem war klar, daß wir als Pfarrerskinder die Pioniere und die FDJ natürlich nicht mitmachen, daß wir von Anfang an in einer sehr kritischen Distanz dazu standen, was staatlicherseits vorgelebt, verordnet, indoktriniert wurde.

Ich las gerade die Lebenserinnerungen meines Vaters. Auch in Gesprächen ging es oft um die Frage: Wie habt ihr das Dritte Reich erlebt? Er war im Krieg in der militärischen Hierarchie nicht ganz unten, sondern hatte eine gehobene Position, die er sicher auch mit einem inneren Bild ausfüllte. Wir haben manchmal im Spaß gesagt: So ein kleiner General! Auch im positiven Sinn, dieses Planerische und Taktische. Auf der anderen Seite die Pflichterfüllung. Es gab damals in Zwickau noch einen anderen Pfarrer, der völlig anders war. Er hatte Bücher geschrieben, Gedichte, hat sich sehr der Kunst gewidmet. Mein Mann zog einmal den Vergleich: Der eine ist der Soldat des Herrn, der andere der Gärtner des Herrn!

Obwohl natürlich auch für uns die Frage immer war – gerade an meinen Vater: Warum habt ihr den Nationalsozialismus nicht durchschaut, warum habt ihr euch da so reingegeben? Von ihm kamen Antworten in die Richtung, daß seine Lebenserfüllung immer Pflichterfüllung gewesen sei, daß vieles unkritisch übernommen wurde. – Ich bin heute sehr dankbar, daß wir sehr kritisch erzogen wurden, manches wurde gar nicht ausgesprochen, aber es war einfach klar, daß vieles nicht geht. Das heißt, bei meinen Eltern ist ein Gespür geblieben für subtile Indoktrinationen.

Das erleben wir jetzt nach der Wende in einer ganz anderen Weise: zum Beispiel die Pharmawerbung. Das Gefühl ist da: Das kann nicht gut sein, wenn die Werbung in dieser Art und Weise daherkommt. Diese kritische Haltung haben wir übernommen, sie wurde ausschlaggebend in der Schule: Wir gingen nicht zu den Pionieren, nicht zur FDJ. Als wir dann umzogen, mußte ich mich selber behaupten, mit vielen Ängsten, und bin auch nicht zum Studium zugelassen worden. Die offizielle Begründung: »Mangels gesellschaftlicher Leistung«. Allerdings habe ich es über einen Einspruch letztlich doch erreicht, daß ich 1974 anfangen konnte Medizin zu studieren.

Mein Vater hatte bereits vor dem Krieg ein oder zwei Semester Theologie studiert und hat sich trotzdem ziemlich freiwillig für den Wehrdienst gemeldet, und dann ging es nahtlos in den Krieg über. Ich glaube, daß es damals diese Alternative für Theologiestudenten gab, als Feldgeistliche anzutreten. Aber die Semester haben ihm später im Hinblick auf die Gefangenschaft geholfen – er ist deswegen vorzeitig entlassen worden. – Erstaunlich war diese Freiwilligkeit schon, denn er stammte ja aus einer Theologenfamilie.

Das war auch immer unsere Frage an ihn. Vielleicht war es ja letztlich vergleichbar mit der DDR, wo eineinhalb Jahre Wehrdienst verpflichtend waren. Wenn man drei Jahre ging, dann kriegte man natürlich Vergünstigungen.

Es war wohl auch ein Stück Naivität. Er erzählte, daß er 1942 mal mit einem General einen Weg gegangen sei und dieser hätte ihm von den Verbrechen der Faschisten erzählt. Da wäre er völlig fassungslos gewesen. Diese Themen waren ausgeblendet, obwohl in seiner Heimatstadt auch ein Pogrom und eine Kristallnacht stattgefunden hatten, auch viele Geschäfte oder Leute verschwanden – aber darüber wurde nicht gesprochen. Man nahm an und akzeptierte es, daß sie irgendwie in ein Arbeitslager kommen ...

Ich habe erst spät begonnen, meine Eltern zu befragen, erst nachdem sie schon in den Westen übergesiedelt waren. Obwohl mein Vater viel erzählte aus der Vergangenheit, doch meist Dinge, die positiv beleuchtet waren, über das andere herrschte Schweigen oder es gab Andeutungen.

Das Positive war die Kameradschaft und das Herumkommen – in Italien ist er gewesen, in Rußland. Auch gab es Andeutungen zu seinem sogenannten zweiten Geburtstag, als er kurz vor einem Generalangriff wegen einer Verwundung ausgeflogen worden ist. Aber auch dabei eine Scheu, das wurde nur angetippt. Und die Scheu merke ich selbst. Direkt nach Schuld zu fragen ... das ist erst ein Thema, seitdem unsere Kinder größer geworden sind, die ihren Großvater noch kritischer befragen. Unser Sohn hat anhand von alten Fotos Fragen zu den Uniformen gestellt, und mein Vater hat daraufhin seine Lebensgeschichte niedergeschrieben. Auch eine Selbstreflexion. Besonders ergreifend seine Schilderungen des Kriegsendes, als sie in Bayern in Nacht- und Nebelaktionen von einem Heuhaufen zum anderen geflüchtet sind. Und wie plötzlich der Haß der Bevölkerung ihnen entgegenschlug. Es war für die Soldaten wohl ein großes Erschrecken, denn sie sagten: Wir haben doch für euch gekämpft! Aber es war vielleicht auch ein Erwachen: Wofür haben wir eigentlich gekämpft?

Ich habe meinen Vater einmal gefragt, ob es nicht klar gewesen sei, daß der 2. Weltkrieg ein Unrechtskrieg war. Seine Erklärungen gingen in die Richtung: Der Versailler Vertrag sei so etwas wie eine persönliche Kränkung gewesen, ein tiefes Unrecht für Deutschland. Mein Gefühl war aber, daß da viel Persönliches drin steckte, was es zu rechtfertigen oder zu korrigieren galt. Und dann war er vereidigt und konnte sich nicht mehr dagegen entscheiden.

Diese Fragen an ihn liefen parallel zu der meiner Brüder, ob sie Wehrdienstverweigerung und Zivildienst machen sollten? – Ob es im Faschismus nicht auch diese Möglichkeit gegeben hätte? Mein Vater sagte, daß dies unvorstellbar gewesen wäre. Es gab keine Alternative – höchsten als Deserteur und die Todesstrafe! Warum aber keine innere? Denn ich habe ihn später, in seiner Auseinandersetzung mit staatlichen Organen als widerständig und klar erlebt. Sicher nicht als Märtyrer oder Kämpfer, es gab klare Grenzen – was möglich gewesen war und was nicht.

In den Anfangsjahren in der DDR war vieles so offensichtlich unrecht, daß meine Eltern nur sagen konnten: Das kann nicht wahr sein. Zum Beispiel die erste Wahl: Als er hinkam, schrie jemand im Wahllokal: der Pastor kommt! Mein Vater sagte: Ich möchte wählen.

Daraufhin wurde er gefragt: Sind sie für den Frieden? Ja, was soll denn die Frage? Na, sind sie für den Frieden? Da sagt der Vater: Na selbstverständlich bin ich für den Frieden. Also: Stempel darauf: So, Sie haben gewählt! Für ihn war es die letzte Wahl. – Später auch in Zwickau: An einem Wahlsonntag machten wir regelmäßig einen großen Familienausflug. Weil wir nie zu Hause waren, ist es schon vorgekommen, daß dann ein Lautsprecherwagen durch die Stadt fuhr und sagte, daß Pfarrer von C. nicht auffindbar sei.

Ob mein Vater eine persönliche oder allgemeine Schuld fühlt wegen des Völkermordes an den Juden? Ja, ich denke, daß eine tiefe Schuld da ist. Die man sich eigentlich fast selber nicht eingestehen kann. Ich habe zum Beispiel bisher noch nie gewagt, mit meinem Vater über die Wehrmachtsausstellung zu sprechen. Ich weiß, daß er nicht bei der SA und bei der SS war und daß er sicher auch nie an Exekutionen teilgenommen hat – da hoffe ich zutiefst, davon überzeugt zu sein! Aber dieses Wissen darum, daß es so etwas gab, wie weit das verdrängt wurde ... Wenn ich es antippe, kommt sofort eine verteidigende Erklärungen und bei mir die Scheu weiter zu fragen.

Ich meine, ich habe ja auch letztlich in den DDR-Zeiten nur das gewußt, was ich wissen wollte. Und Andeutungen vielleicht auch von Inhaftierungen und von schlimmeren Repressalien ... da war so ein Angstschutzbalken: Das will ich jetzt nicht weiter wissen.

Die Rolle der evangelischen Kirche während des Dritten Reiches wurde in der DDR-Zeit meines Wissens nie diskutiert. Es wurde erst nach der Wende zum Thema, weil in DDR-Zeiten es staatlicherseits klar war, daß wir auf der Seite der Gerechten, der antifaschistischen Kräfte standen. Die evangelische Kirche selbst war in der DDR-Zeit mit der aktuellen Auseinandersetzung mit dem Staat beschäftigt. Das hat verhindert, daß sie rückwirkend Verstrickungen, Beteiligungen stärker reflektiert haben. Man hat die weiße Weste angezogen. Aus der Schulzeit habe ich noch Erinnerungen an Bilder aus Zeitschriften, auf denen Naziverbrecher in Bonn gefeiert wurden. Es war auch ganz, ganz selten, daß ein SS-Mitglied oder Nazi-Verbrecher hier entlarvt wurde. Wenn, dann gab es einen großen Tumult, und alle anderen konnten wieder ihre Hände in Unschuld waschen.

In den 80er Jahren fing die ganze Auseinandersetzung im konziliaren Prozeß und mit der Friedensbewegung an – diese Aktion »Schwerter zu Pflugscharen«. Ich erinnere mich an einen sehr bewegenden Gottesdienst – proppenvoll war der. Ein Jungendgottesdienst zum 13. Februar, zum Tag der Zerstörung Dresdens, als Geistliche darauf hinwiesen, daß es nicht nur das Unrecht der Zerstörung Dresdens gab, sondern eben auch umgekehrt die Zerstörung von Coventry und anderen Städten.

Zur jüdischen Problematik habe ich nie etwas gehört. Israel war ja von DDR-Seite her der Feind. Nach dem Sechs-Tage-Krieg waren die Fronten eindeutig klar, daß wir auf seiten der Palästinenser stehen. Mein Vater ist irgendwie an das Buch »Exodus« von Leon Uris drangekommen – es stand in der zweiten Reihe im Bücherschrank – wir haben es verschlungen. Noch eine andere frühe Erinnerung: Wir besuchten einmal diesen Onkel, den Superintendenten. Meine Tante gab mir ein Buch zum Angucken: »Der gelbe Stern«. Bilder der Deportation und von Auschwitz. Danach bin ich nachts schreiend rausgekommen aus dem Schlafzimmer. Diese Bilder haben mich verfolgt.

Auch meine Mutter hat nichts gemerkt, obwohl sie während des Krieges in der Nähe von Buchenwald arbeitete. Sie wußte nur etwas von einem Arbeitslager für Kriminelle. Später arbeitete sie in Bethel. Es hieß immer, daß es dort keine Euthanasie gab, weil Friedrich von Bodelschwingh sich stark dagegen gewandt hatte. Doch in einem Vortrag wurde dies vor kurzem relativiert: Es gab wohl auch von dort Verlegungen, d. h. Kranke wurden aussortiert zur Euthanasie. – Meine Mutter hat das als sehr starke Kränkung empfunden, daß auch das positive Bild von Bodelschwingh angetastet wurde. Es war für sie extrem problematisch, weil sie ihn immer verteidigt hatte ... Und immer parallel dazu die Haltung der DDR-Kirche in der Auseinandersetzung mit dem Staat, diese Grenzwanderung – inwieweit verhandle ich, um Schlimmes zu verhindern und muß auch Zugeständnisse machen oder inwieweit stelle ich mich konsequent dagegen – bis hin zur eigenen physischen und psychischen Liquidation, obwohl ich möglicherweise nichts verhindern kann.

Ob ich und meine Geschwister etwas mittragen von der Schuld im allgemeinen? Ich glaube schon, daß Schuld und Sünde ein wichtiges Thema sind. Dieses Verstricktsein auch damals und heute, auch wenn die eigene Situation in der DDR nicht parallel oder vergleichbar war, doch spürbar in der Diskrepanz zwischen eigenem Wunsch und eigenen Idealen, widerständig, frei und stark zu sein, aber sich immer wieder so reinzufügen in die Pflicht, die vorgegeben ist.

Bei meinen Eltern war das Thema, unbedingte Verantwortung für andere zu übernehmen, weil sie vielleicht damals Verantwortung nicht übernehmen konnten oder wollten. Daß ist auch bei meinen Geschwistern ein absolutes Thema. Es hat sicher noch viele andere Wurzeln, das christliche Ethos, aber es fällt auf, wie stark das bei uns zu Hause ausgeprägt war.

Erkennbar wird es, wie schwer das Thema Individuation auch meinen Geschwistern fällt, die ebenfalls intensiv versuchen, damit fertig zu werden. Meine Schwester ist Kunsthistorikerin in Leipzig, hat viele Jahre im Gemeindekirchenrat mitgearbeitet, war zur Zeit der Wende in der Nikolaikirche engagiert. Einer meiner Brüder ist auch Pastor geworden, der andere arbeitet ebenfalls in einer kirchlichen Organisation, der hat es sehr schwer mit diesem Gefühl, Verantwortung zu tragen. Wogegen er innerlich opponiert, aber nicht loskommt.

Individuation heißt ja wohl, eigene Bedürfnisse zu spüren, die Lust zum Leben, Lust zu einer Freiheit, wohingegen wir stark gebunden waren: an den Anderen, an dessen Bedürfnisse. Zuallererst den Anderen spüren und nochmals spüren und gar nicht mehr spüren, was und wer ich selber bin. Was für mich mit Grenzüberschreitungen und Grenzverletzungen zu tun hat. Wenn ich meine eigenen

Grenzen nicht kenne, nicht achte und nicht wahre, dann passiert es schneller, daß ich die Grenzen des Anderen überschreite. Selbst aus dem Gutgemeinten heraus nehme ich ihm damit auch Freiheiten.

Meine Eltern haben die christliche Seite sehr betont. Ausgesprochen wurde: Du als Pfarrerstochter mußt aufräumen, darfst Sonntagvormittag nicht ausschlafen ... was sollen die anderen denn denken! Die Familiengeschichte, das war wie eine geheime Lust, auch ein Stolz, unterschwellig, getragen von diesem Zusammenhalt und geprägt von einer Entindividualisierung. Ich kann mich noch erinnern an das ganz tiefe Gefühle als Kind oder Jugendliche, wenn wir zusammen als Familie zum Abendmahl gingen. Da wußte ich: Das hatte eine kolossale Ausstrahlung.

Positive Zuschreibungen gab es unterschwellig: Ihr seid doch etwas! Ein Geschlecht, ein besonderes Kollektiv, eine Gruppe. Wahrscheinlich hatten wir spezielle Riten, die einem aber selber überhaupt nicht bewußt waren. – Für mich kostete es viele Auseinandersetzungen mit dem völlig Anderen, was ich von meinem Mann erfuhr, es gab viele Differenzen, viele Kämpfe. Es tut ja weh, wenn etwas Vertrautes hinterfragt wird, aber andererseits habe ich das Andere auch immer als Chance begriffen.

Meine Eltern hatten einen riesigen Bekanntenkreis, der kirchlich bestimmt war. Ich weiß noch, daß sich meine Schwester und ich als Jugendliche mokierten über Verwandte im Westen, weil bei denen Bälle und so ein Schnickschnack eine Rolle spielten.

Natürlich blieb etwas von der Kriegs-Hungerzeit hängen. Meine Mutter hatte in Osnabrück kärglichst angefangen. Es blieb eine starke Sparsamkeit und Achtung allem gegenüber. Es wurde nichts weggetan. Eine Vorratswirtschaft wurde deswegen nicht angelegt, weil es zu wenig reale Möglichkeiten dafür gab. In meiner Kindheit kamen regelmäßig jeden Monat riesige Lebensmittelpakete von den Kieler Großeltern, diese Ramakartons mit Grundlebensmitteln: Butter, Haferflocken, Backmargarine. Dann lebten wir auch von dem großen Pfarrgarten, mit vierzig Tomatenstöcken. Außerdem gab es eine christliche Sorglosigkeit: Es wird schon reichen, auch noch zum Abgeben für andere!

Als ich 1986 zum ersten Mal – zum 70. Geburtstag meiner Mutter – nach Kiel ausreisen durfte, fühlte ich mich nach dem ersten Markteinkauf total erschlagen. Ich brauchte einen Schnaps, um diesen Überfluß zu verdauen. Wie haltet ihr das aus, oder wie lebt ihr damit? Andererseits bewunderte ich meine Eltern, die ihren Lebensstil ungebrochen fortsetzten: karg und bescheiden.

Beibehalten hat mein Vater auch eine gewisse Ängstlichkeit. Ein Gegenpol zu seinen preußischen Tugenden. Bei uns älteren Geschwistern gibt es auch eine mehr oder weniger ausgeprägte Depressivität. Bei einem meiner Brüder sehr stark und schmerzhaft, mit richtigen depressiven Schüben. Wir haben alle erst in späten Jahren hingeguckt, was für uns selbst gut ist, nicht nur immer für die anderen, also Therapien gemacht. Ich höre oft, daß ich selbst traurig aussehe. Das ist etwas, was sich meine Eltern nie gestattet hätten, so nach dem Motto: Uns geht es doch gut und Gott sorgt für uns ... Aber auch: mach uns nicht noch mehr Sorgen, weil die Jüngste schon genug Sorgen machte!

Ich wünschte mir, daß meine Mutter nicht so hart und unduldsam zu sich selbst und zu anderen wäre. Damit überschreitet sie auch die Grenzen von unserer behinderten Schwester, nimmt ihr die Möglichkeit, selber etwas zu entwickeln. Wenn ich es vorsichtig antippe, ist sofort eine massive Kränkung da, weil sie sich ja für sie aufgeopfert hat. Sie hat Schuldgefühle, sie war vierundvierzig, als sie geboren wurde. Aber sie zieht auch viel daraus, daß sie abhängig ist. Mir kommt es wie eine umgekehrte oder verknotete Depressivität vor. Ich habe manchmal die Phantasie, daß es für meine Eltern sehr schwer werden wird zu sterben. Weil sie das Gefühl haben, diese Schwester nicht allein lassen zu können.

Es gibt einen wichtigen Bruch besonders bei meinem Vater, und zwar in bezug auf das innere Bild oder die inneren Ideale, ein Bruch durch die Erfahrung in der Gefangenschaft. Wo plötzlich das Selbstbild nicht mehr stimmte. Auch dieser Auftrag, den er innerlich von den Großeltern bekommen hat: Du mußt in deiner Pflichterfüllung treu sein – bis zuletzt. Ein Stück Verrat am eigenen Selbst. Mit enormen Spannungen. – In den Lebenserinnerungen meines Vater hat mich gestört, daß er so viel erzählt von den äußeren, aber wenig von den inneren Dingen. Minutiös die Abfahrtszeiten von Zügen, aber nichts von seinem Inneren. Ich habe schon früh gespürt, daß es noch eine andere Erlebnisschicht, wie ein anderes Leben, einen anderen Lebensraum oder Erlebensphäre gibt als die der aktiven äußeren Welt. Ich habe sie mir dann selbst gesucht in der Psychotherapie, um in diese Sphäre des Unbewußten ein Stück einzusteigen. Es war wie eine Sprecherlaubnis.

Mir wurde es deutlich in bezug auf Schwangerschaftsabbrüche. Von meinem Mentor aus dem Westen habe ich gelernt, daß es gar nicht um die Entscheidung, geschweige denn um ideologische Positionen zum § 218 geht, sondern um das Erleben, was mitschwingt. Ich kann mich gegen ein Kind entscheiden, aber trotzdem ist Trauer am Platz. Es wäre von meiner Erziehung und Vergangenheit nicht möglich gewesen, das zu kombinieren. Oder: Es ist auch möglich, sich für ein behindertes Kind zu entscheiden, aber trotzdem Trauer, Wut, auch Aggressionen zu spüren. Früher hätte es – ketzerisch ausgedrückt – geheißen: Was Gott tut, das ist wohlgetan! Ich habe diese Aufgabe auferlegt bekommen und hab' sie zu tragen. Gott wird mir schon die Kraft geben. Es ist ja alles nicht falsch, nur so undifferenziert, ausschließlich positiv interpretiert. Denn in dem Satz steht nicht drin, daß man nicht mal hadern darf oder aufbegehren oder darum kämpfen darf, daß man die Aufgabe vielleicht sogar zurückgeben möchte!

Dieser Mentor sagte einmal: Ich spüre Tiefe bei dir, aber die Verbindung fehlt. Ich glaube, die durfte nicht gelebt werden. Es war eine Diskrepanz zwischen dem Aktivsein und meinen Gefühlen und dem, woraus ich gespeist werde, den natürlichen Kraftquellen. Es gilt, sie einfach fließen zu lassen, mit dem Wagnis, daß nicht alles in den gleichen Kanal fließt, der immer nur positiv ist.

Die Depressionen von uns drei Geschwistern machen aufmerksam auf diese Tiefe. Ein Signal nicht nur an die Eltern. Auch als eigene Aufmerksamkeit, anders mit den religiösen und emotionalen Tiefen umgehen. Seitdem mir das bewußt ist, spüre ich eine ganz andere Lebendigkeit für alle Lebensvorgänge. Und spüre, wenn das zukrustet. Ich erlebe es als Lebensauftrag.

Den positiven Gewinn würde ich in der Signalwirkung sehen: Kümmere dich um dieses emotionale Schwergewicht. Guck' einmal, wo im Leben Tiefe erfahrbar ist und wo die tiefen Quellen herrühren. Wenn ich keine Depression hätte? Ich würde wohl mehr Patienten haben, oberflächlich noch aktiver sein. Niederwalzen fällt mir ein, plattwalzen, meiner Umgebung mehr Druck machen. Ja, die Depression verlangsamt und zentriert! Doch bei meinem einen Bruder ist die Depression energiebindend, sie bindet seine Kreativität und seine schöpferischen Kräfte. Bei mir dagegen ist sie eher energiefreisetzend.

Kommentar zu Elisabeth T.

Eine Kindheitsbiographie, die unter dem Motto »Du sollst nicht merken«, diesem Titel von Alice Miller, stehen könnte. Oder, wie Gabriele Rosenthal in ihrem Buch über die 3. Generation in Opfer- und Täterfamilien nach dem deutschen Faschismus schreibt: Weniger das Gesagte als vielmehr das Ungesagte zeigt Wirkungen.

Elisabeth ist eine scheue Frau, grazil und mädchenhaft wirkend, verschlossen auf den ersten Blick, mit sehr traurigen Augen. Ihre Augen haben aber auch die Intensität eines Arztblickes, der rasch und gründlich erfaßt, was geschieht und was unter der Oberfläche schlummert. Viel Vorsicht ist zu spüren, und erst zum Ende unseres Gespräches bekommt dieses Tiefe, wird in Ansätzen persönlich und kreist immer wieder um die Depressionen, unter welchen drei Geschwister leiden.

Eine Depression ist immer eine Hinwendung zu dem Nichtlebendigen-Teil in uns und beinhaltet ja auch die Möglichkeit, sich selbst sein eigenes Leben abzuschneiden, wegzunehmen, also sich selbst vom Leben zur Erstarrung und sogar zum Tode zu befördern. Sie ist, letzten Endes, immer auch eine höchst aggressive Haltung und Handlung, ein Mord des Selbst, oftmals, wie die Familientherapie uns lehrt, stellvertretend für einen Mord an jemand anderem. Dieser andere kann ein Mensch in der unmittelbaren Umgebung sein, der die Wut provoziert, aber gegen den die Wut nicht ausgedrückt werden darf. Lieber runterschlucken als rauspowern! Lieber eine Ruhigstellung als die Wahrheit. Ein noch tiefer liegender Grund könnte sein, daß ein Mitglied aus den Generationen zuvor das Thema des Mordes, des Selbst-Mordes in die Familie getragen hat.

In der Familie fällt auf, daß drei Schwestern der Mutter als kleine Kinder an verschiedenen Krankheiten früh starben. Die Mutter selbst – als einzige überlebende Tochter – hat sich deswegen schwer getan, ihrem geliebten Mann in die damalige DDR zu folgen, ihre Eltern zu verlassen – auch in die ungewisse politische Zukunft hinein. Sie bekommt drei Kinder, die später unter Depressionen leiden, und eine behinderte Tochter. Da nicht anzunehmen ist, daß in dieser sehr christlichen Familie die drei kleinen toten Schwestern der Mutter nicht gewürdigt wurden, scheinen die Depressionen ihrer eigenen Kinder nicht daher zu rühren, daß sie diesen Toten »nachfolgen« wollen, wie Bert Hellinger es ausdrückt. Ein Phänomen, das in vielen Familienaufstellungen deutlich wird: Mitglieder der gleichen oder sogar nachfolgenden Generationen »übernehmen« symbolisch oder sehr konkret (durch Krankheit oder Tod) das Thema der vorangegangenen und wollen sogar dem Toten in »den Tod folgen«. Sie opfern sich damit unbewußt, um die innere Familienbalance auszugleichen. Denn, so Hellinger, in einer Schicksalsgemeinschaft über mehrere Generationen hinweg sind alle aneinander gebunden, und es entsteht folgende, enorm stark wirkende Dynamik: Die Gesunden wollen den Kranken ähnlich werden, die unschuldigen Kinder den Schuldigen, die Glücklichen den Unglücklichen, die Lebenden den Toten. Das Sippen- oder Gruppengewissen drängt unbewußt zu einem Ausgleich. Es wirkt besonders deutlich und tragisch, wenn ein früheres Drama keinen abgerundeten und ehrenvollen Abschluß gefunden hat. Wenn zum Beispiel die Toten nicht beerdigt oder sogar vergessen und verdrängt wurden.

Helga Schmidt, eine Familientherapeutin, hat folgende Erfahrungen gemacht:

»Am schwersten zu sühnen ist der Tod im Kindbett. Denn der Mann, der seine Lust nicht zügeln konnte und zu früh Sexualität mit seiner Frau erzwingt, wird als Mörder betrachtet, was zu einer Entwürdigung des Paares führt und wofür andere sühnen müssen. – In Adelsfamilien, in denen Traditionen besonders gepflegt werden, kann eine Dynamik bis in die 6. Generation reichen. Im Moment habe ich, und auch viele andere Kollegen, unglaublich viele Kinder und Jugendliche, die Suizid versuchen oder psychotisch werden. Wenn dies aus uneinsichtigen Gründen geschieht, hat es meist mit Nazi-Verstrickungen zu tun.«

Ein Sujet in der Weltliteratur, auch in vielen Gespenstergeschichten: Zu Gespenstern werden ermordete, verkannte, nicht begrabene, nicht versöhnte, aus der Familie verstoßene oder abgetriebene Vorfahren, die so lange ihr Unwesen treiben, bis es eine Auflösung des Problems gibt. Die Los-Lösung ist – therapeutisch inszeniert – oftmals möglich, indem die Toten geehrt und ihre Position oder Rolle im Familiengefüge auf (nachträgliche) Anerkennung und Würdigung stößt. Denn die »Gespenster« sind das »personifizierte« schlechte Gewissen innerhalb der Familie.

Wenn Kinder sterben, folgt daraus immer ein schlechtes Gewissen auf seiten der Eltern. Selbstvorwürfe, nicht genug aufgepaßt, nicht alles menschenmögliche getan zu haben, auch das Gefühl, daß die Kinder für eigene Sünden büßen mußten. Können diese Schuldgefühle nicht bearbeitet werden oder sind sie zu stark, kommt es nicht selten zu einer Verschiebung oder Projektion: Sie werden den lebenden Kindern aufgebürdet, die nun ihrerseits Schuldgefühle haben, daß sie überlebten, während die – nicht selten scheinbar stärker geliebten Kinder – sterben mußten. Oder die nachfolgenden

Kinder bekommen die Namen der Toten und haben von der ersten Lebenssekunde an eine enorme Bürde zu tragen: So zu sein wie die Toten oder doch zumindest die Eltern zu »entschädigen« für diesen Verlust. »Memorial Candels« heißen sie im Englischen, so auch der Titel des Buches der israelischen Autorin Dina Wardi über die 2. Generations-Problematik nach dem Holocaust.

Elisabeths Großeltern verloren drei Töchter. Da kann von schweren Schuldgefühlen ausgegangen werden, die die einzige Tochter wahrscheinlich zum Teil übernahm. Sie bekommt ihrerseits eine behinderte Tochter und quält sich mit Selbstvorwürfen, weil sie damals bereits relativ alt war. So ist es nicht unwahrscheinlich, daß Elisabeth und ihre Geschwister an diese Kette von Schuld angeschlossen sind, in diesem Schuldturm sitzen müssen.

Depressionen kann man übernehmen. Zum Beispiel von den Eltern, wenn diese ihre eigenen depressiven Tendenzen nicht gelebt, vielmehr stark unterdrückt haben. Elisabeth schildert, daß in den Lebenserinnerungen ihres Vaters in erster Linie positive Darstellungen Platz fanden. Und sie die penible Genauigkeit, wie er Zugpläne notierte, abstößt. – Bei der Erwähnung von »Zugplänen« fallen dem Zuhörer sofort die Pünktlichkeit und deutsche Akkuratesse ein, mit denen die Züge nach Auschwitz und Treblinka rollten, deren Abfahrtszeiten, Strecken und Ankunftszeiten deutsche Beamten penibel festlegten und anschließend notierten ... Befehlsempfänger, die ihre oftmals winzige, aber bedeutungsvolle Aufgabe pflichtgemäß ausführten: unschuldig-schuldig am Gesamtgeschehen, die »Banalität des Bösen«, wie Hannah Arendt es formulierte, repräsentierend.

Rosenthal, die detailliert Familien von Überlebenden der Shoa und von Nazi-Tätern untersuchte, stellte immer wieder fest, daß

»Mitläufer und Täter ihre leidvollen Erlebnisse meist aus ihrer Lebenserzählung ausblenden. Stundenlang kann ein ehemaliger Soldat über seinen Einsatz an der Ostfront oder eine Zivilistin von den letzten Kriegsmonaten in einer umkämpften Stadt mit täglichen Luftangriffen erzählen, ohne daß auch nur ein Sterbender oder Toter ... vorkommt. Sind die Erzählungen der nicht-verfolgten Deutschen zwar nicht selten larmoyant und dienen häufig dazu, den Biographen ... als Opfer dieser Zeit zu präsen-

> tieren, so werden dennoch die erlebten Szenen des Schreckens, der Todesangst, des Sterbens anderer Menschen, der Verwüstung, und ebenso die mit Schuldgefühlen verknüpften Erlebnisse der Verfolgung und Vernichtung wie auch der unterlassenen Hilfeleistung meist nur angedeutet und erzählerisch nicht expandiert. Die eigentlich bedrohlichen und belastenden Erlebnisse sind nur noch anhand der Verweisungen rekonstruierbar. An ihrer Stelle werden weniger bedrohliche Geschichten erzählt – Deckgeschichten« (Rosenthal 1997, S. 36).

Und darin unterscheiden sich die Erzählungen der nicht-verfolgten Deutschen von Überlebenden der Shoa: Diese bemühen sich, Worte für das unvorstellbare Grauen zu finden, wenn auch oftmals erst in den letzten Jahren, also im hohen Alter. Sie versuchen zu enthüllen, während die Mitläufer in ihren Erzählungen zu verhüllen suchen.

Elisabeths Eltern »durften« nicht offen depressiv werden. Ein inneres Verbot ist anzunehmen, denn Gott sorgte doch für sie, immer und zu jeder Zeit. Da bereits der Großvater väterlicherseits Pfarrer war, muß dieses Gebot ihrem eigenen Vater schon zu Kinderzeiten geläufig gewesen sein. So wie es in dem Lied Nr. 299 des Evangelischen Gesangbuches heißt: »Was Gott tut, das ist wohlgetan,/ er wird mich wohl bedenken;/ er als mein Arzt und Wundermann/ wird mir nicht Gift einschenken/ für Arzenei; Gott ist getreu ...«. Da gibt es keinen Platz für Hader, unzufriedene Gefühle, für Zweifel oder sogar den Wunsch, eine Aufgabe als zu schwer wieder »zurückzugeben«. Elisabeth bestaunt diese mögliche, denkbare und gegenteilige Position erstmals bei ihrem Mentor, einem Psychoanalytiker, in bezug auf die Diskussion über Abtreibungen, die kurz nach der Wende – provoziert durch die unterschiedliche Handhabung in Ost und West – auch unter Ärzten und Therapeuten heftig entflammt. Bei ihrem Vater und auch bei ihr selbst geht es immer um »Pflichterfüllung – treu bis zuletzt ... in der unbedingten Verantwortung für andere«! Doch wo lag dieses »zuletzt« bei ihrem Vater während des Krieges, als er sich »ziemlich freiwillig« zur Wehrmacht meldet, obwohl er als Theologiestudent nicht zum Waffendienst hätte einrücken müssen?

Trotz vieler Gespräche und eines vordergründig offenen Verhältnisses zwischen Eltern und Kindern besteht ein merkbares Tabu in dieser Familie, nicht an den wirklich wichtigen Dingen aus dem Leben der Eltern zu rühren, besonders des Vaters. Sigmund Freud (GW Bd. 9, S. 85) beschreibt das Tabu als Gewissensgebot, dessen Überschreitung starke Schuldgefühle hervorrufen kann. Er kommt zu folgender Differenzierung: Ein Tabu drückt sich in Verboten aus, ein Geheimnis muß nicht unbedingt mit einem Verbot verknüpft sein. Doch spüren alle Familienangehörigen es, selbst, wenn sie keinerlei Kenntnis von den Fakten und dem Inhalt haben. Auch muß es bei Tabus oder Geheimnissen keineswegs immer um harte Tatsachen und grauenvolle Taten gehen, oftmals entsteht dieser Gefühlsuntergrund ausschließlich durch verleugnete Gefühle. Elisabeth formuliert es – unbewußt – ähnlich hoffnungsvoll: Von des Vaters Unschuld »hoffe ich zutiefst überzeugt zu sein!« Erst die eigene Therapie »erlaubt« Elisabeth, sich mit den familiären Schattenseiten auseinanderzusetzen. Vorher waren unter dem Deckmantel der Gläubigkeit an einen wohlmeinenden Gott negative Gefühle verboten.

Tilmann Moser, Psychoanalytiker und Körpertherapeut, schreibt in dem Buch »Gottesvergiftungen«, seiner vehementen Auseinandersetzung mit einem seine kindliche Seele vergiftenden und zersetzenden Gottesbild, über seine eigene Familie: »Im Grund hattest du (Gott, A. v. F.) also unser aller Seelen gepachtet, so daß wir ohne dich einander keine Gefühle mitteilen konnten« (1980, S. 60). Und über seine Wut als Teenager schreibt er:

> »Es war Wut und Erstaunen gleichzeitig, daß du den Eltern bedeutsamer warst in vielen Stunden als die eigenen Kinder, und dies mit einer solchen Selbstverständlichkeit, daß der Zweifel an deiner Realität absurd gewesen wäre. Ein Teil meiner Wut auf dich kommt daher, daß wir Kinder eingespannt wurden in die Gottesgeschäftigkeit der Eltern.« (S. 67). »Wollte ich überhaupt Gefühle von Geborgenheit, Sicherheit und Übereinstimmung (mit den Eltern, A. v. F.) erleben, so mußte ich singen und glauben, wollte ich die Selbstachtung wahren, so mußte ich trotzig schweigen ...« (S. 74).

Elisabeth sagt: Es sei darum gegangen, nur den anderen zu spüren, nicht sich selbst. In dem ersten Gebot heißt es jedoch: Liebe deinen Nächsten, wie dich selbst. Mit der Betonung auf dem WIE. Denn weisen Menschen ist klar, daß ohne Selbstliebe andere nicht geliebt, sondern narzißtisch mißbraucht werden: zur eigenen Erhöhung, um sich überlegen und helfend, damit auch besser zu fühlen. Altruismus und Caritas vermögen tatsächlich oft die eigene Depression über Jahre im Zaum zu halten.

Wenn wir fragen: Welche Themen wären bei ihrem Vater, dem »kleinen General«, an die Oberfläche gekommen, wenn er sich, wie seine Tochter, eine »zentrierende und verlangsamende« Depression gegönnt hätte? Es läßt sich nur spekulieren, welche Wut über eigenes Versagen, eigene Blindheit, eigene Grenzen für ihn zu spüren gewesen wären, welche Wut auf die Verführer, Wut auf seinen eigenen Vater, der – sogar als Pfarrer – nicht verhindert hatte, daß sich dieser junge Sohn freiwillig zum Dienst an der Waffe meldete? Wut auf die Kirche und ihre unmenschliche Haltung während des Faschismus, Wut auf einzelne ihm bekannte Pastoren ... Und welche Trauer wäre zu spüren gewesen, Trauer um verlorene und vorübergegangene Möglichkeiten, während des Faschismus etwas dagegen zu tun: »aufrecht und widerständig«, wie seine Tochter ihn später zu DDR-Zeiten erlebte. Aber, so wünschen wir ihm, vielleicht gelang ihm ja mit diesem Widerstand zu späterer Zeit ein innerer Ausgleich ...?

Doch scheint mir, als sei die Depression Elisabeths wirklich zu Teilen vom Vater übernommen worden: ungelebte Möglichkeiten, verknüpft mit Schuld und Scham, verdeckt durch Schweigen. Auch als Kehrseite des »Auserwähltseins«: als Pfarrerstochter und Widerständige. Aber dies war, als schwere Bürde, auch wieder einmal eine enorme »Verpflichtung«. Ein zentrales Thema für Elisabeth. Es geht bei ihr immer wieder um das Wir-Gefühl, welches auf Kosten der Individualität herhalten mußte, um die Pflicht zu erfüllen, ganz wie die eigene Mutter. Anders hätte ihre Mutter wohl auch gar nicht ihr Leben bewältigen können: als Pfarrersfrau inmitten der Gemeinde, mit den eigenen Kindern, schwerer Gartenarbeit, den Sorgen um das behinderte Kind und ihrer Arbeit als Ärztin. Es ist kaum vorzustellen, daß es bei ihr ein ausgeprägtes und gelebtes »ICH« gab, welches etwas fordern und für sich verlangen durfte, und die gleichzeitig wahrscheinlich von der Tochter viel verlangte, denn sie »war hart zu sich selbst und zu anderen«.

Elisabeths Mentor hat das Dilemma von Elisabeth wunderbar auf einen Nenner gebracht: Sie habe viel Tiefe im Religiösen und viel Tiefe im Emotionalen, aber beides sei noch nicht miteinander verknüpft. Dies macht deutlich, wie gespalten die beiden Bereiche gehandhabt werden mußten, und das wohl seit Generationen!

Tilmann Moser formuliert diesen Tatbestand eines ständig präsenten Gottes in seiner streng protestantischen Familie sehr hart: »Du warst das permanente Zusatzangebot im Lächeln der Eltern, in ihren Sorgen, und die waren riesig ... Auch die Eltern hatten schon die Nähe zu ihren Eltern wesentlich da erfahren, wo sie in deinem Namen dienten, gehorchten und glaubten. Jede Nähe und Intimität war gottesverseucht: im gemeinsamen Gebet erreichten wir die größte Nähe, eine jenseitsorientierte Verwandtschaft, die bei mir lange zu der Vorstellung führte, daß dereinst im Himmel vielleicht eine psychische Wiederzusammenführung der Familie stattfindet ...« (1980, S. 30). Wenn Nähe nur und ausschließlich mit Gott in der Mitte erfahren wird, dann muß ein Kind etwas Lebenswichtiges vermissen, nämlich Nähe und Intimität mit seinen Eltern um seiner selbst willen, nicht verknüpft mit dem permanenten Gutsein, dem Gott wohlgefälligen Leben. Denn das Fatale und oftmals Krankmachende, das zu ekklesiogenen Neurosen führt, ist die Allgegenwart des strafenden Gottes in jedem Kinderleben, und das nicht nur bei kleinen, läßlichen Kinder»sünden«:

> »Das Schlimmste? ... daß du alles hörst und alles siehst und auch die geheimen Gedanken kennst. Hier hakt es sehr früh aus mit der Menschenwürde; doch dies ist ein Begriff der Erwachsenenwelt. In der Kinderwelt sieht das dann so aus, daß man sich elend fühlt, weil du einem lauernd und ohne Pausen des Erbarmens zusiehst und zuhörst und mit Gedankenlesen beschäftigt bist« (S. 13).

Bei diesen Kindern wird eine Depression regelrecht provoziert, weil sie permanent »Gott traurig machen«, wenn sie genascht oder geschwindelt, onaniert oder jemanden geboxt haben. Und sich noch nichteinmal – so sie protestantisch sind und nicht die Erleichterung der Beichte haben – vergewissern können, ob »Gott wieder gut ist«, also weiter mit der felsenschweren Verantwortung leben müssen, Gott traurig gemacht zu haben. Ebenso traurig wie höchstwahrscheinlich ihre eigenen Eltern, die auch nicht direkt wütend, sondern nur gebremst bedrückt über Kinderverfehlungen sein konnten.

Elisabeth T. verfällt manchmal in eine »verlangsamende und zentrierende Depression«. Sie beschreibt damit einen Zustand, den Dörthe Binkert in ihrem Buch »Die Melancholie ist eine Frau« (1995) als Melancholie definiert, als »Wehmut«, welche kommt und auch wieder geht wie eine schwarze Wolke. Es ist die Fähigkeit, Abschied zu nehmen von Zuständen, Begebenheiten, Idealen, vom Wunsch, daß die Welt eine bessere wäre:

> »Melancholie ist kontemplatives Innehalten, bereitet auf das Neue vor, auf neues Leben und neue Aktivität ... Es ist die Zeit der leisen Töne, der Wehmut, der ›süßen Trauer‹, des Rückzugs und der Nachdenklichkeit, der äußeren Passivität und scheinbaren Unfruchtbarkeit ... die melancholische Seele schwingt sich mit großen Schwingen hinauf in den Himmel und über sich selbst hinaus in eine gesteigerte Welt- und Selbstwahrnehmung.« (S. 16 ff.).

Die Melancholie ist eine Frau: Es geht um die »Wiedergewinnung einer melancholischen Bestimmung«, die in den vergangenen Jahrtausenden der Frau sukzessive abgesprochen wurde. Das Patriarchat habe durch die Verachtung des Weiblichen diese Eigenschaften ins krankhaft Depressive umdefiniert. Und der Feminismus habe zwar die Wut hervorgeholt und betont, doch die Wehmut verschwiegen. Die weibliche Melancholie beinhaltet die Ambivalenz »Leben und Tod«, während der Mann, dem ursprünglich die Depression entspricht, in der Spannung zwischen »Leben oder Tod« steht. Dadurch ist eine paradoxe Situation entstanden:

> »Der Mann ist depressiv, darf es aber nicht sein, weil dies dem männlichen Rollenbild von Kontrollfähigkeit und Tatkraft widerspricht. Die Frau ist melancholisch, aber ihr ist das Bewußtsein ihrer Melancholie abhanden gekommen. Sie übernimmt das vom Mann abgelehnte Gefühl und wird dafür therapiert.« (S. 22)

Das Ziel wäre, wenn sich sowohl Frauen auf die Kraft und Kreativität der Melancholie zurückbesännen, als auch Männer ihrem melancholischen Anteil mehr Raum gäben, was manche destruktive und selbstdestruktive Akte überflüssig machen und Depressionen sowie die verzweifelten, hektischen und suchtartigen Aktivitäten zur Depressionsabwehr verhindern würde.

Und so wünscht Elisabeth ihrem Vater solch einen melancholischen Zustand, in welchem das Verlorene in der Erinnerung aufbewahrt wird. Die Melancholie »erinnert sich an das, was war und nicht mehr ist (oder an das, was nicht war, aber hätte sein können), macht es in der Phantasie lebendig, holt es hervor und heran. Sie integriert es immer wieder in das Gegenwärtige, so daß dieses zu der größeren Ganzheit einer Lebensgeschichte abgerundet und erweitert wird. In diesem Sinn ›heilt‹ die Melancholie Wunden und Brüche, indem sie immer auch das Verlorene in das Fühlen der Gegenwart miteinbezieht.« (S. 14)

Der Stolz ist vorbei
Oder: Nicht jammern, kämpfen!

Alice G., 1940 in Pommern geboren, in München lebend, unverheiratet, Schriftstellerin

Wir sind drei Geschwister. Meine Schwester wurde vor dem Krieg geboren, mein Bruder und ich sind Kriegskinder. Eine typische Flüchtlingsfamilie: der Vater Soldat, wir mit der Mutter ständig unterwegs, ohne festes Zuhause. Meinen Vater lernte ich erst kennen, als ich schon sieben Jahre alt war.

Die Familie stammt aus Pommern. Nach dem Tod meines Großvaters wurde das Gut von seiner Frau geführt – einer kleinen, zierlichen Person, berühmt für ihre Schönheit, aber einer hochenergischen und leider auch berüchtigt biestigen Herrin. Sie hat meinen Vater mit drakonischen Strafen gezwungen Landwirtschaft zu studieren, hat ihn aber trotz Diplom nie zurückgeholt und auch nach der Flucht ihren Erbanspruch nie an ihn abgetreten. Der Jüngste war der einzige Liebling. Die Schwestern haben ganz schnell weit weg geheiratet. Mein Vater blieb das Haßkind: zu weich, zu sensibel, ein Träumer, der so gerne Musiker geworden wäre und Gedichte schrieb. Also alles andere als der geborene Gutsherr, aber mit einer großen Liebe zur Natur, zu den Wäldern und seiner Heimat.

Meine Mutter wuchs in Berlin und Potsdam auf, eher karg und spartanisch, als Offizierstochter. Doch sie hatte drei umschwärmte Brüder, und es muß im Haus sehr geräuschvoll und fidel zugegangen sein. Alle drei sind im Krieg gefallen! Man kann sich vorstellen, was es heißt, wenn in einer Offiziersfamilie nur die Tochter übrig bleibt! Da sie nach der Hochzeit in Pommern nicht willkommen war und mein Vater kein Geld bekam, war es ihr Vater, der preußische Major, der einen kleinen Hof für das junge Paar pachtete. Aber meine Eltern haben sich da nie wohl gefühlt. Dann kam auch schon der Krieg. Die Pacht wurde gekündigt, und für uns begann ein Zigeunerleben: eine Woche hier, zwei Monate da, von Verwandten zu Verwandten.

Für meine Mutter muß es wirklich schwer gewesen sein, ihre Kinder so durchzubringen. Eine höhere Tochter, nur für die Ehe erzogen, und dann plötzich ohne Mann, ohne Zuhause, ohne Perspektive, immer nur irgendwo zu Gast. Wie viele Frauen im Krieg hat sie Talente entwickelt, von denen sie gar nichts ahnte, und eine unglaubliche Zähigkeit und Kraft. Ich habe großen Respekt vor diesen Frauen.

Hunger war unser Alltag. Zu essen gab es Stoppeln, Nüsse, Pilze, Rübenschnitzel. Ich war für Wiesenkräuter und Bucheckern zuständig. Am liebsten mochte ich Mais – Hühnermais! Meine Mutter wurde noch Jahrzehnte später grün im Gesicht, wenn sie das Wort nur hörte. Aber ich bin damit aufgewachsen: Maisklümper, Maisbrot, Maiskuchen. Als Buschmann würde ich für Raupen und Heuschrecken schwärmen. Ja freilich fühlte ich die Entbehrung, ich war unterernährt und krank, es gab Neid auf die Bauernkinder. Aber das war der Normalzustand, kein Leidenszustand. Ein extremer Tiefpunkt, aber eben mit viel Spielraum nach oben. Dafür bin ich richtig dankbar. Denn durch diese existentielle Erfahrung habe ich schon meinem vier Jahre jüngeren Bruder etwas voraus, weiß, was es heißt, zu überleben. Vor Nahrung habe ich eine tiefe Achtung, Überfluß brauche ich nicht, ich kann noch mit kindlicher Freude genießen. Und bei meinen Reisen in die Dritte Welt zerfrißt es mich auch nicht vor schlechtem Gewissen oder Pharisäer-Mitleid, sondern ich präge mir immer wieder ein, wie man dort trotzdem durchaus glücklich bleibt.

Nach dem Krieg landeten wir in Franken auf einem Gut, das eigentlich ein Bruder meiner Mutter erben sollte. Er war gefallen. Der Onkel schmiß uns raus. Meine Mutter kam mit den Geschwistern auf dem Dachboden rührend einfacher Dorfleute unter. Ich zog mit den Großeltern ins Nachbardorf. Diesen Großvater habe ich über alles geliebt. Ein begnadet humorvoller Charmeur. Seine Trauer und Verbitterung über den Tod der Söhne zeigte er uns nie. Aber er starb schon 1947.

Die Großmutter dagegen ganz bescheiden, ganz still. Introvertiert, aber sehr energisch. Sie entstammte zwei berühmten Forscherfamilien. Ihr haben wir unsere gesamte weitere Zukunft zu danken. Denn sie konnte einen Teil ihres Vermögens retten. Sie hat uns ein Haus gebaut und dafür gesorgt, daß wir Kinder eine gute Ausbildung bekamen. Ihr Schicksal trug sie mit unglaublicher Fassung, mit preußischer Disziplin, aber auch mit brutaler Härte gegen sich selbst. Sie hat immer von der Verpflichtung gesprochen, die wir Gott gegenüber haben, der uns dieses Leben schenkt. Von der Aufgabe und Verantwortung und von einer ungeheuren Chance.

Ihre Härte und Disziplin – und meinetwegen auch Verantwortung, wenn es nicht so pathetisch klänge – nahm ich mir zum Vorbild. Sie haben mir geholfen, etwas aus meinem Leben zu machen. Und ich habe es doch weit gebracht! Aber selbstkritisch gesehen, durchaus zu meinem Schaden. Ich habe viele Träume verwirklicht, gutes Geld dabei verdient, aber zu viel gearbeitet. Für mich selbst oder eine eigene Familie blieb kein Raum. Und wenn man ständig mehr leisten will als andere und womöglich perfekt sein will, dann läuft das nur über den Willen, nur über den Kopf. Die Spontanität – nein, die nicht und die Kreativität auch nicht –, aber der ganze Gefühlsbereich bleibt auf der Strecke. Ich mußte über 50 und von außen darauf gestoßen werden, um endlich zu begreifen, was ich da alles verschüttet und erstickt habe. Jetzt ist es aufregend, Schrittchen für Schrittchen diese abgewürgte Seite wieder aufzuknacken.

Andererseits ist auch genug passiert, was mich schon früh so hart werden ließ. Ich hatte Drüsen-Tuberkulose, unsägliche Schmerzen. Kurz nach der Einschulung mußte ich für ein Jahr ins Sanatorium! So weit weg, daß nie Besuch kam. Telefon war damals undenkbar. Post? Ich trug eine Postkarte mit mir herum, aber ich konnte ja noch nicht lesen und schrieben. Es war die Erfahrung totaler Verlassenheit. Wie ausgesetzt sein. Die Bindung an die Mutter ging verloren. Außerdem erlebte ich, was sterben heißt. Die Ärzte hatten mich aufgegeben. Aber mit ungeheurer Willensanstrengung tat ich ihnen nicht den Gefallen. Das hat mich mehr geprägt als Flucht und Vertreibung. Obwohl es natürlich eine Kriegsfolge war.

Durch das ewige Herumzigeunern und das Alleinsein im Sanatorium hat sich in mir etwas gefestigt, daß ich immer positiv sah: das Gefühl völliger Heimatlosigkeit. Ich kann überall sein, mich überall wohl fühlen oder auch nicht. In jedem Fall fühle ich mich an keinen Ort gebunden. So habe ich die große Passion entwickelt zu reisen, die Welt kennen zu lernen. Es geht mir nicht um den exotischen Reiz, sondern ich bin voller Neugier, will verstehen, wie andere Menschen unter anderen Bedingungen, anderen Klimaverhältnissen, mit anderen Kulturen und Religionen leben. Wie geht es zu auf dieser Erde? Welche Schönheiten, welche Schrecken hat sie zu bieten? Undenkbar, daß ich immer an demselben liebgewonnenen Ort Urlaub mache. Durch Herumfahren erhole ich mich am besten. Es ist ein unbezahlbares Geschenk, sich frei bewegen zu können.

Die Toten? Ich denke an die Toten. An die Brüder meiner Mutter, die ich nicht mehr bewußt erlebt habe. An den Lieblingsgroßvater natürlich. An meinen Schulfreund, der vom Auto überfahren wurde und dessen zerfetzter Körper mir nicht aus dem Kopf will. Vater und Mutter sind tot. Jetzt sind wir Geschwister die alte Generation. An meinen Vater ganz früher erinnere ich mich kaum. Als ich aus der Klinik kam, war er einfach da, halt irgendein Mann. Er spielte überhaupt keine Rolle für mich. Bis sich nicht mehr übersehen ließ, was der Krieg aus ihm gemacht hat. Kaputt gemacht hat er ihn.

Seine Beine waren zerschossen, so daß er zunehmend wackelig ging. Er muß entsetzliche Schmerzen gehabt haben. Schlimmer, aber das weiß ich nicht von ihm selbst: Er muß unendlich unter dem Verlust der Heimat gelitten haben, unter dem Verlust des Gutes, auf dem er nicht sein durfte und das er nie geerbt hat. Er schaffte es einfach nicht, noch einmal seßhaft zu werden und eine neue Identität zu finden. Seine Jobs waren lausig, und er schämte sich, daß unsere Großmutter ihm immer wieder helfen mußte. Da er ein hochsensibler Mensch und in seiner Seele wohl total zerrüttet war, hat er sich in den Alkohol geflüchtet. In meiner Pubertät sind dann natürlich die Fetzen geflogen. Ich habe ihn verachtet, ja verleugnet, und er hat gegen mich gewütet. Weil er in seiner Sucht unberechenbar war, konnten wir auch nie jemanden einladen. Wir haben uns nur versteckt. Meine Mutter gab irgendwann auf. Ihre Selbstachtung gewann sie erst in Ehrenämtern für die Evangelische Gemeinde wieder.

Ich bin ständig davongerannt. Fast die gesamte Gymnasiumszeit lebte ich mehr in der Familie einer Freundin als zu Hause. In allen Sommerferien sind wir zusammen verreist. Das war ein attraktiveres Elternhaus, ganz weltoffen, sehr kommunikativ. Ständig kamen interessante Leute, meist Künstler. Eine ausgelassene, sonnige, warmherzige Atmosphäre, während es bei mir daheim doch ziemlich bedrückend zuging. Der Vater dort hat viel musiziert und Konzerte gegeben. Ein alter Herr von imponierender Statur. Er hat wohl die Rolle meines Großvaters übernommen. Wie auch immer, ich bin zum Glück einigermaßen heil aus der Misere herausgekommen.

Ganz klar, ich schäme mich, das alles zuzugeben. Es ist schon arg peinlich, was Wunder. Die Haltung meines Vaters ist kaum zu entschuldigen. Aber ich verstehe sie jetzt und trage ihm nichts mehr nach. Als er starb, hatte ich leider noch nicht genügend Distanz, um ihm das zu sagen. In den 60er Jahren kam es dann dank der neuen, antiautoritären Ideale in Mode, sich auf eine mißglückte Kindheit rauszureden und die eigene Verzweiflung den Rabeneltern oder Lehrern in die Schuhe zu schieben. Mir war das meist zu billig. Ich jammere nicht gern, ich kämpfe. Obwohl es schon einige Jahre brauchte, bis mir klar war, warum Selbstmitleid und Selbstgerechtigkeit zu nichts führen, daß es vielmehr eine fabelhafte Chance ist, erwachsen zu werden. Das heißt, selbst verantwortlich dafür zu sein, wie man mit der Vergangenheit umgeht und was man aus seinem künftigen Leben macht.

Über Politik haben wir wenig geredet. In der Schule – ich war auf einem humanistischen Elite-Gymnasium – da sind wir in Geschichte nur bis zu Bismarck gekommen. Erster Weltkrieg, Weimarer Republik nur in Stichworten. Der Nationalsozialismus fand überhaupt nicht statt! Das darf man gar nicht laut sagen. Zu Hause gab es drei

Tabus: Sex, Geld und Hitler. Lange wußte ich kaum mehr, als daß der Krieg verloren war, mit verheerenden Folgen, und daß Hitler ein größenwahnsinniger Verbrecher war. Auch im Hause meiner Freundin, Vertriebene aus Schlesien, wurde die Vergangenheit totgeschwiegen.

Dann ging ich zum Studium nach Wien, so weit weg von meinen Eltern wie möglich. Da sprach niemand ernsthaft über Politik. Nur Klatsch und Schmäh, Bälle und Musik, Burgtheater, Kunst und Kultur satt. Erst als ich anschließend nach Berlin kam, wurde das in einem alles andere niederwalzenden Schub nachgeholt. So daß ich dann für die berühmten 68er Jahre gut gerüstet war. Damals habe ich auch meine Eltern gefragt, aber nicht offen und neutral, sondern geradezu inquisitorisch. Also haben sie mit Abwehr reagiert und zugemacht. Das einzige, was ich rauskriegte, war, daß wohl keiner in unseren Familien zur Partei gehörte und daß der Großvater in Potsdam und etliche seiner Sippe eine Menge zu verhindern gesucht haben. Aber was meine Eltern wirklich wußten oder wissen wollten, keine Ahnung.

Eine Schwester meines Vaters, meine Patentante, nahm mich während meines weiteren Studiums in Berlin unter ihre Fittiche. Wir haben hochinteressante Gespräche geführt, aber bei Politik hat sie abgeblockt, auch wenn ich bohrte, warum sie denn immer zu den Feiern zum 20. Juli ging. Erst kurz vor ihrem Tod habe ich sie richtig beschimpft: Jetzt reicht's, jetzt, verdammt nochmal will ich endlich wissen, was war. Und dann hat diese tempramentvolle alte Dame losgelegt. Geschichten, für die man sich alles andere als verstecken mußte. Sie hatte schon früh aktiv im Widerstand gearbeitet, und ihr Mann nahm sich in Gestapo-Haft das Leben. Mein Vater, das mochte ich erst gar nicht glauben, soll sich geweigert haben, die Offizierslaufbahn einzuschlagen, weil er diesen Krieg nicht für eine Karriere nutzen wollte. Und meine Mutter, das stimmt, zeigte immer nur Ekel. Ihre Sprachlosigkeit war Ekel, Schrecken, Angst, Schmerzen und und und. Trotzdem verstehe ich es einfach nicht: Warum hat sich keiner gegen meine Attacken gewehrt? Warum haben sie nie argumentiert? Warum waren sie so bescheiden, daß es mich dann zutiefst beschämte?

Jetzt, aus weiter Distanz betrachtet, erscheint es mir klug, daß sie so lange nichts erzählen wollten. In meinem jugendlichen Gerechtigkeitswahn hätte ich ihnen doch nicht geglaubt. Oder hätte ihnen vorgeworfen, warum habt ihr nicht noch mehr getan? Ja genau. Damit werden sie sich selbst gequält haben, nachdem das ganze unfaßbare Ausmaß der Katastrophe zu Tage gekommen war: Mein Gott, was haben wir alles nicht gemacht. Nachträglich bin ich dankbar, daß ich erst mehr erfuhr, als ich reif genug war, damit umzugehen – und daraus einen Anspruch an die eigene Haltung abzuleiten.

Die Werte? Ein Wort, das unsere Erziehung von klein auf geprägt hat, war »anständig«, im Sinne von fair, von »man darf alles tun, aber niemals einen anderen verletzen und niemals einem anderen schaden«. Alte Onkel sagen: »Der sieht aber anständig aus.« Das heißt, der tut bestimmte Sachen nicht. Damit wären wir beim leidigen Thema »Junker«. Klar, ich bin privilegiert, komme aus hervorragenden Familien, auf die ich stolz bin und zu denen ich halte. Aber ohne Standesdünkel, der war bei uns immer verpönt. Wir tragen zwar noch den alten Namen, aber der gibt uns keine Vorrechte mehr, höchstens die Verpflichtung, dem Namen keine Schande zu machen. Der Stolz ist vorbei! Ich probiere es mit dem Motto: Bleib dir selber treu. Und wenn ich in Versuchung komme, eben mal gar nicht anständig zu sein, dann bleue ich mir ein: Komm, das bist du nicht, das muß doch jetzt nicht sein. Meistens hilft es.

Oder Ehre, Ruhm, Macht – die haben mich nie wirklich interessiert. Obwohl ich als sehr ehrgeizig gelte und schnell Karriere machen konnte. Aber nur in einer gehobenen Position finde ich ja die Freiheit, bestimmte Werte zu verwirklichen, also wertvolle Inhalte zu verbreiten oder eigene Erfahrungen mitzuteilen, die mir wichtig erscheinen. Das klingt jetzt wohl furchtbar arrogant, und ich komme mir ein bißchen blöd vor. Aber eigentlich hatte ich nie Probleme damit.

Werte? Vor allem die religiöse Erziehung. Meine Großmutter, meine Mutter waren sehr fromm, voll aufrichtiger Hingabe. Mein Vater ging heimlich in die katholische Kirche, weil ihn die Rituale stimulierten. Unser Pastor war eine angehimmelte Identifikationsfigur. Die Jugendgruppen, der Chor, das hat eine zentrale Rolle gespielt. Religionsgeschichte, auch als Kulturgeschichte, ist mein eines Bein, humanistische Bildung das andere. Später bin ich eher abtrünnig geworden, habe ein paar Jahre Zen geübt. Dann große Pause. Erst in jüngster Zeit, seit mich beruflicher Ärger und eine schwere Krankheit bis an die Wurzeln der Existenz getroffen haben, besinne ich mich wieder aufs Spirituelle. Meine Lebenshaltung hat sich auffallend verändert, ist nicht mehr so nach außen gekehrt, so rebellisch und oft verbissen, sondern entschieden offener, weicher, auch leichter, ausgeglichener, vor allem weniger kopfbetont. Und auf meine alten Tage entdecke ich in der Meditation Dimensionen, von denen ich keine Ahnung hatte.

Jetzt habe ich etwas reichlich Sentimentales gemacht und das Elternhaus meiner Mutter zurückerworben. Eine Stadtvilla, kein alter Familienbesitz. Ich bin dort geboren. Sie ist mir relativ unkompliziert einfach in den Schoß gefallen. Meine Geschwister und ihre Kinder, für die gesorgt ist, waren großzügig: Du kriegst das, brauchst uns nicht auszuzahlen. Du kommst für die Unkosten auf und bringst das Ding in Gang. Habe ich gemacht, habe mich mit Feuereifer und vollem Einsatz reingestürzt. Meine Mutter sah das Haus nach der Wende nur in üblem Zustand. Sie war entsetzt über meinen Plan. Aber als sie mich dann so erzählen hörte und Fotos von der Renovierung sah und spürte, daß ich es auch tat, um ihr eine Freude zu machen, erschien sie mir kurz vor ihrem Tod wie befreit. Für mich ist es auch eine Rückbesinnung auf das, was Familientradition heißt. Ich hatte mich ja nie binden wollen, fühlte mich in meiner Heimatlosigkeit bestens zu Hause. Da ich nie einen Beschützer kannte, wußte ich auch gar nicht, daß man einen brauchen könnte ... Aber da es sich so ergeben hat, sehe ich nun auch einen Sinn darin. Das heißt nicht, daß ich da meinen Lebensabend verbringen muß. Aber erst mal ziehe ich jetzt dorthin.

Die anschaulichsten Schilderungen über das Vorkriegs-Leben in der Villa stammen allerdings von einem einstigen Aupair-Mädchen. Die hatte sich natürlich in die Söhne verknallt, ist mit denen über die Bälle gerauscht. Eine höchst tempramentvolle, originelle Engländerin. Obwohl ihr Verlobter über Deutschland abgeschossen wurde und sie die Nürnberger Prozesse als Dolmetscherin miterlebte, ließ sie den Kontakt nie abreißen und hat uns rührend mit Care-Paketen über Wasser gehalten. Später lebte sie in Mexiko. Da habe ich sie mehrfach besucht und auch ein paarmal nach Deutschland eingeladen. Mein Großvater hatte wunderschöne Wappenanhänger für seine goldenen Uhren. Einen erbte ich, und den schenkte ich weiter an diese treue Freundin. Für sie war es ein Symbol ihrer glücklichsten Backfisch-Zeit. Jetzt habe ich schon seit zwei Jahren nichts mehr gehört. Wahrscheinlich ist sie tot. Ich denke manchmal daran, wo der Anhänger nun sein mag. Eigentlich hätte ich ihn doch gerne zurück.

Kommentar zu Alice G.

Von außen wirkt Alice kühl, sehr intellektuell, umgibt sich mit dem Geheimnis ihres Privatlebens, in welches niemand so recht schauen darf und fällt auf durch eine berlinerisch anmutende »Schnauze«, die stärker genetisch denn erfahrungsbedingt entstanden sein muß. Denn außer während der Studienjahre lebte sie niemals in Berlin.

Ihr Alptraum ist die Vorstellung, in Pommern aufgewachsen zu sein, einen Nachbarn geheiratet und vier Kinder bekommen zu haben: ein Leben, eingeengt, etwas hinterwäldlerisch und bodenverhaftet. Der Krieg hat sie vor diesem typischen Frauenschicksal bewahrt, aber das gesamte Leben ihrer Familie auch in negativer Weise gründlich durchgerüttelt.

Das Zigeunerleben, welches ihre Mutter notgedrungen mit den kleinen Kindern während und nach dem Krieg führte, immer in der Abhängigkeit von der Gastfreundschaft der Verwandten, sich immer an deren Gepflogenheiten anpassend, hat Alice ungebrochen in ihrem eigenen Leben weitergeführt. Allerdings reist sie in betonter Selbständigkeit um die Welt, um Menschen kennenzulernen, um Themen für ihre Bücher zu finden, um ihre »Heimatlosigkeit« ständig neu zu erfahren. Heimatlosigkeit als Bereicherung, als Offenheit, als Chance, kreativ und selbstbestimmt mit dem eigenen Leben umzugehen, jenseits von Sentimentalitäten und Erinnerungen an schöne Situationen. Und dennoch: »Man beginnt eine Reise immer an einem anderen (realen und imaginären) Punkt: im Verhältnis zu früheren Reisen, zu den eigenen Vorstellungen und Projektionen und zu dem, was andere dachten ...«, als diese reisten, so der Schriftsteller Hans-Jürgen Heinrichs in seinem Essay »Der Reisende und sein Schatten« (1990, S. 73). Bezogen auf Alice' Situation: im Verhältnis zu dem Ausgangspunkt ihrer Mutter, die mit ihnen in der Verwandtschaft herumreiste und fliehen mußte, ohne Rückhalt, ohne ein festes Ziel vor Augen.

In der Erzählung von Alice schwingt auch etwas Getriebenes mit: Bloß keine Sentimentalitäten, scheint ihr Credo zu sein. Und das meint ja meist: Bitte keine Gefühlsduselei, keine Emotionen hochkommen lassen, es geht ums Weiterkommen, ums Weiterreisen. Neugier, besonders intellektuelle und auf den Beruf bezogene Neugier, kann auch als Abwehr gegen weiche Gefühle eingesetzt werden, gegen das Gefühl der Bodenlosigkeit, des Nicht-verwurzelt-Seins. Doch nun als Erwachsene kann sie selbständig die Kindheitssituationen, die zweifellos bedrohlich waren, in Wiederholungen ständig neu inszenierten. Durch diese Wiederholungen der früheren, traumatischen Reise- und Fluchtsituationen (wovon auszugehen ist, auch wenn sie sich selbst nicht erinnern kann) ist Heilung möglich, heilt sie sich auf höchst positive Art und Weise selbst. Die hohe Bedeutung dieser notwendigen Wiederholungen werden in ihrer

Themen- und Berufswahl als reisende Schriftstellerin deutlich. Man könnte fast sagen: Sie hat sich – unbewußt – einen Beruf ausgewählt, der Gutes für ihr Unbewußtes tut. Das Moment der inneren Heilung besteht darin, daß sie sich immer wieder vergewissern muß und kann, daß die heutigen Reisen freiwillige sind, von einem festen Ort ausgehen und in einem Zuhause jederzeit enden können.

> »Die Kunst des Reisens besteht darin, die Konfrontation als der Reise zugehörig und nicht als ihr fremd zu verstehen. Immer wieder meint man, die Reise sei gleichsam ein Freiraum im Leben, ein Freistellen von dessen Widrigkeiten, Konflikten und unlösbaren Situationen. Reisen aber ist nur eine bestimmte Verlängerung, Ausweitung und Linie des Lebens«,

so noch einmal Hans-Jürgen Heinrichs (S. 58). Die Heilung scheint nun genügend weit fortgeschritten zu sein, so daß sie sich jetzt – zum ersten Mal – mit einem Haus identifizieren kann, sich vorstellen kann, nicht unbedingt für immer, wie sie sofort wieder einschränkt, aber doch für die nächste Zukunft seßhaft zu werden.

Ein weiterer Hinweis auf die »Richtigkeit« ihrer Berufswahl: Alice schildert ihre Verzweiflung als kleines Mädchen, welches noch nicht lesen und schreiben konnte, also ungelesene Postkarten mit sich herumträgt, als sie für ein dreiviertel Jahr alleine in einem Sanatorium leben muß. Wir stellen uns vor: Ein kleines, sechsjähriges Mädchen, nach den verwirrenden Jahren des Krieges und Herumirrens kommt die Familie allmählich zur Ruhe, aber sie muß schon wieder weg. Weit weg, voller Schmerzen und sterbenskrank. Abgeschnitten von allen, ohne die innere, kindliche Gewißheit, ihre Familie je wiederzusehen. Offenbar auch ohne Vertrauen in ihre Betreuer, die sie bitten könnte, ihr die Postkarten von zu Hause vorzulesen. Die stumm bleibenden Symbole werden ihr kleines Herz beschwert haben. Deswegen: Als Schriftstellerin kann ihr das nicht wieder passieren, dieses Trauma, eine Nachricht nicht entschlüsseln und nicht selbständig antworten zu können! Dieses tiefste Gefühl der Kontaktlosigkeit, des Abgeschnitten-Seins, der Einsamkeit.

Der Heimatlosigkeit gesellt sich sozusagen die Männerlosigkeit hinzu, im Sinne von Ungebundenheit. Alice braucht nicht den väterlich-schützenden Aspekt. Und einer ihrer erschütterndsten Sätze ist ja auch: »Da ich nie einen Beschützer kannte, wußte ich auch nicht, daß man einen braucht.« Sie hat offenkundig ungeheuer viel Kraft, genügend Kraft, um sich dieses Defizit an väterlichem Schutz nicht ständig – und ersatzweise – von einem männlichen Partner auffüllen lassen zu müssen. Vielleicht sucht sie in Männern einen anderen väterlichen Aspekt: Es ist ja eine der vornehmsten Aufgaben eines Vaters, die kleine Tochter an der Hand zu nehmen und ihr die Welt zu zeigen: Blümchen und Steinchen, Schnecken und Füchse, Vögel und Sterne. Später ihr die Welt zu erklären, was diese »im Innersten zusammenhält«, ihr auch zu erklären und vorzuleben, wie das ist mit den Männern und den Frauen, was zwischen denen sein kann. – Ein wenig übernimmt der Vater ihrer frühen Freundin diese Rolle, der ihr Welten eröffnet, sie einführt in die Kunst, durch den sie interessante Künstler kennenlernt, von denen sie lernen kann ..., also weniger die beschützende, denn die weltöffende Facette erfährt.

Zunächst ist Alice' Vater im Krieg. Er kommt zurück, als sie selbst im Sanatorium ist. Der heiß geliebte Großvater war in ihrer Abwesenheit gestorben, der unbekannte Vater trat auf die Bühne. Es spricht viel Wut aus ihren Worten, daß sie sich so gar nicht erinnern kann, wann sie ihn – »irgendeinen Mann« – erstmalig sah. So als hätte sie die innere Möglichkeit, ihn durch das Leugnen wieder wegzuschicken. Der Großvater hatte Alice geliebt, war strahlend und gütig, der Vater hingegen ist durch den Krieg zerstört, krank, voller Schmerzen, Verzweiflung und schließlich Alkoholiker, für den sich die Familie schämt. Wegen ihm müssen sie sich – wie beim Einmarsch der Russen – weiterhin verstecken, können keinen Besuch empfangen, was die Stimmung wohl unerträglich machte. Da der Reizschutz im Krieg zusammengebrochen ist, brauchen viele Kriegsheimkehrer später Drogen oder meiden alle potentiellen Streßsituationen, was das Zusammenleben gerade mit aufwachsenden Kindern unerträglich macht.

Wir erfahren nichts über die Beziehungen der Schwester zu den Eltern, phantasieren jedoch unterschiedliche Strukturen. Der Psychoanalytiker Wolfgang Schmidbauer beschreibt folgende, häufige erlebte Konstellation: Oftmals hatte sich eine Mutter, während der Vater im Krieg war, eng an das erstgeborene Kind gebunden. Als dann, nach seiner Heimkehr, eine weitere Tochter gezeugt wird,

> »hatte die Mutter dieses scheinbar begünstigte Friedenskind aus Pflichtgefühl angenommen und versorgt. Der Vater aber begegnet ihm in einer brisanten Mischung aus überhitzter Aufmerksamkeit und verborgenem Sadismus. Das Kind stand anscheinend für die ihm geraubte Jugend. Es verkörperte sie, solange es genau so war, wie er es sich wünschte. Aber es wurde zum Räuber, zum Dieb, wenn es anders war, als er es sich vorstellte. Zärtlichkeit und Zynismus, Verführung zu großer Nähe und brutale Kränkung, Bewunderung und bösartige Kritik wechselten in verwirrender, für die Töchter undurchschaubarer Folge ... der Vater strafte die Tochter, deren Lebenslust ihn provozierte ...« (1998, S. 13 f.).

Alice spricht davon, daß der Vater einen zweifachen Heimatverlust erlitt: Er trauert um den Familienbesitz, den er nie besessen hat, den ihm seine Mutter weder real vor dem Krieg noch symbolisch danach als ältestem Sohn übertragen hatte. Eine alte Weisheit wird hier deutlich: Dinge, die wir nicht wirklich besessen oder verinnerlicht haben, von denen können wir uns noch weniger trennen als von tatsächlichem Besitz. Schimären halten uns oftmals länger und verzweifelter gefangen als die Realität – weil die Realität Konfrontation fordert, die sowohl Auseinandersetzungen als auch Veränderungen schaffen könnten. Schimären können dagegen viel langlebiger und klebriger sein, da sie nur im Kopf und in der Phantasie existieren, also ewig weiterbestehen.

Ihre Familie war für sie kein Hort der Zuflucht, des Vertrauens, der Wärme. Der Vater war so verletzt und verstört, daß er sogar seiner Tochter das Musizieren verbot. Ihr verbot, was sein Schicksal ihm selbst unter Schmerzen verunmöglicht hatte!

Doch das Drama in Alice' Kinderleben lag in der Einsamkeit des Klinikaufenthaltes. Angestrengt muß sie nach Möglichkeiten des inneren Überlebens gesucht haben und fand sie in einer Haltung von Distanz und Nicht-Identifikation: Bloß keine erneute innige Bindung (zur Familie) eingehen, es könnte wieder eine Enttäuschung und ein Verlassenwerden geben! – Doch das sagt nur der Kopf. Ihr Herz sucht und findet die wunderbare Familie ihrer Freundin, in der sie alles erfährt, was sie zu Hause vermißt.

Alice hat eine unglaubliche Kraft, Negatives ins Positive zu wenden: »Es kommt immer auf den Blickwinkel an!« Der Hunger und die Krankheiten waren »normal« und bilden ihren Grundstock für positive Erfahrungen, für ihre Wertigkeiten bis heute, auch ihre Genußfähigkeit. Wer niemals hungerte, kann den Wert eines Brotes, auch den von Hühnermais nicht ausreichend würdigen, so ihr Credo!

Eine auf den ersten Blick merkwürdige Reaktion fand bei einigen ihrer Familienmitglieder statt, die bis ins hohe Alter hinein über ihre eigene Position während des Faschismus schwiegen. Obwohl sie keine Mitläufer, keine Täter waren, ihr Vater eine Offizierslaufbahn verweigerte, was in diesen Kreisen ungewöhnlich war, wurde trotz aller eindringlichen Fragen von Alice dieses Thema beschwiegen. Aus Scham, so ihre Interpretation, nicht genügend getan zu haben? Selbst ihre Lieblingstante, deren Mann sich in Gestapo-Haft das Leben nahm, war für den Widerstand tätig gewesen, offenbarte sich ihr erst kurz vor ihrem Tod. Eine Mischung von Scham und Bescheidenheit, der Selbstverständlichkeit preußischer Pflichterfüllung und der Angst vor ihren jugendlichen Aggressionen? Doch die Frage bleibt, warum das Schweigen so tief war, so daß sich die ältere Generation noch nicht mal gegen die Attacken von Alice zur Wehr setzte?

Schmidbauer vergleicht dieses Phänomen mit der psychischen Zentralisation (s. Einleitung), unter der viele Traumatisierten gelitten haben: »Zentralisation bedeutet auch konkretistisches Denken; kein Wunder, daß die meist abstrakten und intellektuellen Fragen, die das adoleszente Denken kennzeichnen, nicht beantwortet werden.« (1998, S. 326).

Eine andere Antwort auf dieses Phänomen fand die Politikwissenschaftlerin Gesine Schwan, Mitglied der Grundwertekommission der SPD: In den frühen 60er Jahren fand in Jerusalem der Eichmann-Prozeß und in Frankfurt der Auschwitz-Prozeß statt. Erst dadurch begannen die Fragen der 2. Generation an ihre Eltern und eine breite gesellschaftliche Diskussion. Diese Jugendlichen hatten als Kinder ihre Eltern noch geschont, doch in der Zeit der Pubertät begannen sie kritische Fragen zu stellen.

> »Wenn Eltern glauben, sich nicht zumuten zu dürfen, in ihrer Vergangenheit nach Schuld zu forschen und dies anzusprechen, dann entsteht ein Stau und nicht selten Haß. Wie konnte man selbst verdrängen und gleichzeitig die Gebote der Redlichkeit hochhalten und die Kinder etwa lehren ›Du sollst nicht lügen‹? Wenn Fragen nicht beantwortet werden, werden aus ihnen Anklagen. Und Anklagen führen selten zur Aufklärung. Im Gegenteil: Durch den harschen Tonfall ihrer Kinder verbittert, gehen die Eltern selbst zur Anklage über und schaffen sich so erneut ein Alibi für ihr jahrzehntelanges Beschweigen.« (Schwan, in: MUT 2/1998)

Die oftmals unfruchtbaren Diskussionen führten in der 68er Generation zu einem »moralischen Herrenmenschentum« und wurden zu einer

> »narzistischen Beschäftigung mit der eigenen Familien-Problematik, so daß die Täter-Thematik die ganze Optik okkupierte und die Opfer immer mehr aus dem Blickfeld verschwanden ... Die Identifikation mit den Eltern läßt in diesem Muster nur zwei Reaktionen zu: entweder die apologetisch-hörige nach dem Motto ›War doch alles nicht so schlimm, war eben eine andere Zeit, laßt endlich meine Eltern in Ruhe!‹ oder die rebellisch-hörige, die einen seltsamen Sündenstolz über die Verfehlungen der Eltern entwickelte und eine radikale Verwerfung produzierte.« (Schwan, in: MUT, 2/1998, S. 72)

Da beide Umgehensweisen in der Abhängigkeit von den Eltern steckenblieben, blieb auch die verhängnisvolle Spirale von Anklage und Gegenanklage bestehen.

Die Negierung der Opfer-Problematik führte in dieser Generation im Westen nicht selten zu einer rigorosen, negativen Beurteilung der Probleme in Israel und zu einer scheuklappenhaften Parteinahme für die Palästinenser, was ja auch der offiziellen DDR-Ideologie im Osten entsprach. Diese ging soweit, die Israelis als neue Faschisten zu beschimpfen, und sie gaben den Palästinensern recht, die bis zum Dezember 1998 die Vernichtung der Israelis als politisches Ziel propagierten.

Bei Alice scheint sich ein Kreis zu schließen. Durch eine lebensbedrohende Krankheit mit sieben Jahren erfuhr sie eine große Erschütterung, wurde in die Distanz und Bindungslosigkeit gedrängt, und nun, ebenfalls durch eine schlimme Krankheit bewirkt, wendet sie sich wieder der Vergangenheit zu und kehrt an den Ort ihrer Geburt zurück, wird seßhaft und lebt bislang verdrängte Emotionen, auch wenn sie sie noch immer als etwas »reichlich Sentimentales« abtut.

Häuser sind wie Geschenke
Oder: Die Vergangenheit ist ein ganz starkes Element

Wolfgang Freiherr v. N., Manager, in Berlin lebend, Besitzer eines Barockschlosses im Westen und einer alten Ritterburg im Osten, verheiratet, vier Kinder

Ich bin – wie meine Geschwister – kurz nach dem Krieg geboren. Meine Eltern flüchteten 1945 in die Nähe von Hannover zu einem dort lebenden Bruder, der einen sehr schönen Waldbesitz hatte. Sie kamen aus Brandenburg, vom Gut meines Großvaters. Mein Vater war zweiter Sohn, also kein Erbe. Er war Landwirt und aktiver Offizier und wurde Ende 1944 verwundet, lag im Lazarett und kam dadurch nicht in Gefangenschaft. Ein unglaublicher Glücksfall.

Meine Eltern haben 1943 geheiratet. Meine Mutter half weiter auf dem Gut ihres Vaters, gemeinsam flüchteten sie 1945. Mein Vater kam dort zur Rekonvaleszenz wegen seines verwundeten Armes hin. Ende April 1945 brachen noch einige Kämpfe in der Nachbarschaft aus, die er stoppte, so daß keine große Schießerei entstand. Die Engländer nahmen ihn anschließend fest, weil er in Uniform war: für genau drei Stunden. Er war Ritterkreuzträger, hoch dekoriert. Seine Brüder waren im Dunstkreis des 20. Juli aktiv gewesen. Ein Engagement für Hitler und seine Schergen war nicht vorhanden, ganz im Gegenteil. Die Engländer haben das ziemlich schnell gesehen.

Mein Vater arbeitete dann, zusammen mit meiner Mutter, richtig als Waldarbeiter. Eine extrem harte Zeit. Das Verhältnis oben/unten trat sehr deutlich zutage. Eigentlich bestand ein gutes Verhältnis zu den Verwandten, aber natürlich hat der ökonomische Unterschied einiges bewirkt.

Mein Vater hatte die Kaiserzeit noch bewußt erlebt, war durch die Monarchie geprägt worden. Sein Vater war Staatssekretär, sein Großvater Minister gewesen. Er war sehr stark auf die Familie und seine Heimat fixiert. Allein dieser Verlust war eine verheerende Situation, die er nie überwunden hat.

Alle Geschichten rankten sich um die Vergangenheit – nein, um die Heimat. Und zwar um die Menschen dort, das Land, das Leben auf einem Gut, um die politisch verkorkste Situation, um Flucht und Vertreibung, um die großen Schweinereien, die dann passierten. Solche Sprüche wie: »Lieber tot als rot« – damit bin ich groß geworden.

Wir wuchsen als »die dort unten« auf, die Zugereisten, wir waren keine Welfen, was für meine Eltern eine Rolle spielte. Wir wurden zum Beispiel nicht auf den Celler Ball eingeladen, also leicht diskriminiert. Der Flüchtling hat schon sehr deutlich zu spüren bekommen, daß er kein Einheimischer ist.

Nachdem er sich in der Forstwirtschaft den ersten Herzinfarkt geholte hatte, wurde mit letztem Geld ein Fahrrad und später ein Motorrad angeschafft, und dann wurden Zigarren, Zigaretten, Kaffee und Tee über Land verkauft. Ein harter Job wegen der geringen Bevölkerungsdichte, wenn man immer erst am Horizont das nächste Haus sieht. Das ging bis 1955. Er hatte auf Grund seiner sehr starken inneren Disziplin und auch der Disziplin meiner Mutter, die eine starke, auch ökonomisch kluge Frau ist, sich einen sehr guten Kundenstamm erarbeitet, weil er pünktlich um acht oder um zehn im Dorf auftauchte und sagte: Hier ist der Tee, hier ist der Kaffee! Trotzdem kann ich mich an Rüben- und Brennesselsuppen erinnern. Es war eng!

Später ging mein Vater zur Bundeswehr, baute sie wieder mit auf. Dann passierte eines der schönsten Erlebnisse im Leben meiner Mutter: Die Verbeamtung meines Vaters! Das bedeutete ökonomische Sicherheit, zu wissen, wie morgen die Mäuler der Kinder gestopft werden können!

Ich war ein ängstlicher Typ. Mein Vater starb zu früh. Aber trotzdem hat er mir mitgegeben, daß Heiraten und Familie wichtig sind! Er hat mir wesentlich vorgelebt, wie man mit Menschen umgeht, wie man Menschen respektiert, wie man Menschen motivieren kann, einfach, daß Menschen gut sind.

Andererseits war er verbittert über den ökonomischen und sonstigen Bruch nach 1945. Aber die Hilfen, die aus der Kette der Familie kamen, haben ihn sicherlich aufrecht gehalten. Er hatte auch für die wenigen Dingen, die er über die Flucht gerettet hatte, ein besonderes Gefühl. Der Teppich! Ich werde das nie vergessen, es war ein ganz alter, blöder Teppich, aber die Fransen wurden von uns Kindern andächtig gebürstet! Und das alte Büfett, scheußlich, aber es hatte die Flucht überstanden! Das Porzellan wurde gehegt und gepflegt, und das Silber war gerettet, wir haben es mit großer Ehrfurcht geputzt. Bis zum breiten Daumen! Wenn aufgedeckt wurde, kam so ein Funken starke Vergangenheit rüber. Dann wurde uns Kindern erzählt, wie früher gelebt wurde. Alte Speisekarten wurden herausgeholt. Nämlich die, die heute hier an der Wand hängen. Wir haben sie angeschaut, und dabei lief uns das Wasser im Mund zusammen! Mein Vater war schon sehr traurig und auch verbittert über die Situation, nicht richtig durchstarten zu können. Ihm war zweimal das Rückgrat gebrochen worden. Er konnte nicht mehr durchstarten dort auf dem Land. Und woanders hingehen, war für ihn keine Lösung.

Ich war von uns Kindern der einzige, der ein gutes Verhältnis zur Küche oben bei den Verwandten aufbaute, einen richtig guten Draht. Wenn da oben Kaffee getrunken und Butterkuchen gegessen wurde, dann stellte ich mich bald irgendwie ein. Und wenn es ein großes Dinner gab, dann war ich am nächsten Morgen pünktlich da. Die Köchin hatte mir vom Hummer noch Teile der Scheren übrig gelassen, ich lutschte sie aus und bekam deshalb sehr früh eine Affinität zu roten Tieren.

Diese Bandbreite von der Brennesselsuppe bis zum Hummer hat mein weiteres Leben bestimmt. Auch die Liebe zu Porzellan hat mich berührt. Die Liebe zu Details fand ich schon bei meinem Vater sehr ausgeprägt. Hinzu kam, daß mich militärische Themen interessiert haben und was für ein Typ er im Krieg war, nämlich ein wirklich großer Soldat!

Ich war zu dem Zeitpunkt ein ängstliches Kind. Ich schlief grundsätzlich mit meinem Fahrtenmesser unter dem Bett. Irgendwelche Schauergeschichten machten ja immer die Runde. Ich hätte wahrscheinlich folgsamer sein müssen, aber ich war ein wilder Sohn! Was mein Vater gerne aus mir gemacht hätte? Ich weiß es nicht! Ich bin nie beim Militär gewesen. Er hat sich so über Herrn Strauß geärgert und über die Bundeswehr ... Also das war es nicht, was er sich vorgestellt hatte. Natürlich hätte er es schön gefunden, wenn ich in die Landwirtschaft gegangen wäre. Er war sehr naturverbunden. Was ich heute mache, die Restaurierung der Schlösser, den Aufbau im Osten, ich glaube, oben auf der Wolke, da guckt er zu, das freut ihn unheimlich. Natürlich führt man so Zwiegespräche: Na, hast du es genau gesehen? Holt sich da auch gewisse Streicheleinheiten. Ganz für sich alleine.

In der Grundschule waren wir richtig taff. Wir waren zu viert vom Herrenhaus in der Klasse, und wir luden die gesamte Schule zum Geburtstag ein. Wir waren die zweite Generation, für uns war die Distanz kein Thema. Im Gegenteil. Wir hatten tolle Freunde. Eine kleine Anekdote zu diesem Oben-unten-Verhältnis von 1955: Wir fingen an Briefmarken zu sammeln, ganz stolz! Mein Vater hatte uns 1956 »Monaco« mitgebracht: Das Hochzeitspaar, toll, ich war stolz wie Bolle. Wir zeigten das unserem Vetter von »oben«, und der sagte nur ganz abfällig: Also, da habe ich viel bessere. Das hat mich so gewurmt, daß ich das erste und hoffentlich das letzte Mal in meinem Leben geklaut habe. Ich bin nämlich hoch, ging in sein Zimmer und habe mir genau die Briefmarken herausgesucht, die ich gut fand. Ich würde sie ihm heute natürlich gerne zurückgeben! Wie ich heute gerne, so nach einer gewissen Zeit, etwas von dem Guten zurückgebe, was ich bekommen habe.

Wenn man im Osten wieder etwas aufbaut, so wie wir jetzt mit Festen und kulturellen Veranstaltungen, ist das toll für die Menschen aus der Familie und andere, die haben ja ähnliches erlebt. Und denen das zu zeigen, denen eine Freude zu machen und für sie auch dazusein, das tut gut. Die Häuser sind ja Geschenke, auch wenn sie selbst gekauft sind. Das ist ja ein Zufall, daß man selbst gerade da war und es erwerben konnte. Der Besitz ist für mich wie ein treuhänderisches Halten. Sozusagen ein moderner Fideukommiß: Ich bekomme etwas treuhänderisch in die Hand, muß das irgendwie aufbauen, mache das fertig, um es dann an die nächste Generation hinüberzutragen – ganz behutsam. Ob meine Kinder da weitermachen, das ist unsere Hoffnung. Wenn es nicht unsere Kinder oder Enkelkinder sind, würde es uns sehr betrüben, weil wir sehr stark in der Tradition und im historischen Bewußtsein leben, immer mit dem Anspruch, diesen Platz positiv auszufüllen. Wenn also nicht die eigenen Kinder, dann wird es ein anderer übernehmen. Und wie man bei unserem historisch sehr wichtigen Haus hier im Westen gesehen hat, hat es immer wieder interessierte Leute gegeben, irgend ein Schwager aus einer Ecke, der sagt: Okay, ich pack' das Ding an und mach das. Das ist meine Auffassung, sie deckt sich sehr stark mit der der Gräfin Dönhoff. Wir halten den Besitz treuhänderisch, und in der Zeit, die man hier auf Erden ist, muß einem das Spaß machen, und den anderen soll es auch Spaß bringen.

Als wir aus dem Hannoverschen wegzogen, sagte mein Vater, und das ist für mich unvergeßlich: Hör' zu! Wir fahren jetzt noch einmal herum und gucken uns alles noch einmal ganz genau an, denn in den nächsten fünf Jahren kommen wir nicht wieder her. Das zeigte die tiefe Wunde, wie tief der Schmerz bei unseren Eltern saß. Das hat mich sehr geprägt. Ich habe diese Oben-unten-Nummer in meinem Leben nicht mehr gewollt!

Die Verwandtschaft von dort, mit denen ich ein sehr enges Verhältnis habe, ich kann sie ja andererseits verstehen. Da waren zig Flüchtlinge. Aber unser subjektives Empfinden war halt negativ. Eine andere Anekdote: Meine Eltern waren weg gefahren. Der eine Vetter kam aus dem Wald, er war drei Jahre älter als ich, und am Bretterzaun zur Straße vor »unserer« Försterei entstand ein Disput, wir stritten uns richtig kräftig und er sagte: Wenn ihr weiterhin so frech seid, dann sage ich das meinem Vater und der setzt euch morgen auf die Straße. Das war für uns der Moment, wo die Bundschuhfahne herausgeholt wurde. Wir stürmten in den Hühnerstall, ich holte mir die Axt oder die Forke und meine Schwester umgekehrt – Forke oder Axt – und dann gings zum Zaun zurück. Aber die Vettern waren, Gott sei Dank, weg. Wir hätten einen Mord begangen! Ein total bleibendes Erlebnis. In dieser Ohnmacht ließen wir dann die Gewehre – sozusagen – dort liegen und liefen, völlig ohnmächtig und aufgelöst, ins Haus. Klar, wir waren natürlich auch frech, aber da unten hatten wir »unser Reich«. Das verteidigten wir, egal wem das gehörte, da durfte auch keiner der Vettern herummachen.

Wir lebten später in einem Haus von der Bundeswehr, in einer Offizierssiedlung. Mein Vater starb Anfang der 60er Jahre an Herzversagen. Wir waren abends bei Freunden eingeladen, das waren ja meist ebenfalls Flüchtlinge oder Verwandte. Und die Geschichten endeten eigentlich immer mit Geschichten aus dem Osten oder mit politischen Debatten. Doch am letzten Abend meines Vaters erzählte er ein Geheimnis: wo sie ihren Schatz, ihr Porzellan und das Silber vergraben hätten. Und wo mein Großvater in den Wirren der zwanziger Jahre, als die Spartakisten aufs Land zogen, Maschinengewehre deponiert hatte, nämlich in einer doppelten Decke. Die waren liegengeblieben, man hatte sie vergessen! Mit dieser Geschichte starb mein Vater. Er hatte uns zwei Fahnen hinterlassen, erbeutete Kriegsfahnen aus dem letzten Weltkrieg. Russische Fahnen, eine sehr, sehr schöne! Die bei uns, weil wir nichts anderes hatten, unter dem Tannenbaum lag, schön rot, mit goldenen Fransen, sehr anheimelnd. »Hammer und Sichel« und das »Proletarier aller Welt vereinigt euch« in kyrillischer Schrift wurde verdeckt mit Fichtennadeln.

Die Fahne habe ich sehr behütet. Ich wollte eigentlich damit einen Deal machen, rüber in die DDR und sie dem 22. russischen Armeecorps anbieten und sagen, dafür möchte ich gerne aus dem einen Haus, was ganz zerfallen war, das Wappen oben aus dem

Mittelresalit eintauschen. – Heute ist sie auf dem Dachboden, sie hat sich überlebt. Und das Tauschgeschäft auch.

Ich bin mit meiner Mutter sehr, sehr eng. Sie ist eine unglaublich starke und tolle, großartige Frau. Sie hat einen großen Kampfgeist. Hat nie aufgegeben! Ihr Motto ist: Neinsagen ist ganz einfach. Jasagen ist schwieriger. »Ja« bedeutet sofort eine Verpflichtung. – Wenn jemand sagt: Helfen Sie mir! und ich sage: Nein!, habe ich das Thema durch. Doch sage ich »ja«, dann übernehme ich das ganze Thema, in voller Verantwortung.

Eigentlich wollte ich Kunstgeschichte studieren. Da sagte meine Mutter: Hör' mal zu, du kannst alles studieren, aber du mußt erfolgreich werden. Du mußt irgendwie die Brotkrumen zusammenkriegen. Und dann habe ich mir das mit der Kunstgeschichte noch einmal überlegt. Sie sagte nicht, daß ich das dicke Geld verdienen solle. Im Gegenteil, das war nicht ihre Sache. Ihr war wichtig, daß ich zu einer Persönlichkeit werde. So daß man, wenn man dann die Chance hat, zurückzublicken, kurz vor dem Tod sich sagen kann: Ja, ich habe auf diesem Weg gut gearbeitet ... Meine Mutter wird hochgradig geschätzt, was uns sehr stolz macht. Ihr starkes Engagement, klares Bewußtsein und ihre klare Meinung zu bestimmten Dingen, sie wird da sofort als Altleittier akzeptiert. Allein wie sie etwas sagt: nicht von oben herunter, sondern integrierend und sehr freundschaftlich, aber auch sehr bestimmend. Sie hat nicht die ostelbische Diktiernummer, dieses WIR, diesen Imperativ. Und hat eine gute ökonomische Ader. Da habe ich vielleicht auch ein bißchen gelernt.

Zum Beispiel, als meine Mutter unser erstes Möbelstück kaufen wollte. Eine Barockkommode. Sie schnurrte um diesen Antiquitätenhändler herum und nahm mich, wie eine alte Füchsin den jungen Fuchs, mit, um zu zeigen, wie man auf Beutejagd geht. Dann sagte sie: Wenn wir jetzt reingehen, sprichst du kein Wort, hörst nur zu! – Wir gingen also rein, die Türglocke klingelte, das Signal: Jetzt mußt du genau aufpassen. Und dann gingen wir von einem Möbelstück zum anderen – aber wir guckten uns überhaupt nicht diese Kommode an. Es wurde abgelenkt in alle Himmelsrichtungen. Was soll das kosten und jenes kosten? Und ganz beiläufig, ach im übrigen – was soll denn diese Kommode da hinten kosten? Und dann wurde sie schlechtgemacht und schließlich wurde nach dem Preis gefragt. – Naja, viel zu teuer! Der Typ merkte dann auch, daß es vielleicht etwas werden würde und meinte, daß er mit dem Preis runtergehen könnte ... Ich bewunderte mit großen Augen, wie meine Mutter sozusagen das Stück Wild riß. Die Kommode wurde wie ein Augapfel gepflegt!

Statt Kunstgeschichte habe ich Wirtschaft studiert. War auch in einem Corps. Bin aber nach drei Semestern ausgetreten. Das war dort eine Opportunistennummer. Ich hatte eine andere Zielsetzung, eine andere Vorstellung von Gemeinschaft. Ich wollte Vertrauen und nicht solche aufgesetzten Geschichten, die nur auf Beziehungen basierten. Nach dem Examen bin ich nach Amerika gegangen und habe in Harvard Business studiert. Wurde in einem großen Unternehmen Vorstandsassistent, aber das war so eine Halbbeamten-Nummer, eine starre Geschichte. Hatte gerade verheiratet. Ökonomisch war das auch nicht so aufregend. Bin dann Geschäftsführer geworden und mußte eine gesamte Firma neu gründen ... Das war eine große Herausforderung.

Das ganze Erleben früher hat mich natürlich unheimlich geprägt. Dieses oben/unten wollte ich nicht. Schon als Student hatte ich permanent zwei oder drei Jobs nebenher, um einfach mal auch irgendwie auf den Tisch des Hauses zu hauen, zu leben, auch mal einen teuren Schlips zu kaufen oder ähnliches. Schöne Schlipse haben mich immer angezogen, wegen der Ästhetik. Das Hemd konnte noch so alt sein und verschlissen ... Außerdem bin ich ein Sammlertyp. Jeder Trödelmarkt war mein Zuhause. Meine Frau ist hoch alarmiert, wenn ich auf irgendeine Auktion gehe. Sie erzählt immer: Also stell dir vor, den kannst du nicht bremsen, und er denkt, er muß da gewinnen und bietet immer mehr. Quatsch – naja irgendwo stimmt es ...

Häuser sind wie Geschenke

Mitte der 70er Jahre sind meine Familie und ich alle rüber in die DDR gefahren. Zu Zeiten meines Vaters durften wir nicht, weil er Geheimnisträger war, Offizier und adlig. Das war ein sehr interessantes Erlebnis. Wir waren auf dem Gut meines Großvaters mütterlicherseits. Wir guckten uns alles an, waren schockiert über den Zerfall. Da stand noch ein altes Möbelstück, meine Mutter erkannte es wieder. Meine Mutter war sehr gefaßt. Ich fand das fabelhaft: kein Weinen, keine Sentimentalitäten.

Wir hatten die Geschichten, die uns unsere Eltern erzählt hatten, so stark verinnerlicht, daß wir uns in dem Haus, auf dem Grundstück, in dem ganzen Dorf unheimlich gut auskannten. Nicht nur dort, auch in der Umgebung, wir brauchten fast keine Karte. Wir waren gut vorbereitet für die Zeit nach der Wende.

Dort lebte eine Aussiedlerfamilie aus Hinterpommern, furchtbar nette Leute. Sie wohnten im ehemaligen Pferdestall. Meine Mutter sprach sofort mit ihnen, es wurde ein ganz liebes Verhältnis. Wir hatten zu bestimmten Leuten auch immer schriftlichen Kontakt gehalten. Und ich fragte: Sagen Sie, darf ich von diesem Birnbaum vielleicht eine Birne haben? Was eine? Nehmen die doch soviel sie wollen. Es ist doch ihr Baum! Das war eine interessante Begegnung, wie ganz einfache Menschen ein klares Bewußtsein zu diesen Dingen hatten und haben.

Dann fuhren wir zum Besitz meines anderen Großvaters. Wir stiegen wie Japaner mit Kamera und Filmkamera aus dem Auto und schwärmten nach rechts und links aus. Wir waren ziemlich beeindruckt von dem tollen großen Haus, daß in gar keiner schlechten äußerlichen Verfassung war. Natürlich war die Allee und anderes kaputt. Da war eine Schule drinnen, aber der Leiter hat uns weggejagt. Wir sollten verschwinden. Ich sagte, daß wir nur eine Sekunde reingucken wollten. Da sagte er: Das sehen sie ihr Leben lang nicht mehr wieder. Daraufhin schmiß er uns mit großem Palaver hinaus. Diese Ohnmacht war schrecklich – also im Westen hätte ich ihm eine geballert. Hier konnte ich nichts machen, mich nur umdrehen und verschwinden. Dann der Friedhof, den haben wir nur unter Tränen erreicht und haben die im Dornröschenschlaf liegenden Gräber der Vorfahren gesehen.

Diesen Typ hier würde ich gerne fertigmachen, es war eine widerliche Veranstaltung. Wenn Naziverbrecher gefaßt werden, was ich begrüße, dann sollen sie büßen bis zum Ende ihres Daseins. Das war eine Rie-sen-schwei-ner-ei! Aber die aus der DDR genauso!

Als wir wieder in Richtung Westen fuhren, wurden wir von einem Trabbi verfolgt. Eindeutig von dem Pauker da, der das angestachelt hatte. Wie auch immer – wir hatten unsere Heimat wiedergesehen. Und ich sage ganz bewußt »unsere Heimat«, weil das für uns Kinder in der Sekunde Heimat wurde. Da gab es keine Diskussion. Auch die Menschen dort, der Menschenschlag, wir wuchsen ja nicht nur mit eigenen Geschichten auf, sondern uns wurde vorgelesen aus »Ut mine Sturmtid« usw.

Mich hat das immer im Westen gestört, wenn ich in irgendwelche Kirchen reinkam und die Wappen der verschiedenen Familien sah ... Das hat mich gewurmt, und ich dachte immer: Wißt ihr, ich kann es euch nur nicht zeigen, wo mein Platz ist, wo all die Sachen von uns sind, aber sie gibt es ebenfalls!

Diese Sehnsucht, an eine Vergangenheit anzuknüpfen, ist stark ausgeprägt, aber für mich ist es eine aufgearbeitete Vergangenheit. Ich habe es erlebt, wie mein Vater abgeschnitten von allem war, andererseits ist mir klar, wie diese Situationen entstanden. Die Sehnsucht war immer präsent, dorthin zu fahren, das anzugucken und vielleicht, wenn ich darf, auch mitzumachen. Wieder mitmachen.

Und jetzt kommt eine Sache, die mich nachträglich erstaunt. Mein damaliger Chef, ein ganz toller Typ, lud mich nach der Reise in die DDR zum Abendessen ein. Er selbst stammte aus Berlin, seine Frau von einem Gut im Osten. Ich erzählte ihm, daß ich keine rauchenden Schornsteine in der DDR gesehen hätte, und das ganze wohl den Bach runtergehen würde, sagte, daß ich ziemlich sicher sei, daß beide Staaten wieder zusammenkommen. Das war 1975. Er belächelte mich: Also Junge, du bist noch so verdammt jung usw., kannst das nicht richtig beurteilen ...

In den nächsten Jahren guckten wir uns die verschiedensten Häuser dort an und all das, was mit den vielen Zweigen der Familie zu tun hatte. Ich selbst hatte keinen Draht zu irgend jemandem vor Ort. Meine Schwester, meine Mutter schon, die schickten Weihnachten immer Geschenke. Die Beziehung meines Vaters zu der dortigen Bevölkerung war ganz stark. Als mein Vater starb, schickte die Bevölkerung ein aus Fichten gebundenes Kreuz vom elterlichen Gut. Toll, daß sie das in diesen schwierigen Zeiten gewagt haben. Ein Zweig davon liegt bei uns in der Bibel – ist doch klar! Das war für mich der Beweis, daß nicht alle es glaubten, was verkündet wurde: daß die Junker auf ihnen herumprügelten und die Gutsherrschaft so von oben herunter agiert hätte ... Das konnte nicht sein, sonst hätten sie nicht ein Kreuz geschickt. Es war mit den ganz einfachen Leuten dort ein inniges Verhältnis. Der Rest war ja nicht mehr da. Wäre er dageblieben, wären sie auch irgendwie umgekommen. Wie es ja vielfach passiert ist.

Der Besitz meines Großvaters wird von der Treuhand für eine Million Mark angeboten. Was allein schon abenteuerlich ist. Also, so etwas kann man nicht verkaufen, das muß man übernehmen und mit ganz großer Liebe wieder fertigmachen. Ich bin da nicht engagiert, weil es dem älteren Bruder meines Vaters gehören würde und dessen Sohn.

Nach der Wende waren ganz andere Themen präsent. Ich hätte nie gedacht, daß der Staat so einen Betrug macht. Mein Vater würde sich im Grabe umdrehen über das, was hier abläuft, diese unsagbare Schweinerei. Der Staat als Hehler, eine unglaublich Sauerei. Und vor allen Dingen auch eine unheimliche Kurzsichtigkeit: Weil die Vergangenheit, Gegenwart, Zukunft, diese Kette durch diesen Akt im wesentlichen zerstört wurde, nachhaltig zerstört. Eine Perpetuierung von DDR-Maßnahmen. Eine abenteuerliche Veranstaltung. Doch ich bin Optimist. Ich glaube an Spargel, an starke Spargel, und dieses »kann nicht und geht nicht« existiert für mich nicht. Wir sind 150 männliche Familienmitglieder ... eine starke Truppe. Auf unterschiedlichem Wege betreiben wir dort Landwirtschaft und Forstwirtschaft. Und es tut sich da einiges, und deshalb macht diese Aufbausituation viel Spaß. Warten wir doch mal weitere vierzig Jahre ab.

Ich könnte mir vorstellen, daß die, die mit Bewußtsein und dem Anspruch, Vergangenheit, Gegenwart, Zukunft aufzuarbeiten, sich hineinzufühlen und etwas voranzutreiben, viel erreichen werden. Vielleicht mit der Idee einer wirklich *modernen* Gutswirtschaft. Ich könnte mir vorstellen, daß immer mehr Leute sich fragen und erinnern, wo ihre Wurzeln sind. Und wie stark es macht, wenn man Wurzeln hat. Und dann können wir – wie der Spargel – immer wieder hochkommen.

Was adlig heißt? Das war in der Dorfschule kein Thema. Das war Null. Damit wurden wir erst im Gymnasium konfrontiert, mit so komischen Vorstellungen von Kutsche, Krone und Schloß. Wir wußten sehr wohl, wie die Hierarchien waren, vom Graf zum Fürst. Mein Vater war ja Monarchist, wir natürlich sehr wohlinformiert. Aber das Ergebnis war nicht, daß wir uns als etwas Besseres empfanden, sondern wir mußten aufpassen, denn an unseren Namen erinnerte sich jeder. Das hieß Verpflichtung. Wenn du deinen Namen schlecht machst, dann machst du nicht nur dich selbst, sondern auch deine Sippschaft schlecht. Ich war in Latein nicht gut, und da hieß es sofort: degenerierter Adel, der kann ja kein Latein. Das hat mich gewurmt. Ich war einfach unheimlich faul. Und hab' dann natürlich meine Vokabeln gelernt, um zu zeigen, daß ich nicht degeneriert bin.

Man ist ja geadelt worden, weil man sich innerhalb einer Gemeinschaft in irgend einer Form hervorgetan hat. Heute bedeutet für mich Adel, sich ehrenhaft und ehrlich, aufrecht zu verhalten und sich vielleicht ein bißchen mehr als normal zu engagieren für andere, sich einzusetzen in einer Gemeinschaft, Engagement für andere zu zeigen. Wenn möglich, ehrlich gesagt, vielleicht auch eine Leitfigur zu werden, Leitideen zu haben. Anderen viel mitzugeben, nicht nur meiner Familie, sondern auch anderen Menschen. Ob sie es nehmen, ist ihre Sache. Das haben die mich auch im Osten gefragt. Was willst du eigentlich hier? Willst du dir hier ein Schloß aufbauen und uns von oben beäugen, oder was? Nein, sagte ich – und das war für die ziemlich neu –, ich will eine moderne Gutswirtschaft aufbauen. Gutswirtschaft heißt für mich Gemeinschaft, nicht Herrschaft. Und da will ich auch als Zampano mitten drinstehen. Ich habe heute 500 Hektar Landwirtschaft und 250 Hektar Wald. Und es wurde viel gebaut. Es ist irrsinnig schön. Es ist unvorstellbar schön. Ich kenne die Welt, habe keinen Kontinent ausgelassen, ganz viele Länder gesehen. Ich könnte heute in Amerika genauso leben wie hier. Fünfzig Prozent meiner Zeit spreche ich sowieso englisch. Diese Verbindung von Vergangenheit, Gegenwart und Zukunft ist das Wunderbare. Die Vergangenheit ist schon ein starkes Element. Und das vergessen viele, die sich große Historiker und vielleicht sogar Bundeskanzler nennen, die sich als historisch bewandert gerieren, aber von dieser Kette kennen sie relativ wenig. Und das ist hochgradig unterschätzt worden in der Wiedervereinigung, diese unglaubliche Energie, die genau in diesem Bewußtsein drinsteckt und von ihr beflügelt wird und die jetzt flötengeht.

Da sind natürlich auch Idioten nach der Wende rüber gegangen, völlig bescheuert. Mit dem ostelbischen Anspruchsdenken so von oben herunter: Mach du mal das, macht mal jenes!

Als meine Frau und ich Ende der 80er Jahre hier im Westen an unserem desolaten Barockschlößchen anfingen, nichtahnend, daß zwei Jahre später die Wende kommen würde, sind wir natürlich sofort in die Baustelle reingezogen. Welcher Idiot zieht schon in eine solche Baustelle? Die allgemeine Meinung war: Entweder ist der völlig bescheuert oder es ist irgend etwas anderes. Der ist doch adelig, der müßte doch eigentlich Geld haben, kauft ein Schloß, und dann kommt er wahrscheinlich mit einem dicken Mercedes vorgefahren und läßt hier aufbauen. Völlig daneben: Wir zogen ein, ich zog mir einen Blaumann an, und es ging los. Das Eis war natürlich schnellstens geschmolzen. Essen wurde von den Nachbarn gereicht: Mein Gott, die armen Leute, die haben ja noch keine Küche.

Wenn ich von etwas überzeugt bin, dann will ich es auch hundertprozentig. Dann kriege ich auch richtig Energie. Wenn mir jemand sagt, das geht nicht, das ist für mich superbleifrei in meinem Motor. Dann fällt mir schon was ein. Für mich gab es in meinem Leben ziemliche Hürden – nach Amerika zu kommen, das war eine meiner größten Hürden, in Harvard angenommen zu werden. Zumal ich ein blöder Student und eine ganz faule Sau war.

Das zweite war das Spießrutenlauf hoch zehn, um dieses Haus hier im Westen zu kaufen. Das war die Hölle. 99,9 Prozent sagten: Du bist bekloppt. Auf einer Einladung kommt ein Typ zu mir und sagt: Ich wollte Sie nur mal anschauen und guten Tag sagen und sehen: Ach so sieht ein Bekloppter aus, der ein Schloß kauft. Hier im Westen war ich einer der ganz wenigen in Deutschland, die das machten. Mich interessierte, dieses versunkene Schiff wieder hochzuziehen. Viele Schloßbesitzer wollen verkaufen, aber mich hat es gereizt, so etwas wieder zum Leben zu erwecken. Da entwickelt man eine völlig neue Seite im Leben. Danach werden viele andere Sachen absolut belanglos. Und dann kam die Wende, die hat uns ziemlich kalt erwischt, weil wir hier noch nicht fertig waren!

Ich lade unvorstellbar gerne Gäste ein. Wir haben im Osten im Sommer fünfhundert Gäste gehabt. Also irrsinnig schön. Da gibt es nun seit drei Jahren Konzerte, angefangen hatte es mit Freunden. Und Krebsessen, eine ganz traditionelle Geschichte. Wir wollen den Leuten zeigen, was wir schön finden und was andere vor uns schön fanden, was in Vergessenheit geraten ist.

Meine Frau war sehr skeptisch gegenüber unserem ersten Schloß, obwohl sie selbst von einem Gut stammt! Das waren zwei schwierige Jahre unserer Ehe. Aber ich konnte nicht zurück. Hatte das Gefühl, daß ich sonst nie mehr zu meiner Frau kommen könnte mit einer

Idee, und wenn es nur ein Eigenheim gewesen wäre. Also entweder durch oder gar nichts. Denn ich wollte mich nicht schon zu Lebzeiten beerdigen lassen. Und dann ging sie zu zwei Tanten. Die eine sagte: Es ist wichtig für eine Ehe, ein gemeinsames Projekt zu haben. Und die zweite: Hör mal, wenn dein Mann das so will, mit solcher Energie, Ausdauer und so einem Willen, hast du nicht das Recht, dich dagegen zu stellen. Das war die Wende bei ihr.

Ich kann meine Frau ja genau verstehen. Und bei den jeweiligen Kostenschätzungen für das Haus waren wir immer fix und fertig. Wir haben uns eine Weile angeguckt ... und fragten: Wer zahlt denn nun die 5,3 Millionen? Ich sagte, das ist alles total relativ, nur ein paar Nullen mehr. Das muß man organisieren. Irgend etwas machen. Heute wohnen wir hier umsonst, weil wir viele Wohnungen eingebaut haben. Die Mieter merken wir nicht, es trägt sich quasi selbst.

Die Kinder haben richtig miterlebt, daß es hier immer schöner wurde, und vor allem, daß es durch viel Arbeit schöner wurde. Und nicht nur mit dem Löffel winken und so ... bitte bedienen sie mich, sondern daß hier alles sehr genau überlegt wurde. Das schönste ist eigentlich, wenn die Kinder heute Führungen machen. Einmal im Jahr kommen so fünfhundert, sechshundert Leute aus der Gegend. Dann haben die Kinder die richtigen Geschichten drauf! Das macht sehr viel Spaß. Im Osten ist das anders, da werden wir überrannt. Da kommen am Wochenende zweihundert Menschen. Für uns ist das natürlich schön zu sehen, wie den Kindern das gefällt. Wie die auch stolz sind. Wie sie da auch mit leben.

Man muß genau wissen, wo die Kräfte herkommen. Woher du die Kraft nehmen willst, um das zu machen: 350 Lastwagen Schutt aus so einem Haus rauszuholen, heißt, daß man nachts arbeitet. Tagsüber den Beruf und nachts arbeiten. Und die Wände durchschlagen ... Ich bin neunzig mal gefahren, um Holz in die Müllverbrennungsanlage zu bringen. Das war unheimlich teuer. Ich habe einen Tunnel von 15 Meter Länge unter diesem Haus durchgebuddelt, weil ich zwei Keller verbinden wollte. Dazu gehört Liebe.

Das war auch die Motivation zu diesem Haus hier. Der Osten war weit weg. Irgendwie dachte ich, es wird vielleicht doch nicht mehr. Aber ich wollte an das Alte anknüpfen. Irgend so ein Haus wollte ich haben. Das oben/unten hatte mich unheimlich gestört. Und ich dachte: Vielleicht kann ich mit dem Haus für meine Kinder wieder etwas anfangen: Ein ganz guter Pflock, an dem man sich orientieren kann.

Kommentar zu Wolfgang Freiherr von N.

»Es macht stark, wenn man Wurzeln hat«. Diese These verkörpert Wolfgang N. in einem hohen Maße: Seine Vitalität, seine Energie, sein Organisationstalent und seine Lebensfreunde sprühen und sind mitreißend. In seiner Familie wird kolportiert, daß er bereits als kleiner Junge ein Schloß haben, es sich selbst schaffen oder kaufen wollte. Sein Motor: die ausdrückliche und bewußte Aversion gegen einen Zustand »da unten«, gegen das subjektive Gefühl der Minderwertigkeit, als nur die Reste vom Tisch der reichen Verwandtschaft für ihn übrig blieben. Diese Schmach, bei der Köchin betteln zu müssen, und gleichzeitig die Chuzpe, darum zu bitten und die Reste vom Hummer ausgiebig zu genießen, ließen ihn auf dem Weg des Erfolges immer weiter voranschreiten.

Die Wurzeln waren ausgerissen. Schmerzlich für den Sohn, die Gebrochenheit des Vaters zu erleben, seine Anstrengungen, mit dem Rad oder Motorrad über Land als Vertreter hausieren gehen zu müssen. Später treten die politischen Enttäuschungen des Vaters in den Vordergrund, der relativ früh an einem Herzinfarkt stirbt. Man könnte auch sagen: an einem verhärteten Herzen. Die Psychosomatik lehrt, daß diejenigen einen Herzinfarkt gekommen, die die Ich-Kräfte und das Wollen in den Mittelpunkt ihres Lebens stellen. Bei dem Vater von Wolfgang treffen vielleicht zwei Momente zusammen: Einerseits war sein Herz gebrochen durch den Verlust der Wurzeln, der Heimat, seines ursprünglichen Berufes als Landwirt. Er mußte aus seinem Lebensrhythmus aussteigen, dem Rhythmus, seit Generationen in der Familie verwurzelt, der abhing von den Jahreszeiten, dem Wachsen, Angewiesensein auf das Werden, Gedeihen und Vergehen der Natur, dem Akzeptieren dieser Unabänderlichkeiten. In der neuen Existenz mußte er ungeheure Willenskraft mobilisieren, um der Familie eine neue Lebensgrundlage zu schaffen, zunächst mit der extrem schweren Arbeit im Wald als schlichter Arbeiter, später als Vertreter – einer seiner Herkunft und Erziehung diametral entgegenlaufenden Tätigkeit, etwas, was »man« eigentlich nicht tat, was ehrenrührig war. Und was keineswegs in die Jahreszeiten eingebettet war, vielmehr gegen die Unbilden des Wetters sich abgerungen werden mußte. Aber sein Wille und seine Ich-Kräfte waren stark genug dies jahrelang auszuhalten, er mußte sie strapazieren, schlußendlich wohl auch überstrapazieren.

Die Wurzeln der Familie waren ausgerissen, aber wurden sozusagen luftgetrocknet und behielten einen Teil ihrer Energie. Sie trieben den Sohn derart an, daß er sich ein Barockschloß – wider alle Vernunft als Bauherr und Konservator – kaufte, um dort seine Wurzeln in die Erde senken zu können. Wolfgang hat damit ein Kleinod von hohem kunstgeschichtlichem Rang neu erstehen lassen. Und wie sein eigener Vater, der als Arbeiter und Vertreter nicht seine Würde und nicht die Achtung seiner Familie verlor, packt er ebenfalls mit an und wühlt im Bauschutt und schaffte mit schwerster körperlicher Arbeit Ungeheures.

Dieses neue Domizil der Familie war noch nicht völlig renoviert, als die Wende kam und die heiß ersehnte Heimat näher rückte. Dieser Umbruch geschah plötzlich, buchstäblich über Nacht, so plötzlich, wie die Heimat 1945 verlassen werden mußte. Es hat ihn »kalt erwischt«, so wie seine Eltern und Großeltern 1945 kalt erwischt worden waren ... Zwar haben seine Frau und er nicht eines der Großelternhäuser zurückgekauft, sondern einen Besitz, der bis ins 19. Jahrhundert der Familie gehörte. Auch hier wieder: Die Familie zog – diesmal in eine Blockhütte – mitten auf die Baustelle, die meisten der arbeitslosen Dorfbewohner bekamen ABM-Stellen, und los ging die Renovierung und der Aufbau, bald schon gefolgt von Konzerten prominenter Musiker während der Sommerwochen in der noch unfertiger Backsteinscheune. Ein überregionales Kulturzentrum soll entstehen, gefolgt von vielen Plänen, die die gesamte Region beleben könnten.

Psychisch entstand durch diesen neuen Besitz wieder eine Situation der Spaltung: Im Westen das Barockschloß, dort gehen die Kinder in die Schule, und nun im Osten, in der neu-alten Heimat, das Objekt der Liebe und Sehnsucht. Wieder eine Zerrissenheit, diesmal durch die Zeit und die enormen Entfernungen, durch die Anstrengungen, an Wochenenden und in jeder freien Minute fünf bis neun Stunden fahren zu müssen, um dort weiter zu schuften. Anstrengungen, bei denen das Zuhören schon schwindlig macht, aber die sich Wolfgang zumutet, zu denen er geradezu getrieben scheint. Getrieben, seine Herzenswünsche sich selbst zu erfüllen, mit der Anspannung aller Kräfte, so daß es für Außenstehende nach einer selbst auferlegten Überforderung aussieht und die Ähnlichkeit mit der ungeheuren Anstrengung seines Vaters zutage tritt.

Ein Abenteurer wird er gerne in den Medien genannt, ein Getriebener ist er. Er sucht Anforderungen. Wenn eine Situation unmöglich erscheint, packt er sie voller Trotz gerade an. Sein jungenhafter Charme verweist auf den Trotz des inneren Kindes in ihm: »Denen werde ich es schon zeigen, wenn sie mich nicht mitspielen lassen. Dann werde ich einfach besser, sobald ich groß bin!« Es scheint, als sei seine Getriebenheit nicht mehr ausschließlich gespeist von dem Wunsch, nach oben zu kommen, die 45 Jahre der Heimat- und Wurzellosigkeit zu überwinden. Denn dieses Ziel hat er sich mit seinem ersten Schloß schon erfüllt. Es wirkt vielmehr wie eine generationsübergreifende Dynamik, die aus der Tiefe seiner Familiengeschichte gespeist wird, als wollte er allen beweisen, daß seine Familie, die 750 Jahre dort im Osten Deutschlands residierte, zu erneuten Höhenflügen fähig ist. Solch eine lange Geschichte bringt es ja auch mit sich, daß es Jahrhunderte des Glanzes und Jahrhunderte der Bescheidenheit gab, daß prominente Vertreter und schlichte Gemüter in der Reihe der Vorfahren zu finden waren. Nach 50 Jahren des Schweigens soll nun buchstäblich mit Pauken und Trompeten, sprich mit großem Orchester, berühmten Virtuosen und lauten Aktionen, eine neue Phase der Familiengeschichte eingeläutet werden. Die Lust am Spiel, am Getöse und Getümmel, an Gästen und Festen und die Ambivalenz zwischen dem Wunsch, im Mittelpunkt zu stehen, aber sich gleichzeitig auch bescheiden als Treuhänder zu fühlen, treibt ihn vorwärts, scheint ihn jedoch auch zu zerreißen. Er sucht Veränderung: »Veränderung ist nicht, das zu werden, was man nicht ist, sondern das zu sein, was man ist«, so der Gestalttherapeut Hilarion Petzold.

Die innige Verknüpfung mit der Familientradition wird auch daran deutlich, wie stark Wolfgang betont, daß die Häuser nur treuhänderisch in seinen Händen lägen, er nur ein kleines Glied in der langen Kette der Vorfahren sei, er sich dazu verpflichtet fühle, sie in gutem, in seinem Fall sogar weit besserem Zustand an die Nachkommen weiterzugeben. Es ist seine »Sehnsucht, wenn ich darf, dort mitzumachen«, auch seine Spiellust und Leidenschaft. Er möchte seiner »Sippschaft« keine Schande machen, weder damals mit den Lateinvokabeln, noch heute mit seinen Riesenprojekten, um seiner Familie einerseits persönlich zur Ehre zu gereichen und andererseits die Ehre seiner Familie zu mehren. Es ist die gelungene Verknüpfung von Individuation »Es muß mir Spaß machen ...« und Kontinuität: »Die Verbindung von Vergangenheit, Gegenwart und Zukunft ist das Wunderbare«. Und hier liegt, wie die Psychologie durch die neuen Erkenntnisse der Familientherapie erst in den vergangenen Jahren gelehrt hat, eine unglaubliche Kraft. Die Kraft zum Positiven und die Kraft zum Zerstörerischen. Wir haben alle, wie die Therapeutin Ines Behrendt sagt, heiße, unerledigte Kartoffeln unserer Vorfahren in der Tasche. An manchen verbrennen wir uns die Finger, andere machen uns satt und unternehmungslustig, energiegeladen und zielgerichtet. Oder, wie der englische Politiker und Schriftsteller Edmund Burke (1729-1797) schrieb: Das Leben ist »eine Partnerschaft nicht bloß zwischen denen, die leben, sondern zwischen denen, die leben, denen, die tot sind und denen, die erst geboren werden.« Diese Kraft und Energie, die aus der Generationenkette erwachsen kann, hat die damalige Bundesregierung buchstäblich in den Wind geschlagen, sich nicht zu Nutze gemacht für den Aufbau im Osten, als sie im Vereinigungsvertrag die Rückgabe der enteigneten Besitztümer ausschloß.

Für Wolfgang ist ein Haus wie ein »Geschenk«, obwohl er beide Schlösser nicht geerbt, sondern mit eigenen Mitteln gekauft hat. Vergleichbar sind Häuser mit uralten Bäumen: auch wenn diese auf meinem Grundstück stehen, wachsen und gedeihen und sterben sie (meist) unabhängig von mir, sie reichen aus der Vergangenheit in die Zukunft. Ein »Pflock« zur Orientierung, um Halt zu finden im Trubel der Welt. Gerade er, der beruflich ständig zwischen den Kontinenten hin und her fliegt, hat aus der Wurzellosigkeit seiner Familie heraus Mut zu zwei ganz verschiedenen Lebensaspekten gefunden: zur beruflichen »Umtriebigkeit« wie auch zur Wiederbelebung einer neuen Heimat, eines beständigen Zuhauses.

Psychologisch läßt sich hier ein interessantes, wenig beachtetes Moment entdecken. Geprägt von Sigmund Freud im Jahrhundert der Psychoanalyse, gehen die meisten von uns davon aus, daß Qualen und Leiden in der Kindheit zerstörerisch und destruktiv ein ganzes Leben lang nachwirken können. In der Tat, das können sie. Aber müssen nicht. Wolfgang ist ein Beispiel für positive Problembewältigung. Denn »das Leben schlägt ja nicht nur Wunden, es heilt auch, fördert, trägt zur Entfaltung bei« (Petzold, 1994/95). – Was zu Beginn seiner Kindheit schmerzhaft und demütigend war, kann er selbständig und aktiv überwinden: die Heimatlosigkeit, zweifach nunmehr, die Schmach des Flüchtlingsdaseins, das verlorengegangene äußere, berufliche Prestige seiner Eltern, die finanzielle Knappheit, die räumliche Enge. Er schafft sich sozusagen die Verlockungen und den dazugehörenden Rahmen für all die köstlichen Dinge, die auf den geretteten Speisekarten damals für ihn als Kind nur zu lesen, nicht zu schmecken waren. Von der Theorie zur Praxis, von der Sehnsucht zur Realität. Wie George Bernard Shaw schrieb: »Die Vorstellungskraft ist der Anfang der Schöpfung. Man stellt sich vor, was man will; man will, was man sich vorstellt; und am Ende erschafft man, was man will.«

Die Offenheit des Lebens ist ein Privileg
Oder: Die Schicksalsdifferenz zwischen Ost und West

Georg Graf v. A., in Boston lebend, verheiratet, drei Kinder, Professor für Politikwissenschaft

Ich wurde 1942 geboren, als zweiter Sohn. Mein Bruder ist ein Jahr älter. Mein Vater fiel knapp zwei Wochen vor meiner Geburt im Rußlandfeldzug. Nach dem Krieg hat meine Mutter noch einmal geheiratet. Aus dieser Ehe stammen zwei Töchter, alle sind verheiratet.

Mein Vater stammt aus einer thüringischen Familie, in der es viele Beamte, Offiziere und sonstige Staatsdiener gab. Er war der erste Landwirt in der Familie, hatte sogar Landwirtschaft studiert und über Schweinezucht promoviert. Er hat dann, wie er sagte, nicht den »Großen Preis von Celle« geheiratet, sondern eine Münchner Intellektuelle, die Tochter einer Historikerfamilie. Urgroßvater, Großvater und andere Verwandte mütterlicherseits leiteten Museen und hatten Spitzenpositionen in der Kulturverwaltung und der Wissenschaft inne. Meine Mutter war promovierte Historikerin, sprach mehrere Sprachen und arbeitete vor dem Krieg in einem Ministerium, um ausländische Radiosendungen auszuwerten.

Sie war offenbar eine sehr elegante junge Dame und wurde zu unendlich vielen Festen eingeladen, damals in den gesellschaftlich spritzigen frühen 30er Jahren. Als sie meinen Vater auf einem für sie gegebenen Abschiedstee kennenlernte, schwammen ihre Koffer schon auf dem Ozean, weil sie in Indien Vorlesungen über deutsche Geschichte halten sollte. Sie gab diesem Landwirt und früheren Corpsstudenten zunächst eigentlich keine Chance.

Später, nach 1955, hat meine Mutter als Historikerin wieder zu arbeiten begonnen, nachdem auch ihr zweiter Mann schwer erkrankte und gestorben war. Mit großen Mühen ist sie in die Wissenschaft wieder eingestiegen, hatte viel nachzuarbeiten, aber mußte uns Kinder ja irgendwie ernähren.

Mein Vater lud also diese junge, bürgerliche Intellektuelle sehr bald zu einem Besuch auf das Gut ein, welches er verwaltete. Dieser Besuch entfaltete für meine Mutter eine Faszinationskraft, ländliche Gegenwelt zum Städtischen. Der Hund, die Tiere meines Vater, der Förster, der seinen Chef fragte: »Herr Graf, wird's nun endlich diese?« Dieses Landleben, vor allem die Jagd, Park und Garten, die Karpfenzucht, alles ganz fremde Dinge, reizten meine Mutter offenbar sehr, aber besonders die Nähe zu meinem Vater, denn in der Landwirtschaft ist man als Paar eng zusammen, kann man gemeinsam arbeiten und aufbauen. Sie lebten zunächst in der Nähe von Berlin, wo mein Vater Güter verwaltete, waren aber auch immer wieder in Pommern auf dem Familienbesitz, den meine Großeltern meinem Vater dann vorzeitig übertrugen.

Mein Großvater väterlicherseits war Staatsminister gewesen. Von der Landwirtschaft hatte er keine Ahnung. Er war ein christlicher Mann und hatte bei Bodenreformen in den 20er Jahren dafür gesorgt, zum Entsetzen meines Vaters, daß die besten Stücke des Gutes an die Arbeiter verteilt wurden. Berühmt ist die Geschichte, daß er in den Kuhstall ging und die Maserungen der Kühe aufzeichnete, um dann Alma von Anna unterscheiden zu können. Er wurde offenbar ungeniert betrogen von seinen Angestellten, was aber völlig zum Wertekostüm der dortigen Landarbeiter der damaligen Zeit gehörte, daß man beim Kartoffellesen und auch sonst etwas für die eigene Familie mitgehen ließ.

Mein Vater übernahm auch das Familiengut. Er hat das so mitlaufen lassen, weil er noch andere Güter verwaltete. Nachdem er gefallen war, ist meine Mutter aufs Familiengut gezogen. Sie lebte dann mit ihren Schwiegereltern zusammen, was sehr gut ging, weil sie respektiert wurde und die Großeltern ungeheuer liebenswerte Menschen waren.

Eine Geschichte noch von der Hochzeit meiner Eltern im Jahr 1936: Die Lieblingstante meiner Mutter war aus dem Schuldienst eines Gymnasiums vertrieben worden, weil sie zu viele jüdische

Freunde hatte. Mein Großvater väterlicherseits, der ziemlich schwerhörig war, sagte zu ihr »Und Ihnen, gnädiges Fräulein, haben die Nazis auch so übel mitgespielt!« Es war bezeichnend, daß die anderen meinten, er solle doch das Thema nicht so laut weiterspinnen, weil man nicht wußte, ob die Bediensteten in dem Hotel nicht schon Nazispitzel waren.

Als Kinder liebten wir die Geschichten von früher. Es waren glanzvolle Zeiten, aber nicht im Sinne von Wohlstand, denn das Gut warf nichts ab, war auch erst neu – über die Großmutter – in die Familie gekommen. Der Großvater war nach 1918 aus Thüringen vertrieben worden, ohne Pension. Als Sachsen und Thüringen damals sehr revolutionär wurden für einige Zeit, wurde die ganze Führungsschicht des Staates aus den Ämtern gedrängt. Viele gingen außer Landes. Es hieß immer, daß mein Vater in seinen Studienjahren die Hemden getragen hätte, die aus dem Schürzenstoff der Bediensteten des Gutes genäht waren. Es war also sehr ärmlich. Der Glanz, von dem hier die Rede ist, war der des intellektuell-künstlerischen Großelternhauses, der über meine Mutter in die früheste Kindheit von mir hineinstrahlte. Der Glanz kam auch von diesem sehr schönen Schloß, ursprünglich ein einfacher Bau, das dann von meinem Urgroßvater, einem Maler, mit wunderschönen Sagenbildern ausgestaltet wurde.

Drei Episoden, bezeichnend für den kämpferischen Lebensmut meiner Mutter, möchte ich erzählen.

Erste Szene: Russische Kampftruppen stehen vor dem Dorf. Männer waren nicht mehr vorhanden, meine Mutter als Gutsherrin war sozusagen die Chefin des Dorfes. Sie geht den Russen entgegen, mit einem weißen Tuch, rechts und links ihre kleinen Söhne an der Seite. In der Eile hatte sie das Ordensband, auf das sie gerade fein säuberlich die Orden, Ehrenzeichen und Schmuckgegenstände der Familie aufgereiht hatte, noch in der Hand. Natürlich hatte sie es verstecken wollen. Das wurde ihr als erstes abgenommen. Aber sie hatte den Schneid, den Russen entgegenzugehen und so zu verhindern, daß das Dorf beschossen wurde.

Zweite Szene: Meine Mutter wurde von den polnischen Behörden als Verwalterin unseres Gutes eingesetzt und hat in dieser Funktion zwei Jahre lang für die polnische Administration das Gut betreut. Als wir schließlich im Frühjahr 1947 vor die Wahl gestellt wurden, Polen zu werden oder über Nacht die Heimat zu verlassen, hat sie letzteres gewählt. Aber sie hat für diese zwei Jahre eine Bescheinigung erhalten, daß sie eine gute Arbeiterin für Polen war; ja, sie hat sogar die Karpfen, die sie gezüchtet hatte, auf der polnischen Landwirtschaftsausstellung in Warschau vorführen können. Und bei der Berechnung ihrer Rente wurden ihr diese zwei Jahre gutgeschrieben. Bezeichnend für sie war ihre atavistische Vorstellung, daß derjenige, der als letzter sein Land verläßt, als erster wieder eingesetzt wird in seine Rechte. Das war natürlich nicht der Fall. Sie hat aber bis zuletzt und als eine der letzten deutschen Familien ausgeharrt, bis sie ohne echte Alternative vertrieben wurde.

Nicht weil sie das Land, die Landwirtschaft extrem geliebt hat, sondern aus der Vorstellung heraus: Hier stehe ich, hier bin ich eingesetzt von meinem Mann, ich bin befreite Vorerbin, unsere Söhne erben dies alles eines Tages, ich habe nicht das Recht, diesen Besitz zu verlassen. Eine kluge Entscheidung, weil ja unendlich viele Menschen auf der Flucht umgekommen sind. Sie hat in der Heimat, obwohl wir natürlich sehr geschuhriegelt wurden, in einer vertrauten Umgebung, in der man uns Kindern immer ein bißchen Fett oder Wurst zusteckte, die erste Welle der Gefährdungen in der unmittelbaren Nachkriegszeit überlebt.

Dritte Szene, die bezeichnendste: Als meine Mutter in der zweiten Hälfte der 50er Jahre mit unendlicher Mühe versuchte, wieder in ihre geschichtlichswissenschaftliche Tätigkeit hineinzukommen, bewarb sie sich an einem Forschungsinstitut. Sie wurde zu dem Institutsleiter vorgelassen. Schließlich ging dieser an seinen Aktenschrank und sagte: »Und hier, gnädige Frau, sind die Bewerbungen von 34 Männern. Glauben Sie etwa, daß Sie besser sind als diese Männer?« Meine couragierte, selbstbewußte Mutter antwortete ohne zu zögern:

»Besser vielleicht nicht, aber anders!« Sie bekam die Stelle. Sie war dann sehr ausgefüllt durch ihren Beruf, hat sehr kämpfen müssen, damals gab es keine besondere Rücksichtnahme auf Frauen. Sie hat Bücher geschrieben, Bücher herausgegeben. Meine Mutter pendelte von Süddeutschland, wo das Institut residierte, mit unendlich schlechten Verbindungen nach Hause ins Oldenburgische, wo ihre schulpflichtigen Kinder lebten. Die Doppel- und Dreifachbelastung hat sie viel Kraft gekostet. Denn am Wochenende, wenn sich ihre männlichen Kollegen erholten und von ihren Frauen verwöhnen ließen, mußte sie nach Hause fahren zu allen Katastrophen: trunksüchtige Hausangestellte, die gefeuert werden mußten, ein Mann, in dem sich viel aufgestaut hatte, wir Söhne, mehr oder weniger schlecht in der Schule, die kleinen Schwestern. Geld war kaum vorhanden, der öffentliche Dienst zahlte schlecht. Es war sehr hart für meine Mutter!

Mein Großvater starb noch in Pommern, meine Großmutter flüchtete zu Verwandten nach Bayern. Über diplomatische Kurierpost wurde meine Mutter nach 1945 informiert, daß auch wir bei diesen Verwandten Zuflucht finden könnten. Es war eine Konstellation, die typisch für die Nachkriegszeit war: ostelbische Verwandte, die eine bessere Zeit gesehen hatten und den großen Rahmen kannten, kommen unter bei westdeutschen Verwandten, die den großen Rahmen noch haben, hier sogar mit großem Vermögen, und werden integriert, aber spüren natürlich die Differenz zwischen den Verhältnissen.

Meine Mutter wurde eingesetzt, das Gut zu leiten, hat das eine Zeitlang gemacht und heiratete dann meinen Stiefvater, der die Gutsverwaltung übernahm. Es gab zwischen ihnen wohl nicht die gleiche Faszination wie 12 Jahre zuvor zwischen meinem Vater und meiner Mutter. Aber diese zweite Ehe mit einem Mann aus der gleichen »Kiste«, auch ein ostelbischer, landbesitzender Adliger konservativen Zuschnitts, der bei der Erziehung der Stiefsöhne in die gleiche Richtung dachte und handelte, wie es wohl unser leiblicher

Vater getan hätte. Sollte es eine Verstandesehe gewesen sein, war sie für uns Söhne von unendlichem Wert. Wir wuchsen nicht vaterlos auf, sondern hatten einen Mann für uns, der Linie gehalten hat, der Überzeugungen hatte. Natürlich haben wir uns an ihm und der Strenge gerieben. Er bestand auf Anstand und pünktlichem Erscheinen beim Abendessen, auch wenn gerade eine Schlagermusiksendung lief. Er hat uns frühzeitig Bridgespielen beigebracht. Das war für ihn die Vorstellung eines gebildeten, gesellschaftsfähigen jungen Mannes. Er kannte die Schlachten des siebenjährigen Krieges auswendig, das war seine Welt, die preußisch-deutsche Geschichte. Ich fragte ihn einmal, warum bei ihm die Monarchie so positiv bewertet würde. Er sagte: Monarchie bedeutet eben, daß man weiß, an wen man sich zu halten hat – eine Regierungsform mit einem besonderen personellen Orientierungspunkt. Das war eine in seiner Generation verbreitete, in meiner aber doch schon weit entfernte, nicht mehr einsichtige Vorstellung.

Es war ein prägender Eindruck für mich, diese Vermögens- und Schicksalsdifferenz zwischen West und Ost. Die Differenz bestand darin, daß man sich im Westen gerierte, als hätte der Krieg nicht stattgefunden. Die Vermögen waren da, sicher war der eine oder andere gefallen, vermißt oder noch in Gefangenschaft, aber im Grunde genommen fanden früh schon wieder Bälle wie in der Zwischenkriegszeit statt. Meine Mutter, noch schwarz gekleidet als junge Witwe, wurde auf diese Bälle mitgenommen, die ihr nach all den dramatischen Veränderungen befremdlich erschienen. Meine Mutter war attraktiv, wurde schon wieder angeschwärmt, war aber immer wieder enttäuscht, daß so wenig Kenntnis von den eigentlichen Verhältnissen, den Schicksalen bestand. Es gab einen Superintendenten in der Stadt, bei dem sie Schreibarbeiten leistete, um überhaupt noch irgend etwas außer der Landwirtschaft und uns Kindern zu erleben und etwas Geld dazu zu verdienen. Der Theologe hatte mit der Zeit ihr ganzes Schicksal mitbekommen und hielt darüber eines Sonntagmorgens im Dom eine donnernde Predigt. Sie handelte von der jungen Kriegerwitwe mit den Söhnen, die nun hier integriert werden müßten, denen man doch Solidarität zeigen müßte usw. Unsere Verwandten, bei denen wir Unterkunft gefunden hatten, waren entsetzt von dieser halben Veröffentlichung doch ganz privater Dinge.

Nachdem der Erbe dieser Verwandten den Betrieb selber übernahm, bedeutete man uns, wir sollten nun woanders unterkommen. Das war häufig im Verhältnis zwischen ostelbischen Vertriebenen und westlichen Verwandten so, daß es zu Spannungen kam, wenn auch vor allem in der nächsten Generation, also ab Mitte der 50er Jahre.

Es begann eine verzweifelte Suche nach einer beruflichen Zukunft und einer Bleibe, zunächst einmal für meinen Stiefvater, der ja auch Landwirt gewesen war, aber nie ein Examen abgeschlossen hatte, weswegen er für das Landwirtschaftsministerium oder ähnliches nicht vermittelbar war.

Wir hatten ja nicht nur unsere Güter verloren, die materielle Basis. Mein Vater, der eine Topausbildung hatte, hätte wohl nicht diese Integrationschwierigkeiten wie der Stiefvater gehabt. Noch schlimmer war, daß auch die personelle Basis zerschlagen war, das ganze regionale Beziehungsgeflecht, in dem man in diesen Kreisen damals aufwuchs. Im Westen gab es zwar überall Verwandte, aber zu den neuen Dienststellen, zu den Ministerien, zu den Abgeordneten oder den Forschungsinstitutionen gab es nicht mehr diese selbstverständlichen Kontakte. Wir in unserer Generation mußten uns das im Westen neu schaffen. Für die Generation meiner Mutter und meines Stiefvater war das Mitte der 50er Jahre doppelt und dreifach schwierig.

Er fand dann schließlich nur eine Stelle als eine Art Gutsverwalter in Norddeutschland, wohin wir zogen. Meine Mutter hat das flache Land gehaßt. Für uns Kinder war es schön, aber ihr erschien es als das Ende der Welt, der Zivilisation. Nachdem mein Stiefvater sehr krank wurde, er hatte beide Weltkriege mitgemacht und die harte Zwischen- und Nachkriegszeit, hat sie alle Möglichkeiten ausgeschöpft, um da wegzukommen.

Den Krieg habe ich nur in einem Punkt selber erlebt und die unmittelbaren Nachwehen mitbekommen, die mit der Flucht zusammenhängen. Auch das zeigt den Mut, die Tollkühnheit, vielleicht auch den Leichtsinn meiner Mutter. Mein Großvater mütterlicherseits starb in Jena. Nachdem ihn die Nazis 1933 aus dem Amt geworfen hatten, er hatte in ihren Augen zu viel moderne Kunst gekauft, kam er als Professor in der Provinz unter. Er starb dort, und meine Mutter fuhr mit uns zu der Trauerfeier Anfang 1945 nach Jena. Auf der Fahrt dorthin mußte der Zug mehrere Male anhalten und wir uns unter Brücken verstecken, weil Tiefflieger und Bombenangriffe kamen. Man sah auch abgeschossene Flugzeuge, liegengebliebene Fahrzeuge usw. In diesem Sinne habe ich den Krieg aber nicht negativ, sondern eher als dramatischen Hintergrund miterlebt.

Den Tod meines Vaters und diese Problematik habe ich natürlich nicht unmittelbar erlebt, weil ich da noch nicht geboren war. Aber ich möchte doch mit einer Anekdote von der Einschätzung meiner Mutter berichten. Ich habe einmal gesagt: Das muß doch eigentlich schön gewesen sein, daß ich geboren wurde und du aus deiner Trauer herausgerissen wurdest, damit war doch etwas Positives geschaffen ... Sie sagte, nein, das Gegenteil war der Fall: Diese Geburt eines Kindes von einem Vater, der eben erst gefallen war, hat die Sinnlosigkeit des Krieges und dieses Opfers noch mehr unterstrichen und mich noch trauriger gemacht. – Wir haben Briefe gefunden von meinem Vater an meine Mutter während des Krieges, Feldpostkarten. Aus ihnen kann man ersehen, daß meine Mutter von Anfang an verzweifelt war, diesen Krieg und den Einsatz meines Vaters als völlig sinnlos erachtete und ihn immer beschwor, seinen Dienst abzubrechen. – Mein Vater konnte natürlich nicht desertieren. Aber die Situation, aus der Sicht einer jungen Ehefrau, die leidenschaftlich liebte und überhaupt ein leidenschaftlicher, hochemotionaler Mensch war ... mein Vater nannte sie immer »Meine Selterwasserflasche«, weil sie so sprudelte, die Situation war so, daß er als Landwirt, der immer mehr Güter zur Verwaltung übernehmen mußte, eigentlich als »unabkömmlich« gestellt war, wohl auch wegen seiner Familiensituation. Aber er selbst hat zu Kriegsbeginn seine Einberufung betrieben. Er war Oberleutnant der Reserve und tat Dienst in einem Ausbildungsregiment und hat insofern meine Mutter immer beruhigt und gesagt, du brauchst keine Angst zu haben, ich bin ein Spezialist, ich bilde die Soldaten und Offiziere ja aus, die können mich gar nicht »verheizen«, gar nicht an die Front schicken. Und dann traten im Rußlandfeldzug so hohe Verluste ein, daß man ihn und seine Einheit doch zum »Lückenfüllen« einsetzte und er sehr früh gefallen ist.

Mein Vater seinerseits beschwor immer wieder meine Mutter, durchzuhalten und den Sinn zu verstehen, daß er auch für sie kämpfe und für die Söhne usw. Und dann gibt es auch Postkarten von ihm an meine Großeltern mütterlicherseits, in denen er sie bittet, beruhigend, begütigend auf meine Mutter einzuwirken, die tatsächlich den Krieg und dieses »Handwerk« und diesen ganzen Hintergrund meines Vater ablehnte. Aus heutiger Sicht könnte man seinen Kontext verkürzt deutsch-national nennen. So war mein Vater ehemaliger Corpstudenten, hatte auch kurzfrisitg in einem heimatlichen Freicorps gekämpft.

Meine Mutter war gewiß internationaler, sie hatte jüdische, intellektuelle Freunde, und nach dem 2. Weltkrieg wurde ein Teil unseres Lebens, besonders mein Leben, wesentlich bestimmt und gefördert durch diesen Freundeskreis meiner Mutter, soweit er überlebt hatte. Ich nannte sie immer die alte Garde. Der eine war Diplomat, ein Patenonkel von mir lebte in Paris, ein dritter lebte in England als Flüchtling und wurde schließlich Professor und mein akademischer Lehrer und väterlicher Freund. Und der vierte, Historiker, der lebte dann als Emeritus in unserer Stadt und nahm sich meiner historischen und literarischen Lücken an. Auch ihm habe ich viel zu verdanken.

Ich hatte ja schon von den latenten und manchmal auch bis zu uns Kindern durchschlagenden Spannungen berichtet, die wir gespürt und erlebt haben, als wir nach dem Krieg bei Verwandten im Westen Unterkunft fanden. Die Aufforderung, diese neue Heimat in den 50er Jahren zu verlassen, war dann ein großer Schlag und führte zu unendlichen Sorgen bei meinen Eltern und auch zu einer Verbitterung bei meiner Mutter. Sie empfand sehr stark, dachte oftmals in Schwarz-weiß-Kategorien, und sie war so empört, daß man eine Familie mit Kindern hinauskomplementierte, daß sie sich schwor, nie wieder ihren Fuß auf dieses Land der Verwandten zu setzen. Ein Schwur, den sie auch hielt. Andererseits hat sie die älteste Tochter dieser Verwandten, als diese mit dem Studium begann, herzlich bei uns aufgenommen. Viele junge Mädchen schlossen sich meiner Mutter an, die etwas sehr Faszinierendes hatte, gerade für junge, orientierungssuchende Mädchen. Meine Mutter triumphierte geradezu, als diese Cousine dann heiratete und ihre Söhne, schmucke junge Männer im heiratsfähigen Alter, auf die Hochzeit eingeladen waren. Sie hatte wohl das Gefühl, denen zeige ich jetzt, was aus uns geworden ist, nachdem sie uns damals, wie meine Mutter fand, so unfreundlich hinauskomplimentiert hatten.

Ihre Situation als Kriegerwitwe war sehr hart. Sie war wohl gelitten, so lange sie die Landwirtschaft betrieb. Das bedeutete, daß sie vor Tau und Tag aufstehen mußte, um die Arbeit einzuteilen und zu überwachen, so daß sie buchstäblich total zerschlagen am Abend zurückkam. Und da waren wir nun, halbwilde, unerzogene Jungen, und hatten das letzte schöne Stücke, was gerettet war aus Pommern, kaputtgemacht. Für sie das letzte Kulturelement, was noch da war in dem Hühnerstall, in dem wir ärmlich wohnten. Da hat sie uns ordentlich geprügelt, natürlich aus der Erschöpfung heraus. Solche Geschichten sind Mythen in der Familie geworden, wurden schon hundert mal erzählt, auch unseren eigenen Kindern. Wir konnten jedoch sicher sein, daß unsere Mutter abends ans Bett kommen und sich entschuldigen würde, daß also die Sonne nach dem Sturm wieder aufgehen würde.

Bei den Verwandten gab es uns gegenüber Distanzierungen, die mit unserem Alter und unserer mangelnden Erziehung zu tun hatten. Wir waren verwildert, denn im Osten hatten wir uns erst mit russischen und dann mit polnischen Jungen geprügelt. Die Verwandten im Westen dachten, da kommen ausgemergelte Flüchtlinge, aber wir waren ja keine Flüchtlinge sondern Vertriebene, auf diesen Unterschied legte meine Mutter wert. Wir kamen an und waren wohlgenährt, denn die Arbeiterinnen auf dem Gut hatten uns immer etwas zugesteckt. Wir hatten Fellwesten an und strotzten vor Kraft und Frechheit. Wir hatten kein Benehmen, waren roh und unbehauen. Natürlich haben wir die kostbaren venezianischen Glastierchen angefaßt und dabei etwas zerbrochen, so daß uns beigebracht wurde, daß Knaben Nippes ausschließlich mit den Händen auf dem Rücken betrachten. Oder wir haben uns wie Pferdeknechte an die Schloßwand gestellt und sie angepinkelt, Erdbeeren und Pflaumen aus dem Schloßgarten geklaut und ein Entenhäuschen angezündet. Wir haben auch den Park gegen die Kinder des Dorfes verteidigt ... haben Banden gebildet. Zu Hause im Osten hatten wir versucht, unser Gut zu verteidigen gegen die Kinder der polnischen Arbeiter, aber die waren immer in der Mehrzahl gewesen!

Eine berühmte Szene war, daß mein älterer Bruder und ich, wir sind uns ähnlich und deshalb spinnefeind gewesen, uns vor der einklassigen Dorfschule wie wild geprügelt haben, also richtig mit Fäusten und Blut. Das war dort im Westen so ungewöhnlich, daß sich um uns ein Kreis der Schüler bildete und uns anstarrte. Das Raufen war offenbar ein solches Element geblieben, daß ich mich noch in der Prima geprügelt habe mit dem damaligen Klassensprecher, im Schnee auf einem Klassenausflug. Einmal schleuderte ich ihn in der Turnhalle bei einer Rauferei so unglücklich von mir, daß er sich den Arm brach. Selbst als Student habe ich mich in eine Schlägerei verwickeln lassen!

Ich war in keiner studentischen Verbindung. Es war eine schwierige Entscheidung wegen der prekären finanziellen Lage. Das Corps meines Vaters bot an, mir das Studium zu finanzieren: Aus Dankbarkeit meinem Vater gegenüber, der ein äußerst engagierter Corpsstudent gewesen war. Zwei Argumente haben mich in der Negativentscheidung beeinflußt. Zum einen ein Onkel, ein linksliberaler Wissenschaftler, ein Mann des deutschen Widerstands, auch Emigrant. Er hatte frühzeitig gesagt: Wenn du ins Corps eintrittst, betrittst du nicht mehr mein Haus! Mir imponierte diese totale Geistigkeit, die er verkörperte, dieses Wissenschaftlersein. Seine Argumentation: Das ist eine veraltete Sache, war durch Deutschnationale geprägt, die haben eine schlechte Rolle gespielt in Weimar und im Dritten Reich, dann hast Du einen Schmiß und bist weltweit erkennbar als ein Deutscher einer falschen Epoche ...

Aber entscheidend war ein äußerlicher Grund, nämlich daß ich Wehrdienst gemacht hatte, also kostbare Zeit verloren hatte für meine intellektuelle Ausbildung: Sofort nach dem Abitur habe ich 12 Monate abgeleistet, keinen Tag länger. Die Vorstellung, nachdem ich als Fahnenjunker ausschied und schon Verantwortung und Ausbildungsleistungen erbracht hatte, daß ich jetzt in einem Corps wieder als letzter anfangen würde und mich hochdienen müßte ... Das war mir nicht sympathisch. Vor allem hatte ich das Gefühl, daß ich Gemeinschaftsleben beim Militär genug erlebt hatte. Ich wollte jetzt unbedingt studieren! Ich suchte die intellektuelle Herausforderung und ein Stipendium. Ich wurde aufgenommen in die Spitzenforschung, so daß ich mit dem nicht finanziell, aber intellektuell großartigen Stipendium und entsprechendem Bekanntenkreis dann tatsächlich ein schönes und erfülltes Studium hatte.

Unsere Vertreibung ist in der Familie unendlich oft erzählt worden. An Ängste kann ich mich jedoch nicht erinnern. Aus der unmittelbaren Nachkriegszeit kann ich folgendes berichten. Meine Mutter lehnte es damals ab, und darüber haben wir unzählige Witze gemacht, mich an Polen zu verkaufen. Sie versuchten, deutsche Babys und Kleinkinder zu kaufen. Sie hatten ja einen ungeheuren Blutverlust im 2. Weltkrieg und boten meiner Mutter für mich ein paar hundert Sloty. Im gleichen Sinne hat auch ein Bruder meines gefallenen Vaters, der später eine große Karriere als Wirtschaftsführer im Ausland machte und besonders familienbewußt war, dem wir viel verdanken, angeboten, daß er mich adoptiert oder sonstwie bei sich, in vorzüglichen Verhältnissen, aufwachsen läßt. Aber auch das hat meine Mutter zum Glück abgelehnt.

Also: Frühjahr 1947, die Märzsonne schien, wärmte schon. Wir saßen auf einem Leiterwagen. Ich war fünfeinhalb Jahre alt. Der Leiterwagen fuhr einen langgestreckten Hügel hoch, im Hintergrund versank das Tal, in dem das Schloß, der Park, das Atelierhaus usw. war. Die Mägde und älteren Frauen, die mit auf dem Leiterwagen waren, sangen »Muss'i denn zum Städele hinaus«, »Heimatland« und andere traurige Lieder, Tränen kullerten. Meine Mutter war heiter, wie befreit, sie hatte dieses ferne Gut ihres gefallenen Mannes auch als Last empfunden, hatte gekämpft bis zuletzt, auch ihre Gesundheit stark angespannt im Krieg. Sie hat unter miserablen Umständen aus dem Boden, den Herden, den Fischteichen viel herausgeholt. Doch war sie nun gar nicht traurig, daß sie diese Verantwortung los war und sich der Zukunft stellen konnte. Dieses Gefühl, daß der Verlust von materiellem Besitz auch eine Befreiung sein kann, ist mir geblieben.

Mein Bruder, auch eine meiner Stiefschwestern, waren mal dort. Ich noch nie. Ich hatte schon Einladungen zu Vorträgen, mich reizt das aber nicht. Als Kind schon hatte ich das Bewußtsein: der Krieg ist verloren, das Gut ist verloren. Wir waren ja nach 1945 nicht mehr Herr des Gutes, wir wohnten nicht mehr auf dem Schloß, wir waren in einer Kette von Diskriminierungsakten immer weiter weggeschoben und auch bestohlen worden. Aber wirkliche Bedrohungen habe ich nicht empfunden. Allenfalls einmal in der Nacht, als maskierte Männer kamen und alles Silber klauten. Es stellte sich raus, es waren russische Soldaten, die tagsüber Weidenflöten für uns Kinder gebastelt hatten und meine Mutter bewunderten. In Wirklichkeit haben sie ausspioniert, was wir noch hatten. Diese Ambivalenzen habe ich gespürt, wohl auch die Angst vor Vergewaltigungen. Aber die Mutterrolle meiner Mutter wurde respektiert. Bei anderen Frauen war es anders. Tief sitzende Ängste habe ich nicht empfunden. Außer diesem Erleichterungsgefühl meiner Mutter, das sich mir wohl mitteilte, hatte ich Durst auf dem Treck, wir waren sehr warm angezogen für dieses Vertreibungsschicksal. Ich spürte eine gewissen Endgültigkeit. Meine Mutter hatte es immer abgelehnt, das Deutschtum aufzugeben. Sie sagte, es waren Opportunisten, die damals für Polen optiert haben. Bei den Rückreisewellen ab den 70er Jahren, als immer mehr Deutsche, auch Akademiker, aus den ehemals deutschen Gebieten nach Westdeutschland kamen, hat meine Mutter immer gesagt, daß dies Leute wären, die – oder deren Eltern – für die Butterseite optiert hätten.

Ein weiteres Erlebnis: Der Einzug in das vollständig zerstörte Berlin. In der Wohnung von Verwandten, in der wir unterkamen, fehlte einfach die hintere Haushälfte. Man blickte aus der Küche hinaus und mußte aufpassen, daß man nicht in den Hinterhof hinunterstürzte. Um in die französische Besatzungszone zu kommen, brauchte man eine Zuzugsgenehmigung, die nur der französische Stadtkommandant erteilen konnte. Meine Mutter wurde in ein wunderbares Kostüm gesteckt, das die alte Schneiderin meiner Tante aus den letzten verbliebenen Vorhangstoffen schneiderte, und sie ging, französisch parlierend, zu dem Stadtkommandanten und hat mit ihrem Charme und Temperament – zudem war sie ja eine noch ganz junge, schöne Frau – einen solchen Eindruck gemacht, daß er uns Hungerleider, die die Franzosen sonst nicht wollten, in ihre Besatzungszone rein ließ.

Vielleicht gibt es ja latent vorhandene traumatische Erlebnisse, wie die nächtliche Szene mit den rußgeschwärzten Gesichern der Russen. Eine ähnliche Szene erinnere ich noch aus dem Sommer 1947 im Westen. Diesmal ging es um französische Besatzungssoldaten. Wir Kinder klauten gerade Mais. Da tauchte ein französischer Soldat mit schwarzem Gesicht auf, ein Marokkaner wohl, und richtete irgend etwas auf uns. Wir Kinder fingen zu schreien an, weil wir etwas von Gewehren ahnten und dachten, der will uns erschießen. Irgendein Erwachsener sagte dann, nein, das sei kein Gewehr, der will euch nur fotografieren.

Im Westen spielte der dörfliche Fußballverein eine große Rolle, und ich erinnere ich mich, und das ist vielleicht bezeichnend für diese unterbewußten Strömungen, daß wir Brüder bei einem Fußballspiel zweier Dorfmannschaften plötzlich wie aus einem Munde schrien: »Das ist Michel, das ist Michel!« Michel war ein französischer Gefangener, der auf unserem Gut zu Hause landwirtschaftliche Dienste leisten mußte und der von meiner Mutter – wie alle Arbeiter – sehr gut behandelt wurde und für uns Kinder entsprechend wichtig war, da er mit uns Fußball gespielt hat. Der dann 1945 mit den anderen Franzosen zu den Russen und Polen sagte: Nein, nein, das war eine gute Frau, die hat uns gut behandelt, tut ihr nichts an. Sie bildeten einen Puffer vor Plünderungen und Vergewaltigungen. Wir hatten ihn so präsent vor Augen, er hatte uns so beeindruckt, daß wir eben glaubten, daß er da unten im Westen mitspiele ...

Wenn der Krieg nicht gewesen wäre? Ich habe immer die verschiedenen Familienstränge vor Augen gehabt, die verschiedenen Familientraditionen abgeklopft. Ein Detail: Ich habe wie mein gefallener Vater mit 32 Jahren geheiratet, habe wie er nicht den »Großen Preis von Celle« geheiratet, sondern wollte immer eine Frau mit einem ganz anderen Hintergrund, was eine Bereicherung und gewisse Spannungen ergab. Ich habe immer gedacht, ich werde vielleicht etwas nach dem einen oder anderen Modell tun ... Väterlicherseits die Staatsbediensteten, mein Vater als Landwirt war ja atypisch, wir sind keine der großen landbesitzenden Familien, sondern wir sind immer eine Familie gewesen, die ihren Schwerpunkt im Hofdienst, auch in der Diplomatie und der Juristerei hatte. Es gab natürlich Güter, die wurden häufig betreut von den Frauen, während die Männer als Offiziere, Diplomaten, Minister oder Verwaltungsbeamte dienten. Landwirtschaft hat mich nie interessiert. Ich habe mich auch nie für die Jagd, nicht einmal für das Reiten interessieren können – alles Leidenschaften meines Vaters. Ich hatte immer das Gefühle, das ist ein abgeschlossenes Kapitel. Für mich kam das nicht in Frage, ich hätte das als künstlich empfunden. Versuche, Dinge unmittelbar von meinem Vater zu übernehmen, wie z. B. die Corpsmitgliedschaft, habe ich, wie gesagt, abgelehnt. Der Reserveoffizier allerdings basiert auf einer gewissen Tradition: der Staatsbeamte im weitesten Sinne.

Das Lebens- und Berufsmodell auf der Seite meiner Mutter ist ebenfalls der Staatsdiener, aber im kulturellen Bereich. So habe ich, indem ich Hochschullehrer wurde, diese beiden Modelle in meiner Person verbunden und zusammengeführt, und ich bin glücklich damit geworden.

Trauer um den Vater? Die Trauer meiner Mutter um diesen heißgeliebten Mann ging sehr tief. Unsere Mutter war übrigens mindestens einmal, vielleicht sogar zwei- oder dreimal verlobt, bevor sie ihn heiratete. Sie war ein umschwärmter junger Stern am Gesellschaftshimmel, obwohl nicht die klassische Beautee, aber aufgrund ihres Temperaments, ihres Charakters und ihres Charmes. Als sie sich dann für meinen Vater entschieden hatte, hat sie sich, wie es ihre Art war, mit Haut und Haaren ihm und seinem Leben, seinen Aufgaben verschrieben, hat ihn offensichtlich unendlich geliebt. Obwohl mein frecher Bruder immer sagte, beide hätten überhaupt keine normale Ehe geführt, denn bald kamen die Kinder, bald kam der Krieg usw., der eigentliche Test des Alltags, der Normalität wäre nicht zu bestehen gewesen. Sein Tod muß sie unendlich getroffen haben. Sie hat lange Trauer getragen. Sie hat immer gesagt, ich sei ein Kind, daß eigentlich zu wenig Liebe bekommen hätte, weil ich in die tiefste Trauer- und Verzweiflungszeit hineingeboren worden bin und sie mit Gedanken und Gefühlen woanders war. Es gab dann eine Art Trauerritual, das darin bestand, daß eine Baumgruppe in einem Tal nahe bei dem Schloß mit einer Gedenktafel für meinen Vater geschmückt und immer wieder gemeinsam aufgesucht wurde. Auf der Tafel stand sinngemäß: Hier saß Graf A. oft an als Jäger und betrachtete seinen Besitz, sann über seine Familie nach, von hier zog er aus, um seinen Besitz, seine Familie und sein Vaterland zu verteidigen, aber er ist nicht wiedergekommen. Wir Kinder gingen mit meiner Mutter gelegentlich dort hin und sangen. Meine Mutter weinte dann lange. Dieses Weinen meiner Mutter ist eigentlich ein wichtiger Punkt, wenn ich unsere Lebensschicksale und Lebensentscheidungen betrachte. Wir Söhne empfanden frühzeitig Gefühle der Ritterlichkeit gegenüber unserer Mutter, spürten, daß man sie trösten, sie beschützen müsse – irgendwie. Ich könnte ein halbes Dutzend bezaubernder Geschichten von meinem Bruder berichten, der ja älter war als ich und der sie in der schwierigen Polen- und Russenzeit im Osten zu beschützen versuchte, natürlich großsprecherisch, wie so kleine Jungen sind, aber eben auch zum Ausdruck bringend, daß die Söhne ihre Mutter beschützen wollen.

Es entstand ja die Frage, ob das Prügeln ein durchgehender Zug war, die Fortsetzung des Krieges mit anderen Mitteln? Vielleicht war die Weiblichkeit unserer Mutter so sprechend, gewiß aber als Nachwirkung der hingerichteten Männlichkeit erfanden wir Jungen eine Art Männlichkeitskult. Das war gewiß Kriegserbe. Wir waren bewußte »Germanen«, wenn einer wegen einer Verletzung weinte, wurde er sofort als »verpimpelter Römer« beschimpft. In dieses Bild des Männlichseins, des Hartseins, des Ausdauerndseins, gehörte dann wohl auch die Beschützerrolle gegenüber meiner Mutter. Mein Bruder versuchte nach dem Tod unseres Vaters wie der Chef der Familie aufzutreten, obwohl er erst acht Jahre alt war. Meine Mutter war verzweifelt, weil der Kutscher, unser einzig verbliebener deutscher Arbeiter auf dem Hof, sich geweigert hatte, die letzten Pferde herauszurücken und von den Siegern einfach vom Bock heruntergeschossen wurde. Meine Mutter weinte furchtbar und mein Bruder sagte: Hab keine Angst, hab keine Angst, weine nicht Mama (eine

Standardformel), ich werde dich jetzt kutschieren (obwohl er gar nicht bis ans Pferd herankam).

Meine Rolle als Beschützer konnte erst sehr viel später einsetzen. Ich habe sicher wenig Schwierigkeiten in der Schule und Ausbildung gemacht und habe dadurch einige Last von ihr genommen. Von meinem Bruder, der vom Krieg am meisten mitbekommen hatte, der deshalb eine schlechte Schulausbildung hatte, verspätet eingeschult war und große Probleme in der Schule machte, wurde immer gesagt: Er zieht nicht mit. Meine Kindheit ist geprägt von diesem Eindruck: Wir leben als Familie in äußerst schwierigen Verhältnissen, es gibt kein Geld, andererseits will meine Mutter ein bißchen Stil und Kultur aufrechterhalten. Dieses Gefühl, man muß anpacken, man muß vorankommen, muß sich wieder an den alten Standart annähern, war wichtig. Mein Bruder aber war so schlecht in der Schule, daß er permanent Nachhilfe brauchte, was viel Geld kostete. Kurz: Meine Mutter hat sehr unter dieser Situation gelitten. Nicht in erster Linie des Geldes wegen, sondern daß hier einer nicht mitzieht, ihren Kampf nicht unterstützt. Ihre ständige Redensart war: Ich rackere und kämpfe und bemühe mich, daß wir wieder hochkommen ... und ihr ...! Ich habe schützend gewirkt, indem ich später für die Schwestern gesorgt habe, ich war der Intellektuelle und Stratege, der Verläßliche und Beständige in der Familie, und ich bin nach dem Tod meines Stiefvaters, mit Anfang 20, für die nächsten zehn Jahre mehr oder weniger in die Rolle eines Ersatzmannes, eines Vertrauten für meine Mutter gerutscht.

Der Bruder wurde Berufsoffizier und ging mit 19 Jahren aus dem Haus. Er war sehr häufig mit seinen Emotionen beschäftigt, deswegen in dieser Phase nicht so einsatzfähig für die Gesamtfamilie.

Meine Mutter hatte beruflich in einem wissenschaftlichen Institut große Rivalitäten zu bestehen, sie publizierte, brauchte also jemanden, mit dem sie fachlich diskutieren konnte. Ich war wissenschaftlich interessiert, hab dann auch an ihren Manuskripten herumgebessert und habe wegen meines pädagogischen Interesses auf die Ausbildung meiner Schwestern eingewirkt. Sie waren das erste Experimentierfeld für meine Erziehungs- und Steuerungsgelüste. Ich habe darauf gedrungen, daß sie eine internationale Ausbildung bekamen, was für uns Ältere in der unmittelbaren Nachkriegszeit nur partiell möglich war.

Das psychische Problem ist, wie meine Frau sagt, daß ich die Gesamtfamilie stark steuern will, weil meine Mutter mir als ihrem Juniorpartner sozusagen die Geschicke der Familie in die Hand gegeben hatte. Das mag so sein. – Ich mußte jedenfalls erst mühsam lernen, von meiner Überzeugung Abstand zu nehmen, daß ich für andere Leute das Richtige weiß. Anderen Vorgaben zu machen, sie zu beeinflussen, die eigene Überzeugung verwirklicht zu sehen in anderen, ist ein starker Zug bei mir. Natürlich habe ich damit auch Fehler gemacht, Menschen bevormundet, und ich lege mir jetzt bei unseren eigenen Kindern stärker die Zügel an.

Ich habe den Begriff Autopädagogik geprägt: Man muß sich selber ausbilden. Ich hatte das pädagogische Interesse nicht nur meinen armen Geschwistern, sondern auch mir selber gegenüber, habe mir bewußt Felder gesucht, auf denen ich glaubte, nicht hinreichend ausgebildet zu sein, habe bewußt z. B. Klavierunterricht genommen, Tennis und frühzeitig Englisch neben den alten Sprachen gelernt. – Dahinter steckte die Vorstellung eines kompletten Menschen mit musischen, sportlichen und sprachlichen Fähigkeiten, des gentile homme. Ich habe ein starkes Gefühl für Defizite, und zu diesen Defiziten gehörte die finanzielle Situation, die Vertriebenensituation, aber auch das Helfenwollen, das Bedürfnis, Sorgen wegzunehmen. Habe frühzeitig Bankpraktika in den Semesterferien gemacht, um dann die Finanzen der Familie zu ordnen. Es war nicht viel da, aber tiefe Ängste bei meiner Mutter.

Sorge für die Mutter und die Geschwister ist ein starkes Element, mit allen Vor- und Nachteilen. Mein bester Studienfreund, auf einem großen Familiengut im Westen aufgewachsen, meinte, ich sei so unendlich vernünftig, ernsthaft und geradlinig. Das hinge wohl mit der Sorgesituation zusammen, mit der frühen Verantwortung. Wichtig ist bestimmt zusätzlich, daß die Vervollkommnung der eigenen Ausbildung unendlich gefördert wurde in der Familie. Mein Mutter brachte mir Tee, wenn ich an irgendeinem Referat arbeitete und sagte: Du trinkst Tee beim Arbeiten wie Dein Großvater, der ein großer Wissenschaftler war. Wenn ich malte, wurde applaudiert, weil jeder darin die beiden Familienzweige wieder auferstehen sah.

Wenn mein Vater mich sähe, ich glaube, er wäre hoch zufrieden. Ich sehe mich durchaus in seinem Wertgerüst, in mancher Hinsicht fortgeschrieben und variiert, ich bin sicher internationaler und europäischer als er, auch liberaler. Was aus ihm selbst noch geworden wäre, weiß man nicht – er war ja noch jung, 39 Jahre alt, als er starb!

Ich kann nicht sagen, daß ich die Entscheidung meines Vaters, in den Krieg zu gehen, trotz der Ängste und der Ablehnung meiner Mutter, für grundlegend falsch gefunden habe. Mein Bruder, der selbst Offizier geworden ist, aber in Friedenszeiten, sagte einmal, man läßt eine junge Frau nicht alleine mit kleinen Kindern. Aber wir haben es nie durchdacht, ich habe es nie als eine Schuld meines Vaters empfunden, gar im Sinne der Schuldgefühle der Kinder von Naziverbrechern. Ich bin mit positiven Vorstellungen über den deutschen Widerstand aufgewachsen. Meine Mutter, die jüdische Freundschaften hatte und nach dem Krieg daran anknüpfte, wurde immer sehr von ihnen unterstützt, auch eingeladen. Diese Freundschaften erstreckten sich dann auf uns Kinder. Ich kann mir mein Leben ohne diese Förderer gar nicht vorstellen! Mein Großvater mütterlicherseits wurde ja von den Nazis rausgeschmissen, das war sehr präsent, auch die internationale Ausbildung meiner Mutter stand uns als Positivum immer vor Augen.

Die Fragen des Adels sind ein Aspekt, den meine Frau und ich heute viel mit unseren Kindern diskutieren. Ich habe kein komplettes Bild, weil es eine Analyse verlangte. Ich werde mit einer Anekdote beginnen: Einen adligen Namen zu tragen, war frühzeitig

Thema in meinem Bewußtsein insofern, als meine Mutter als »Bürgerliche« eben immer darauf hinwies, daß sie »Adligsein« schon in der Weimarer Republik als Belastung empfunden hätte. Sie hätte immer gesagt, dieser reizende Graf da, der mir nachsteigt, ist ganz schön und gut, aber meine armen, armen Kinder, die dann Graf und Gräfinnen werden, was soll das heutzutage? In diesem Bewußtsein bin ich aufgewachsen. Außerdem bewirkte unsere Vertriebenensituation, daß meine Mutter bewußt die Adelsriten und -gebräuche nicht gepflegt hat, wir vielmehr ganz in der Tradition des Bildungsbürgertums aufgewachsen sind.

Zu den Riten gehörte, daß mein Stiefvater gedrängt wurde, Johanniterritter zu werden, was in unseren Familien Tradition ist. Er lehnte aber ab: Das gehört sich für mich als Vertriebenen nicht, ich habe kein Geld und keine gute berufliche Position, ich kann nicht spenden, das sind in unserer Lage Luxusdinge. Ich dagegen bin in den Johanniterorden eingetreten und mache das ganz bewußt, halte da Vorträge usw., aus dem Gefühl heraus, ich kann es mir leisten, in bin in einer stabilisierten finanziellen, beruflichen Situation. Daß man künstlich an Traditionen festhält oder Mitgliedschaften in Vertriebenenverbänden, in Adelsverbänden hochhält, das war und ist bei uns negativ besetzt.

Ein Erlebnis: In der langen Kette von Haushälterinnen, die notwendig waren, weil meine Mutter extern arbeitete, war auch einmal eine Adlige. Diese Haushälterin war besonders schlecht und trank und wurde rausgeschmissen, und meine Mutter hat dann den klassischen Schwur getan: Nie wieder eine Adlige! Das hat sie leider einer Jugendfreundin gegenüber geäußert, und die war nun unglücklicherweise verheiratet mit einem Berufs- und Verbandsadligen und hat es ihr furchtbar übel genommen ...

Zu Adelsbällen zu gehen, die Fortführung des adligen Lebens in Westdeutschland, das kam meiner Mutter als etwas Künstliches vor, weil sie die existentiellen Erschütterungen dieses Jahrhunderts miterlebt hatte: Verlust des Mannes, Verlust des Besitzes, dieses

Gefühl, daß der Boden unter einem schwankt und daß eigentlich das einzige, was man auf Dauer hat, nicht einmal der Name ist, sondern die Bildung, Alles andere kann einem genommen werden, insbesondere materielle Güter. Das war ihr Credo. Insofern spielte das Adligsein keine nennenswerte Rolle. Später, als ich älter wurde, hat sich das relativiert. Ich habe den Eindruck bekommen, daß man die einzelnen Untergliederungen und Ausdifferenzierungen dieser riesenhaften Bevölkerung, eines Volkes von über 80 Millionen, als Gliederungen stützen sollte, seien es berufliche, seien es landsmannschaftliche, seien es familienspezifische Unterteilungen. Insofern habe ich dann auch den Adelsverbänden eine stabilisierende Wirkung beigemessen. Bis hin zu unserem Familienverband, in dem ich mich frühzeitig engagiert habe.

Eine Anekdote: Als ich kurz vor dem Universitätsabschluß stand, hielt ich auf einem Familientag eine Rede über Familientradition heute. Und ich sehe noch, wie ein älterer Onkel auf mich zu trat und sagte: Wie kannst du diese Rede halten, wo du doch in einer Woche deine Prüfungen hast! Aber mir war es so wichtig, und da habe ich eben auch geschildert, daß Traditionen immer neu bestimmt werden müssen, nicht automatisch übernommen werden dürfen, daß man sie reflektieren muß. Daß aber von ihnen eine verhaltensstabilisierende Wirkung ausgeht, die man nutzen sollte. In diesem Sinne habe ich auch meine Geschwister, die renitent auf diesem Gebiet waren, bewegt, zu dem einen oder anderen Adelsball mitzugehen.

Mein Sohn ist ein sehr bewußtes Familienmitglied und verzichtet gerade auf ein schönes Fest, um mit Vettern und Cousinen eine Reise zu den früheren Gütern zu machen. Er ist von unseren Gesprächen inspiriert. Adel, das ist eine Verpflichtung, man sticht hervor; das ist in manchen Bereichen ein Malus, zum Bespiele, wenn ich mich um ein politisches Amt bemühen würde, wäre es kaum förderlich. In der akademischen Karriere hat es mir wahrscheinlich nicht geschadet. Aber ich habe wenig Beziehungen zu denen, die den Adel im »klassischen« Sinne leben, die etwa noch auf ihren angestammten Gütern sitzen und von daher ihr Leben bestimmen, also die entsprechende Frau heiraten, um das Gut weiter zu betreiben. Das ist mir als Lebenshintergrund fremd. Ich bin da zwar gelegentlich eingeladen, erlebe auch sympathische Menschen, aber ich habe nicht das Gefühl, daß ich den schlechteren Part gezogen habe. Vielmehr, daß ich ohne die Last einer solchen Prägung oder einer solchen Verpflichtung mir mein Leben freier gestalten konnte.

Wir diskutieren mit unseren Kindern – ganz theoretisch –, wen sie heiraten könnten ... Ein kultivierter, nichtadliger Schwiegersohn wäre mir viel lieber ist als ein noch so adliger Langweiler. Bei einer Schwiegertochter wäre es nicht anders. Aber das ist natürlich graue Theorie. Die Kinder sind sicher geprägt vom Leistungswillen und Leisten-Müssen, vom Durchbeißenmüssen, dem Selber-etwas-auf-die-Beine-Stellen.

Die Situation der Armut in der Nachkriegszeit mit Hagebutten- und Brennesselsuppe haben wir stark empfunden. Meine Tante pflegte Orangen auszupressen, die Schalen lagen dann in einer Tüte vor dem Schloß. Die habe ich genommen und selber noch mal ausgepreßt und gegessen. Und am Sonntag, wenn wir verwöhnt wurden mit etwas besonders Gutem, dann gab es Brot mit Talg. Sonst gab es Brot mit Marmelade oder Zuckerrübenmus. Die Armut war spürbar, auch was die Kleidung anging. Ich sehe noch meine Mutter, die sehr spontan war, die mit uns noch einmal ins Städtchen fuhr, um Schuhe zu kaufen ... und jeder hat noch einen Dufflecoat dazu bekommen. Mein Stiefvater war entsetzt, weil das Budget für Kleidung für viele Monate erschöpft war. Und als ich dann anfing zu reisen, im Sinne der Autopädagogik, war er wegen der Kosten bedrückt. Oder: Mein Bruder durfte einen Segelkurs machen, für mich langte es nicht mehr. Oder: Tennistrainerstunden waren Luxus, viel zu teuer, die gab es für uns nicht.

Was sich mir eingekerbt hat, ist das Gefühl der Distanz: Wir haben unsere Güter im Osten verloren, hier im Westen haben sie ihren Besitz noch. Das ist eine gewisse Ungerechtigkeit, besonders was die Generation der Eltern angeht. Für meine Generation bedeutete es, daß wir einfach kämpfen mußten, um zu Geld zu kommen. Das war in unserer Generation nicht zu schwierig, mit einer ordentlichen Ausbildung bekam man einen ordentlichen Beruf, da haben wir Glück gehabt!

Tiefenpsychologisch mag es Zusammenhänge geben, daß ich eine Frau geheiratet habe, die ausgesprochen wohlhabend ist. Ihretwegen konnte ich meine wissenschaftliche Karriere freier gestalten, Schwerpunkte setzen, ohne Rücksicht auf den Zwang, zusätzlich Geld verdienen zu müssen.

Durch die erlittene Armut ist mir ständig höchst bewußt, wie privilegiert ich beruflich und finanziell bin. Andererseits weiß ich, wie schwierig die Situationen bei anderen sind, auch in der Familie, und versuche entsprechend zu helfen. – Es ist ein etwas anderer Akzent als bei der Sorge. Ich habe stark das Gefühl, privilegiert, in einer letztlich sehr glücklichen Situation aufgewachsen zu sein. Zunächst einmal die Chance zu haben, den Lebensweg selber bestimmen zu können und nicht wie Freunde gezwungen zu sein, das väterliche Gut oder den mütterlichen Betrieb zu übernehmen. Die Offenheit des Lebens habe ich immer als ein Privileg empfunden. Dann, daß ich mit einer gewissen Begabung geboren wurde, die man den Vorfahren verdankt. Auch der Umstand, daß ich in vielfältiger Hinsicht von den alten Freunden meiner Mutter gefördert wurde, eine wunderbare Frau und gesunde Kinder habe, hervorragende Kollegen, einen wunderbaren Beruf mit immer neuen Aufgaben. Dieses Gefühl, privilegiert zu sein oder Glück zu haben, führt dazu, daß ich anderen gerne helfe, wenn ich es konkret kann. Es gibt Menschen, die unverschuldet große Schwierigkeiten haben, denen man leicht helfen kann.

Das ist ein Familiensinn, auch ein Standessinn, gewiß, aber das ist etwas, was nicht ungewöhnlich ist. Der Bruder meines gefallenen Vaters hatte einen ebenso starken Familiensinn, hat unmittelbar nach dem Krieg massiv ärmere Verwandte unterstützt, darunter auch uns. Mein Stiefvater war sein Vertrauensmann in Deutschland und verteilte das Geld: Der Schwester 20 Mark pro Monat, dem Onkel 30 Mark pro Monat usw. Es war phantastisch damals, und ich sehe mich, was Aufgaben innerhalb der engeren und weiteren Familie angeht, in mancher Hinsicht in seiner Nachfolge.

Kommentar zu Georg Graf v. A.

Das Leben von Georg Graf v. A. scheint voller Klarheit und Geradlinigkeit verlaufen zu sein: trotz der extremen Kriegs- und Nachkriegserschütterungen in seiner Familie. Er selbst ist ein fabelhaft aussehender, geistvoller, hoch gebildeter Mann, der eine internationale Karriere gemacht hat und – trotzdem, möchte man fast sagen – von berührender Großherzigkeit und Hilfsbereitschaft ist.

Sein Vater, der untypischerweise in einer Familie von hohen Staatsdienern begeisterer Landwirt geworden war, jedoch noch vor Georgs Geburt fiel, konnte mit dieser Leidenschaft keine Tradition bilden, auch kein Vorbild sein. Das war in hohem Maße seine Mutter, denn »Nichts macht einen zarteren und tieferen Eindruck auf den Geist eines Menschen als das Beispiel.« so John Locke, der englische Philosoph und Politiker in seinen »Gedanken über Erziehung« aus dem Jahr 1693.

Seine Mutter, aus intellektuellem Milieu stammend, hatte zwar das Erbe ihres Mannes verzweifelt, fast heldenhaft tapfer zu bewahren versucht, doch 1947 auch erleichtert diese extrem schwere Bürde aufgegeben, als sie vor die Entscheidung gestellt wurde, polnisch zu werden oder nach Deutschland auszureisen. Und diese Erleichterung, die durch die Aufgabe und entfallende Bürde von materiellem Besitz spürbar wurde, ist ein tragendes Element im Leben von Georg A.

Der ältere Bruder versuchte bereits mit acht Jahren, seine Mutter vor den schrecklichen Zuständen in Polen zu schützen. Bei ihm kann man wohl von einer »Parentifizierung« sprechen, wenn Kinder nämlich zu früh eine sorgende, also elterliche Rolle für die eigenen Eltern einnehmen müssen.

> »Wenn man bedenkt, in wie vielen vaterlosen Familien in dem Jahrzehnt zwischen 1940 und 1955 die Sorge, neben der Angst, das tragende Grundgefühl war, dann wird manches von der oft schier unüberwindlichen Parentifizierung der Patienten (in der Nachkriegsgeneration, A. v. F.) verständlich. Mit Parentifizierung meine ich hier sowohl die praktische wie die seelische Überlebenshilfe, die die Kriegs- und Nachkriegskinder ohne viel Aufhebens zu leisten hatten, und die sie für die Mechanismen der Implantation des Unbewältigten in sie so verwundbar machten« (Moser 1994, S. 104).

Natürlich hatten diese Kinder Schwierigkeiten in der Schule, der Bruder war zudem emotional sehr labil und wurde später Berufsoffizier. Wir können annehmen, daß diese Überforderung sich bei ihm in einem Protest gegen Leistungsanforderungen auswirkte; denn es machte seine Mutter extrem unglücklich, daß er »nicht mitzog«, also ihr verzweifeltes Bemühen um Konsolidierung der Familie nicht teilte.

Familientherapeuten rechnen Lernstörungen zu schweren Störungen, vergleichbar mit Psychosen oder Magersucht, da sie eine positive Entwicklung der Kinder und Jugendlichen nachhaltigst behindern. Die Familientherapeutin Massing schreibt:

> »Lernstörungen beruhen auf familientraditionellen Mustern: Sie folgen einem geheimen, unbewußten Grundkonsens der Primärgruppe, der, stark verkürzt, unter dem Motto steht: ›Wir haben es nicht nötig, uns zu unterwerfen, weil wir intelligent sind!‹ Die Zumutung der kleinen Schritte des Bemühens, des Aufeinanderzugehens und gegebenenfalls Verzichtens auf die Illusion eigener Großartigkeit kann zur tödlichen Kränkung und bei einem Aufeinandertreffen weiterer unglücklicher Umstände zur Ursache von Selbstmorden werden.« (1994, S. 162).

Auch kann eine Schulphobie oder Schulverweigerung die Furcht des Kindes ausdrücken, sich von den Eltern, der Mutter trennen zu müssen. In Familien mit Schulproblemen ist

> »immer ein dort gemeinsam geteilter verborgener Stolz aufzufinden. Dieser Stolz verhindert reales Bemühen, weil die Betroffenen es nicht nötig haben, sich anzustrengen. In Extremfällen *dürfen* sie sich nicht einmal bemühen, weil das zum Ausdruck brächte, daß sie *doch nicht so intelligent* sind wie erwartet. Es wird statt dessen in Phantasien von Größe und Bedeutung gelebt, die sich verschwommen auf ein Familienmitglied der Vorgeneration beziehen.« (Massing 1994, S. 171).

Die Offenheit des Lebens ist ein Privileg

Und die Kinder zerreiben sich an diesen unbewußten, sich widersprechenden Botschaften.

Phantasieren wir zu der vorgegebenen Situation: Der Achtjährige hatte klare Erinnerungen daran, daß er auf einem Schloß geboren und zunächst aufgewachsen war, Sprößling einer privilegierten und hochgebildeten, künstlerisch begabten Familie. Deswegen kann dieser oben geschilderte Mechanismus dahinterstecken, als er, auch wegen des Krieges viel zu spät eingeschult, schließlich im Westen, in der Fremde, mit nachhaltig gestörter Identität, sich den schulischen Anforderungen stellen muß. In der Tat, die eigene herrausragende Rolle qua Position, Name und Bekanntheit ist nicht mehr gegeben, er muß sich als Vertriebener, als erkennbar arm Gekleideter von der »Illusion der eigenen Großartigkeit« verabschieden, er muß sich eine neue Identität schaffen. Das war für das junge Kind, welches so schwere Schicksalsschläge wie den Tod des Vaters, Vertreibung in irgendwelche Hütten und später die völlige Vertreibung aus der angestammten Heimat, die Armut im Hühnerstall, die ungezählten gefahrvollen Situationen und die verzweifelte Tapferkeit seiner Mutter erleben mußte, wohl schwierig, zu schwierig gewesen.

Der unbewußte Aspekt »Wir haben es nicht nötig, uns zu unterwerfen ...«, meint die innere Ablehnung der kleinen Schritte, täglich neu und auch manchmal quälend Vokabeln und Formeln zu lernen und Hefte ordentlich zu führen, und mag in diesem Fall in besonderer Weise zutreffen, weil das Kind belastet ist mit einer phantastischen Reihe von hervorragenden Vorfahren: Diplomaten, Ministern, Museumsdirektoren ... und einer wissenschaftlich arbeitenden Mutter! Ein verzwickter Mechanismus, dieses unbewußte »Ich bin intelligent, also brauche ich keine Vokabeln zu lernen und mich anzustrengen ...«, aber in vielen Fällen mit verheerenden, Lebenschancen verhindernden Folgen.

Es geht bei den Konflikten um Schule, Leistung und Arbeitsdisziplin um das Ideal in einer Familie.

> »Während die familiären Bedingungen in der Regel mehrere Generationen alt sind, ändern sich die Berufsaussichten des heutigen Schülers zwischen Schulanfang und einem möglichen Ausbildungsabschluß oft so grundlegend, daß die adaptive Funktion der Psyche in extremer Weise gefordert ist. Familie und Schule befinden sich in einem Zustand relativer Verspätung gegenüber der Dynamik in Politik, Wirtschaft und Wissenschaft.« (Massing 1994, S. 164)

Ist diese Diskontinuität schon in rund 13 bis 20 normalen Ausbildungsjahren gegeben, gab es natürlich viel weitreichendere Brüche in der Nachkriegszeit, bedingt durch unterschiedliche Anforderungen im Osten und Westen, die heterogene Ausstattung von Schulen in der Stadt und auf dem Land, der katastrophalen Situation aufgrund von Geld- und Lehrermangel und einem inhaltlichen Vakuum nach den Jahren des Nationalsozialismus.

Auch sind viele parentifizierte Kinder von (unbewußter) Angst besessen, daß ihren Eltern etwas Schlimmes geschieht, wenn sie tagsüber in der Schule sind und sie diese deswegen nicht schützen können. Da dieser Junge sehr früh die Beschützerrolle gegenüber seiner Mutter einnahm, ist zu vermuten, daß er diese auch in den ruhigeren Zeiten zunächst einmal nicht völlig aufgeben konnte. Vielleicht war sie noch gemischt mit Wut und Eifersucht auf den Stiefvater, eventuell auch Verachtung, als dieser krank wurde und seine Frau nicht ausreichend entlasten konnte. – Hinzu kommt, daß schlechte Schüler vermehrt Aufmerksamkeit mit ihrem Versagen auf sich ziehen wollen, was für diesen Jungen nicht verwunderlich gewesen wäre, dessen Mutter zu seinen Lebzeiten in Trauer, ständiger Sorge, Anspannung und extremer Belastung lebte sowie zum Teil weit entfernt arbeitete. – Seine spätere Entscheidung, Offizier zu werden, liegt einerseits in der Familientradition begründet, bedeutet somit auch eine Annäherung an den Vater, der als Offizier fiel, und bedeutet gleichsam auch die höchste Stufe von strukturiertem Leben in einem sehr engen Korsett von Anforderungen und Regeln. Vielleicht eine Wohltat für ihn, eine »innere Notwendigkeit« nach dem kriegsbedingten Aufwachsen in völlig unstrukturierten und damit auch extrem ängstigenden Situationen, im vielgestaltigen

Chaos. Er sucht durch diese Berufswahl zudem einen Bereich, der ausschließlich von Männern dominiert wird. Dies mag ein Reflex auf seine »vaterlose« frühe Kinderzeit sein, ebenso wie eine Antwort gegenüber der sehr dominanten Weiblichkeit seiner Mutter.

Daß Georg, der jüngere Bruder, ein besserer, wohl sogar hervorragender Schüler und brillianter Student war, steht nicht im Widerspruch zu dem Älteren, sondern zeigt nur die Kehrseite. Für Georg gab es, da er zu jung war, nicht diesen selbst erlebten Identitätsbruch. Durch die allmähliche Festigung der Familie und eine sich langsam ergebende Normalität und Integration von Flüchtlingen und Vertriebenen im Westen wird er vielleicht – anders als der Bruder in der unmittelbaren Nachkriegszeit und in dem nur schwer zu verkraftenden Kontrast zwischen ihrem Hühersatll und dem großen, reichen Besitz ihrer Verwandten im Westen – den Stolz auf die prominenten Vorfahren offener empfunden haben (dürfen). Muß der Stolz nicht geleugnet werden, kann er natürlich auch positiv wirken: als innerer Stabilitätsfaktor, durch Identifizierung, wenn die Vorfahren als »stolze innere Gefährten« (Robert Bly) angenommen werden können. Georg betonte es selbst: Wie stolz es ihn machte, wenn die Mutter ihn mit seinem wissenschaftlich arbeitenden Großvater verglich!

Eine andere, unbewußte Familienbalance ist ebenso wichtig: Da der ältere Bruder Kummer machte, übernimmt Georg die Sorge um die Mutter, indem er sie entlastet und gut bis sehr gut funktioniert. Er löst quasi den Bruder aus seiner Sorgefunktion der Mutter gegenüber ab, was Georg jedoch besser verkraftet, weil er zu diesem Zeitpunkt nicht ein bedürftiges, traumatisiertes und trauerndes Kind, sondern bereits ein heranwachsender Mann ist, als er von der Pubertät an der »Lebenspartner und Vertraute« der Mutter wird. Auch hatte er in seinem Stiefvater und in der »alten Garde«, den alten Freunden seiner Mutter, gleich eine ganze Reihe von präsenten und beeindruckenden Vaterfiguren, die sein Bruder in dessen ersten Lebensjahren noch vermissen mußte.

Und so äußert sich diese »Parentifizierung« bei ihm nur in der fast liebenswürdigen Marotte, daß er seine jüngeren Schwestern bevormundet und vieles »besser weiß« als andere Familienangehörige. Seine pädagogischen Impulse führten schließlich dazu, daß er ein hochgeschätzter Hochschullehrer wird, wie auch zu der höchst positiven Eigenschaft der tätigen, bewußten und sehr großzügigen Hilfe für andere.

Aufgrund des starken Bewußtseins der »Schicksalsdifferenz zwischen West und Ost« entwickelt sich Georg zu einem politisch denkenden und forschenden Wissenschaftler, dessen Themen auch immer wieder um die Problematik von Gerechtigkeit und Völkerverständigung kreisen – entsprechend der gelebten Internationalität seiner Vorfahren und geprägt durch die großzügige Unterstützung und Förderung seiner Familie durch die jüdischen Freunde.

Nachwort

Von sieben Schicksalen haben wir gelesen mit ähnlichen Wurzeln, ähnliche Traumatisierungen, aber völlig anderer Entwicklungen. Alle Erzähler wuchsen in kriegsbedingten, Notsituationen auf und trotzdem werden sich die Leser in manchen Aspekten sich wiedererkennen, mit anderen sich identifizieren beziehungsweise zu weiteren Parallelen bilden können. Denn Gefühle sind universell, ebenso wie die Gefühlsverarbeitung.

Seitdem ich mich mit diesem Thema beschäftige, habe ich auch einen erweiterten Blick für diese Problematik bei meinen Patienten. Da werden oftmals ein Leben lang unverständliche Depressionen plötzlich erklärbar, da gehen »Kronleuchter« auf bei der Frage, warum Kinder (also die 3. Generation) aus dem Gleis geraten, suizidal oder psychotisch werden, ohne daß sich die Eltern irgendeiner Schuld bewußt sind und auch tatsächlich keine Schuld auf sich geladen und keine Unterlassungen begangen haben. Lassen sich die Wurzeln von Krisen auf Kriegstraumatisierungen in der Elterngeneration zurückführen, ist es ein Labsal und fühlt sich an wie eine Entsündigung für die zerquälten Elternseelen, die sich mit der Frage marterten, was sie denn falsch gemacht hätten. Nicht selten führt der Vergleich zwischen dem Alter des Jugendlichen in der heutigen Krise und den Geschehnissen im gleichen Alter bei den Eltern auf eine weiterbringende Spur für das Verständnis. So hatte eine Mutter extreme Schwierigkeiten, ihre 21jährige Tochter den eigenen Weg gehen zu lassen, was zu solch unerträglich Spannungen führte, daß die Tochter einen Suizidversuch unternahm. Der Hintergrund wurde jedoch erst Jahrzehnte später einsichtig: Just mit 21 Jahren hatte die Frau ihre Heimat verloren, war unter Todesangst in den Westen geflohen, dachte damals häufig daran sich das Leben zu nehmen, weil sie nicht mehr weiter wußte ... So inszenierten Jahre später, als die eigene Tochter ebenfalls 21 alt war, Mutter und Tochter völlig

Nachwort

unbewußt eine ähnlich dramatische Situation, als es um das »Weggehen« der Tochter ging. Bei der Mutter wurden dadurch die eigenen, tief verdrängten, uralten Ängste mobilisiert, so daß sie voll unbewußter Todesangst die Tochter extrem festhalten mußte.

Auch erzählte mir ein Leipziger Kollege, daß er gerade einige ältere Frauen in psychiatrischer Behandlung hätte, die erstmalig (!) in ihrer Depression sich getrauten hätten zu erzählen, daß sie in den Kriegswirren vergewaltigt worden seien. Dieses Geheimnis hätten sie nunmehr fünf Jahrzehnte mit sich herumgetragen, es noch nicht einmal (oder erst recht nicht) ihren Männern und Töchtern offenbart. – Welche Gefühle müssen jedoch unterirdisch in diesen Ehen mitgeschwungen haben, als diese Frauen, die es ja zu Abertausenden gibt, ihre Töchter und Söhne erzogen, deren Geschlechtsidentität mit geprägt und sie auf die Sexualität vorbereitet haben?

Durch die Holocaustforschung wissen wir, daß die Zeit nicht unbedingt Wunden heilt, sondern sie vielfach nur verdeckt und diese Wunden selbst nach Jahrzehnten wieder aufbrechen können. Dies kann also selbst noch – oder gerade – im Alter von 60, 70 oder 80 Jahren geschehen, wenn die Abwehrkräfte schwächer werden. Auch neigen viele ältere Menschen dazu, sich verstärkt an ihre Kindheit und Jugend zu erinnern, also das heutige Leben, welches vielleicht auch banal, einsam und mühsam geworden ist, in den Hintergrund zu schieben, um die frühsten Erinnerungen wiederzubeleben und auszukosten. Doch was geschieht mit ihnen, in welche Spannungen und Zustände geraten sie, wenn diese Erinnerungen grauenhaft waren? Sie aber gleichsam nicht mehr die Kraft haben sie wegzuschieben?

Dies bezieht sich auf die Eltern- und Kriegsgeneration. Die Nachgeborenen und 2. Generation, die heute im mittleren Alter stehen, erfahren nicht selten gerade jetzt die Krise der Lebensmitte, wenn es darum geht zu fragen: Woher komme ich, wo sind meine Wurzeln, was habe ich erreicht, was will ich noch verwirklichen, wer bin ich heute und was ist der Sinn und das Ziel meines Lebens? Auch an

Nachwort

diesem Schnittpunkt kommen häufig Kindheitstraumen wieder an die Oberfläche, die es gilt auszuhalten, nicht erneut wegzuschieben, sondern zuzulassen und auf einer neuen Ebene zu bearbeiten. – Warum nicht mit einem Therapeuten, der in der Lage ist, diese erweiterte, generationenübergreifende Perspektive einzunehmen? Denn Ängste, die man ein langes Leben vor sich selbst versteckt hat, erzeugen erneut enorme Angst. Da braucht jeder Mensch eine gute Begleitung, ein liebevolles Standhalten und einen Gefährten, der den Überblick behält auf dem dornigen Weg zu den Trümmern, der Asche, den schlummernden Blindgängern und den Seen voll ungeweinter Tränen in der eigenen Seele.

Literatur

Altenbockum, J. von: Wer Adel sagt, meint Bösewichter. Die Legende um die Bodenreform lebt weiter. In: FAZ vom 30. 11. 1995.
Asper, K. (1991): Verlassenheit und Selbstentfremdung. Neue Zugänge zum therapeutischen Verständnis. Olten (Walter-Verlag).
Binkert, D. (1995): Die Melancholie ist eine Frau. Hamburg (Hoffmann und Campe).
Bly, R. (1997): Die kindliche Gesellschaft: Über die Weigerung, erwachsen zu werden. München (Kindler).
Chamberlain, S. (1997): Adolf Hitler, die deutsche Mutter und ihr erstes Kind. Über zwei NS-Erziehungsbücher. Gießen (Psychosozial-Verlag).
Chu, V., de las Heras, B. (1994): Scham und Leidenschaft. Zürich (Kreuz).
Dormagen, Ch. (1992): Geld Macht Liebe, Frauen: Neue Unabhängigkeit, alte Gefühle. Reinbek (Rowohlt).
Eckstaedt, A. (1992): Nationalsozialismus in der »zweiten Generation«. Frankfurt/M. (Suhrkamp).
Feldmann, K. (1997): Schwierige Heimkehr – Neusiedler auf altem Boden. Berlin (Siedler). Zit. in: Rheinischer Merkur vom 18. 7. 1997.
Földy, R. (1990): Ohne Elite geht es nicht. Die Illusion von der Gleichheit. München (Wirtschaftsverlag Müller).
Glotz, P. (1995): Die Krankheit Nationalismus. In: Die Zeit vom 17. 3. 1995.
Grüning, U. (1998): Drucksache 2/ 8871 sowie 2/ 90 28. In: Sächsischer Landtag vom 12. 11. 1998.
Hardtmann, G. (Hg.) (1992): Spuren der Verfolgung: Seelische Auswirkungen des Holocaust auf die Opfer und ihre Kinder. Gerlingen (Bleicher).
Heinl, P. (1994): »Maikäfer flieg, dein Vater ist im Krieg ...« Seelische Wunden aus der Kriegskindheit. München (Kösel).
Heinrichs, H.-J. (1990): Der Reisende und sein Schatten. Frankfurt/M. (Frankfurter Verlagsanstalt).
Hellinger, B. (1993): Finden, was wirkt. Therapeutische Briefe. München (Kösel).
Krockow, Ch. Graf von (1989): Heimat. Erfahrungen mit einem deutschen Thema. München (dtv).
Lehmann, A. (1991): Im Fremden ungewollt zuhaus: Flüchtlinge und Vertriebene in Westdeutschland 1945-1990. München (Beck).
Massing, A., Reich, G., Sperling, E. (1994): Die Mehrgenerationen-Familientherapie. Göttingen/Zürich (Vandenhoeck & Ruprecht).
Mironenko, S. u. a. (Hg.) (1998): Sowjetische Speziallager in Deutschland 1945 bis 1950. Berlin (Akademie). Zit. in: SZ vom 23. 11. 1998.
Moser, T. (1980): Gottesvergiftung. Frankfurt/M. (Suhrkamp).
Moser, T. (1996): Dämonische Figuren. Die Wiederkehr des Dritten Reiches in der Psychotherapie. Frankfurt/M. (Suhrkamp).
Moser, T. (1993): Politik und seelischer Untergrund. Aufsätze und Vorträge. Frankfurt/M. (Suhrkamp).
Moser, T. (1994): Übertragung und Inszenierung: Der therapeutische Zugang zu den geschichtlichen Katastrophen (Vortrag).

Literatur

Moser, T. (1996): Die Wiederkehr des Verdrängten. Spätfolgen von NS-Zeit und Krieg (Vortrag).
Petri, H. (1999): Das Drama der Vaterentbehrung. Chaos der Gefühle – Kräfte der Heilung. Freiburg (Herder).
Platen-Hallermund, A. von (1993): Die Tötung Geisteskranker in Deutschland. Bonn (Psychiatrie-Verlag).
Rosenthal, G. (Hg.) (1997): Der Holocaust im Leben von drei Generationen. Familien von Überlebenden der Shoah und von Nazi-Tätern. Gießen (Psychosozial-Verlag).
Sahl, H.: Zit. in: Armin, G. von (1991): Das große Schweigen. Von der Schwierigkeit, mit dem Schatten der Vergangenheit zu leben. München (Knaur).
Schicksalbuch des Sächsich-Thüringischen Adels 1945. Hg. vom Verband »Der Sächsische Adel e.V.« (1994), Limburg (Starke).
Schmidbauer, W. (1998): Ich wußte nie, was mit Vater ist. Das Trauma des Krieges. Reinbek (Rowohlt).
Schwan, G. (1998): Der hohe Preis der Schuld-Verdrängung. In: MUT 2/1998.
Siebert, R. (1997): Im Schatten der Mafia. Die Frauen, die Mafia und das Gesetz. Hamburg (Hamburger Edition).
Stählin, Ch.: Adel. Abgeschafft und totgesagt, bleibt er unser Ideal. In: FAZ-Magazin vom 7. 6. 1991.
Stern, F. (1998): Verspielte Größe. Essays zur deutschen Geschichte. München (Beck).
Wardi, D. (1992): Memorial Candles, Children of the Holocaust. London/New York (Travistock).
Winterswyl, R.: Wir schwiegen zurück. Die Freiheit der Unbehüteten: Jugend zwischen 1947 und 1952. In: SZ vom 31. 8. 1996.

März 2000
ca. 170 Seiten · Broschur
DM 29,90 · öS 218,– · SFr 27,50
ISBN 3-89806-004-7

Annette Simon und Jan Faktor versuchen die politischen und gesellschaftlichen Konflikte ihrer ostdeutschen bzw. osteuropäischen Vergangenheit zu reflektieren und zu analysieren. Ausgehend von den unterschiedlichen Erfahrungen mit dem Prager Frühling 1968 setzen sie sich mit den Verhältnissen in der DDR auseinander. Auch heute, nach der Vereinigung Deutschlands, versuchen sie, sich politisch und intellektuell klar zu positionieren.

Jan Faktor zog 1978 in die DDR – in ein fremdes Land, dessen Untergrundkultur ihm dann plötzlich nicht geahnte, aber auch fragwürdige Freiräume bot. Nach der deutschen Vereinigung mußte er sich mit der Stasi-Vergangenheit einiger seiner Mitstreiter auseinandersetzen – und auch mit dem westdeutschen Kulturbetrieb.

Annette Simon erlebte mit der Okkupation der CSSR eine politische Entfremdung von ihren früheren sozialistischen Idealen und vom vermeintlichen Aufgehobensein in der DDR. Kritisch analysiert sie in ihren Texten das Weiterbestehen solcher Entfremdungsgefühle sowohl bei ehemaligen Oppositionellen als auch bei ehemaligen Befürwortern der DDR im deutschen Vereinigungsprozeß.

P V
Psychosozial-Verlag

März 2000 · 176 Seiten · Broschur
DM 39,90 · öS 291,– · SFr 37,–
ISBN 3-932133-98-6

Tod, Trennung, Scheidung, mit einem Wort: Verluste unterschiedlichster Art bedingen Trauer. Als Pionier der Trauerarbeit hat Volkan eine außergewöhnliche Therapie zur Bewältigung der Trauer entwickelt – eine Therapie zur Wiederbelebung des steckengebliebenen Trauerprozesses. Denn, so der Autor, Trauer kann nicht geleugnet oder verdrängt werden – das wäre, als wollte man einen Knochenbruch ignorieren. Ein einfühlsames, bewegendes und informatives Buch über die schwierigsten menschlichen Lebenspassagen. Ein Buch, das menschlich und mitreißend geschrieben ist, weil Volkan auch seine eigene Geschichte von Verlusten und Trauer erzählt.

„Nirgends gibt es ein besseres Buch über Verluste und Trauer. Intelligent und mit Herz geschrieben, haben Volkan und Zintl einen Klassiker geliefert."

Michael P. Nichols

PⓋV
Psychosozial-Verlag

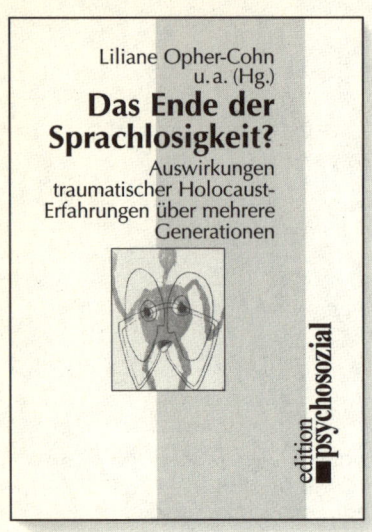

März 2000
ca. 250 Seiten · Broschur
DM 49,90 · öS 364,– · SFr 46,–
ISBN 3-89806-005-5

Namhafte internationale Experten und ein Herausgeberkreis von jüdischen und nicht-jüdischen Psychotherapeuten suchen Erklärungen zu dem Phänomen, daß Kinder und Enkel von Tätern und Opfern des Holocaust in einer ähnlichen Sprachlosigkeit verharren. Die unterschiedlichen Ursachen und die Möglichkeiten eines Dialogs werden in einer auch für Laien verständlichen Form erläutert. Das Besondere an diesem Buch: Die persönlichen Erfahrungen der Autoren werden nicht ausgespart.

Mit Beiträgen von:
Liliane Opher-Cohn, Johannes Pfäfflin, Bernd Sonntag, Bernd Klose, Peter Pogany-Wendt, Ira Brenner, Yolanda Gampel, Ilany Kogan, Klaus E. Grossmann, Mathias Hirsch, Jean-Jaques Moscovitz, Bernd Nitzschke, Terez Virag, Vamık D. Volkan, Jörn Rüsen, Annette Streeck-Fischer.

P🙾V
Psychosozial-Verlag